산책

고성 소강리 숲 이야기

서문

    시선을 고정시키려고 하지만 헛일이다. 숲 그늘 볕뉘가 머무는 곳은 갯벌의 게 구멍만큼 많다. 발구가 다녔던 옛길, 이제는 희미한 자욱길로 남은 그곳 등성이에 앉아 우적우적 때늦은 사과를 먹으면서 분잡스러운 아이처럼 두리번두리번 거린다. 감자난초가 가고 없는 자리에 연한 녹빛의 옥잠난초가 피었으며 백선이 이운 지척에는 명도 높은 중나리 저만치 환한 듯 슬프게 만개했다. 까치수영의 날렵한 꼬리 끝에는 주황빛 왕은점표범나비 앉았다 한여름 밤 꿈처럼 사라진다.

    계절이 오고감이 이와 같을 진대, 나무처럼 제 부피도 키우지 못하고, 물 빠진 움파리 올챙이처럼 메마르다. 사막에서 숲을 볼 수 있으려면 얼마를 더 걸어야 할까.

    나무 한 그루 베어 없애는 일이 아니라면 더 할 나위 없겠다. 두루두루 고맙고, 미안하고, 그리고 조심스럽다.

2007년 7월

봄
·
7

신평벌 | 고라니 | 봄꽃들 | 노루귀 | 나비 | 미천골 | 솔씨 | 어른들, 반바위 아저씨 | 복사꽃 | 나무찾전 반점 | 숲에 나무 심기 | 숲 | 산행 | 새떼들 | 호랑지빠귀 소리를 들으며 참나물 쌈을 먹다 | 쥐들은 쥐약을 먹고, 소쩍새는 봄밤을 운다 | 연분홍 솜사탕 같은 봄날, 복돗가 산책 | 어미 | 돼지목매 | 또다시 후회한다 | 퉁퉁, 발을 구르다

여 름
·
7 9

살피지 못하고 | 초롱꽃 | 우중산책 | 꼬마물떼새는 왜 울고 있었을까 | 저물녁 | 숲에는 길이 없다 | 장마 갠 날, 흐린 날 | 장맛비 | 타래난초 | 장마 | 한더위 | 힘 | 더위를 복축기는 것 | 길 | 민간인출입통제선에 들다 | '발이야'아저씨 | 수간주사 | 300원짜리 새참 | 순덕이 연애이야기 | 황씨 아저씨 | '용케 하소서' | 그녀, 귀녀 | 털보아저씨 | 휨줄 제거 작업 | 길투는 늙지 않는다 | 휴고점 주갑이아저씨

가 을
·
1 7 7

첫가을, 화진포 | 질칠 보름 혹은 늦은 백중 | 그예 먹차를 놓치다 | 대땠집나무 그리고 연장 | 버섯 따고, 다래 먹고 | 큰산의 첫가을 | 버섯이화제다 | 딴생각을 하다 | 오래 머무르는 것은 없다 | 가을, 치악산 숲에서 | 즐거움 | 금자, 그니 | "내 생각은 그래" | 대포 소리 | 들깨, 만추, 화진포 | 연산홍을 심다

겨 울
·
2 4 7

화진포 콘도 | 빙구 | 단풍잎 한잎 | 폭설 혹은 첫눈 | 명태 | 개구리 반찬 | 사춘의 끝 | 나는 오래 폭설을 기다렸다* | 겨울비 내리다 | 봉산재를 걸어 넘다 | 선암사 | 잘네덩굴 열매는 붉고, 인동덩굴 열매는 검고

봄

송강리 새싹

봄·

신평벌

바람은 허공을 뒤흔들었다. 순한 바람은 천생만물을 일깨워 눈뜨게 하지만, 거친 바람은 때로 식물의 목을 부러뜨리고 인간의 성정을 들뜨고 사납게 한다. 강풍주의보 소식을 알았더라면 과연 그 길을 걸을 수 있었을까. 교암리 청학정의 신령스러운 금강송과 해후상봉한 뒤, 먼 바다 수평선 구름 위로 솟아오르는 아침 해를 맞이한 다음이었다. 안날 바다 위로 떠오른 반달의 빛기둥에 취한 탓인지 너울도 없는 바다의 찬란한 물무늬는 더욱 황홀하였다. 천진에서 동루골을 지나 옛 하일라벨리를 거쳐 메숲진 숲길을 걸어 화암사로 가려던 길이었다.

1996년, 2000년 두 번의 큰 산불로 천진리에서 신평리에 이르는 숲은 민둥산으로 헐벗었으며 너른 들을 건너온 벌바람은 세차고 거칠게 걸음을 막아 세웠다. 고개를 들 수조차 없었다. 걸을 수 있을까 의심하면서도 걸음은 저 먼저 앞으로 나갔다. 어기찬 바람을 안으며 밀며 나아가는 길은 혹한의 북풍한설처럼 매섭고 서러웠다. 때때로 걸음을 옮길 수 없어 앞선 이의 뒤에 숨어 바람으로부터 몸을 피하기도 했다. 한순간 누꿈해지는 바람살이 그렇게 고마울 수 없었다.

간간이 금강송 무리를 만날 때면 잠시 고개를 들어 인사를 나누었을 뿐 다가가 교감할 엄두는 나지 않았다. 바람과 쌈싸우듯 걷는 걸음은 모래언덕을 걷는 것처럼 둥둥 실감나지 않았다. 걸어온 걸음이 또 다른 걸음을 이끌며 앞으로 나가고 있었다. 동루골을 지나서야 바람을 등질 수 있었으나 꿈결처럼 잠깐이었다. 건축 공사장 현장에서는 모래바람이 회오리로 일어 먼지기둥을 만들며 솟구쳐 올랐다. 신평벌 어디에고 성한 곳 없이 공사 중이었다. 옛 분교

안날 : 바로 전날. / 메숲지다 : 산에 나무가 울창하다. / 벌바람 : 벌판에서 부는 바람.
어기차다 : 한 번 먹은 마음을 굽히지 않고 성질이 매우 굳세다.

의 건물은 축사로 변해 있었으며 자그마한 운동장은 잡풀이 우거졌다. 오래지 않아 이 또한 사라지고 없을 것이었다.

시시때때로 산불방지 가두방송을 할 것이 아니라 산등성이를 잘라서 도로를 내고, 너른 들을 파헤쳐 가든이며 펜션 따위를 짓는 짓을 그만두는 것이 경제적 이유에서도 앞설 것이었다. 숲은 화마가 휩쓸어도 제 스스로 앞가림을 하지만, 두부모처럼 뚝 뚝 떼서 잘라낸 등성이들은 다시 복원할 수 없는 까닭이었다. 지자체의 수장들은 당장 다음 선거의 당락이 '발전'의 눈요기에 있다는 것을 믿어 의심치 않는 까닭에 모르는 척 허가를 내줄 따름이었다.

옛 하일라밸리 곳곳에도 짓다만 건물들이 방치되어 시나브로 흉물이 되어갔다. 물정 모르는 길섶의 잣나무만 푸르게 푸르게 맵찬 바람에도 흘연하였다. 기억은 기억으로만 온전한 것일까. 어느 해 여름이었든, 가을의 어느 날이었든 한순간만 단박에 삼삼해지는 것은 무슨 까닭일까. 꽃샘잎샘으로 겨우 버들강아지만 꽃 피웠을 뿐, 꽃들의 그림자는 상기도 먼 일인 듯하였다. 화암사로 향하는 숲길 입구에 다다르기 전에 먼저 산코숭이에 우뚝한 산불감시 초소가 눈에 들어왔다.

아니나 다를까. 숲으로 향한 입구에는 새끼줄이 가로질러 쳐져 있었고, 코팅한 입산금지 안내판이 새끼줄에 매달려 숨 가쁘게 까불거리고 있었다. 멈칫거리기도 전에 산불감시 초소에서 나온 감시원의 호루라기 소리가 바람소리를 갈랐다. 팔을 내저으며 들어갈 수 없노라고 손짓하였다. 낙담이 천길 벼랑이었다. 꽃샘바람 속을 뚫고 두어 시간 걸어온 길의 끝이 허망하였으나 사정을 이야기할 수도, 무턱대고 욱대길 수도 없는 형편이었다. 감시원은 산코숭이에서 내려다만 볼 뿐 산 아래로 내려올 맘이 없어 보였고, 우리들 또한 산 위로 올라가 양해를 구할 생각이 삽시간에 사라진 까닭이었다.

● 누꿈해지다 : 전염병이나 해충 따위가 퍼지는 기세가 조금 누그러져 약해지다. / 산코숭이 : 산줄기의 끝.
   욱대기다 : 억지를 부려 우겨서 제 마음대로 하다.

봄
·
10

두 말 않고 되돌아섰다. 키득키득 웃었다. 웃을 수밖에 없었다. 이른 봄 한결 명랑해진 계류를 끼고서 풀싹이 돋는 묏바람 속의 숲길을 걸을 수 있는 지복이 그날은 없었던 듯했다. 바람이 등을 떠밀었다. 다시 또 두어 시간 남짓 높바람 속 아스팔트 꽉꽉한 길을 걸은 끝에 7번 국도변에 섰다.

고라니

지난밤 도둑눈이 폭설로 내렸다. 이른 새벽 잠결에 들리는 소리가 빗소리인 줄 알았으나 창문을 열어본 뒤에야 지붕에서 눈석임물이 지시랑물로 떨어지는 것임을 알았다. 가로등 불빛에 비친 세상은 흰빛이 지나쳐 푸른빛으로 그윽하면서도 적막하였다. 한겨울처럼 추워 한참을 내다보던 끝에 다시 이불을 뒤쓰고 그루잠을 청하였다. 다시 눈을 떴을 때는 해가 중천이었다. 두벌잠을 자고 나면 영 못마땅하여 괜히 구두덜거리기 일쑤였다. 그러면서 사진기를 들고 냇둑을 따라 나섰다가 도서서 왔다. 봇물처럼 봄눈이 녹아내리고 있는 까닭에 숲으로 들어가지 않았다. 신평벌을 걷던 날 만난 눈 꼬치와는 사뭇 또 다른 봄 풍경이었다.

두껍디두꺼운 『열하일기』를 벌써 며칠 째 껴안고 뒹굴다보니 이따금 진력난다. 그러면 엎드렸다 앉았다 물구나무를 섰다 주접스럽게 굴다 그것마저도 참을 수 없을 지경이 되면 집 밖으로 나선다. 이때가 대략 오후 4시 전후가 된다. 막혔던 기혈이 달뜨면서 생동한다. 냇물을 거슬러서 서쪽으로 향한다. 걸어서 그 끝에 이르면 깊숙한 지구의 뿌리에 닿을 것도 같다. 하늘의 구름은 벗개면서 뭉치고, 무리를 이루면서 다시 또 사방으로 흩어져 공활한 하늘을 드러내다가는 또 삽시간에 한밤중처럼 어두워진다.

아침의 가득했던 흰 눈은 익은말처럼 봄눈 슬듯 녹은 뒤인지라 장화를 신지 않고 털신을 신어도 아무런 문제가 되지 않았다. 눅눅하지 않으면서도 습기 가득한 공기는 모처럼 청량했다. 산등성이 흙을 실어내던 덤프트럭도 오늘은 왕래가 없어 도로가 잠잠하고 작업장 한켠에 짐승처럼 서 있는 굴착기도 일 없어 안심이다. 헐벗은 채 속살을 드러낸 산등성이에 살던 나

※ 눈석임물: 쌓인 눈이 녹아서 흐르는 물. / 지시랑물: 낙숫물의 강원도 사투리. / 그루잠: 깨었다가 다시 든 잠.
두벌잠: 한 번 들었던 잠이 깨었다가 다시 드는 잠. / 도서다: 가거나 오던 방향에서 되돌아서다.

무와 짐승들은 모두 어디로 갔을까, 볼 때마다 안타까운 한편 부격부격 부아가 치밀어 오른다. 어제, 건축행정 관련 뇌물수수 혐의로 사전 구속영장이 청구된 함아무개 고성군수의 소식을 들은 뒤끝이어서인지 산등성이는 더욱 살풍경스러웠다.

움파리에 비친 하늘이며 산 또 나무를 희롱하며 놀다 걷다를 반복하면서 어디에서 길을 바꿀까 그러면서 먼데서 온 문자메시지를 들여다보고 있었다. 부엉이 살고 있는 기스락 숲에서는 털썩털썩 소나무 우듬지에 쌓였던 눈덩이들이 떨어져 내리고, 잠 깬 개구리들은 울음주머니가 터질 듯 울어대고, 덤불의 작은 새 무리들은 그들대로 또 소란분주하고, 그 틈으로 청회색 빛깔의 물까치 날아오르고, 소리 없는 아우성이 따로 없다 싶은 순간이었다. 후다닥, 경중 경중, 날듯 등성이를 향해 숨 가쁘게 달려가는 짐승이 눈에 들어왔다. 거리는 오 미터 안팎이었다. 새끼 고라니였다.

앞산 서낭당 부근 냇가에서 며칠 전 만난 고라니는 어미처럼 컸으나, 이번에는 어린 새끼였다. 인기척에 놀랐는지, 화급을 다투듯 순식간에 눈앞에서 사라졌다. 외려 내가 어리떨떨했다. 하마터면 휴대폰과 디지털카메라를 떨어뜨릴 뻔했다. 봇도랑에 물을 마시러 내려왔던가 보았다. 지난번에는 냇가였는데, 이번에는 봇도랑이었다. 농사를 짓지 않는 나는 산짐승으로 인한 농작물 피해에 대해서 들은 바 있었으나 피해를 실감하지는 못하는지라, 멧돼지건 산토끼건, 이렇듯 고라니 따위를 만나면 허물없이 시다웠다.

큰산, 건봉산은 흰 눈으로 두터웠으나 볕바른 양지쪽에는 거진 다 눈이 녹아내렸다. 하늘은 다시 또 끄무레 어두워지고 있었다. 개구리 울음소리 더욱 커지고, 박새들 깃 치는 소리 듣그러울 정도로 요란해졌다. 자박자박 움파리를 건너는 걸음이 자못 조심스러워졌다. 짐승들 소스라치게 놀라게 하지 않기 위한 나름의 배려였다.

※ 부격부격 : 속이 상하거나 증오심 같은 격한 마음이 끓어오르는 모양. / 움파리 : 우묵하게 들어가 물이 괸 곳. / 듣그럽다 : 시끄럽다.

건봉사 노랑매미꽃

봄·
14

봄꽃들

　먼데 남녘의 꽃소식이 알음알음 들려왔다. 급한 걸음으로 앞산을 헤집었으나 하다못해 생강나무 꽃그늘조차 만날 수 없었다. 시무룩해져 책 속에 코를 박고 있는 동안 한겨울처럼 소나기눈이 쏟아졌다. 목련꽃망울 시커멓게 얼어 죽은 모습으로 불편하였고, 간신히 꽃망울 터뜨린 생강나무 노오란 꽃숭어리들 눈더미 속에서 숨 가쁜 듯하였다. 삼월의 어느 날은 언제나 한두 번쯤 폭설이 있었고, 어른들은 그것을 기상이변 운운하며 호들갑 떨지 않았다. 모내기 하는 오월의 어느 날에도 눈발이 흩날리곤 했던 까닭이었다.

　구별 짓기에 익숙한 나는 꽃피는 철에 내리는 눈은 반가운 듯하면서 뜨악하였고, 그러면서도 한편 한겨울 가뭄 먼지에 시달리던 끝이었던지라 발탄강아지처럼 즐거웠고, 삽시간에 눈석임하는 눈무지가 야속하기도 했다. 눈무지 녹아 스러진 자리에 힘겨웁게 꽃대 밀어 올리는 꽃들 있을 것이란 생각으로 발가락이 간질거렸으나 눈 속에 갇힌 건봉산 산마루를 올려다보면서 차마 엄두를 내지 못한 채 눈석임물로 물이 불어난 냇가를 어슬렁거리는 것이 고작이었다.

　햇살 화창한 어느 날을 잡아 지난 해 건봉사 가는 길에 만났던 노루귀를 만나러 가야지 벼르고만 있던 참에 후배의 부추김을 등에 업고, 집을 나섰다. 석문리를 걸어 돌아 해상리를 지나서 두 발로 걸어서 가려던 애초의 계획을 접고, 쌀쌀한 샛바람 탓을 하면서 자동차에 올랐다. 산비탈 양지바른 곳에도 눈은 하얗게 쌓여 있었으며 소나무 우듬지에 쌓였던 눈무지 털썩 털썩, 급전낙하 중이었다. 이른 봄꽃들 만나는 일은 어쩌면 처음부터 그른 일이었는지도

꽃숭어리 : 많은 꽃송이가 달려 있는 덩어리. / 발탄강아지 : 강아지가 온 동네를 쏘다니듯 할 일 없이 돌아다니는 사람을 일컫는다.
　우듬지 : 나무의 꼭대기 줄기.

몰랐다.

지난 해 그 자리에 차를 세우고, 계류를 건넜다. 눈더미 속이었으나 간간히 눈 녹아내린 곳을 유심히 살피면서 발을 골라 디뎠다. 후배는 건너편에서 어정어정 건너올 생각이 없어보였고, 나는 모래밭에서 황금을 찾는 사람의 심정으로 눈을 부릅뜨고, 눈무지 속을 살폈다. 한참을 살펴도 어디 푸른 기운조차 감지할 수 없었다. 돌아서려고 막 몸을 돌리는 순간이었다. 야호! 계류 건너편에다 대고 소리쳤다. 노루귀다! 오래 헤어져 있던 연인을 만난대도 그처럼 가슴 설레며 떨릴 수 있었을까? 서슴거리면서 그 앞에 쪼그리고 앉았다.

이끼 가득한 나무 둥치 아래 흰빛의 노루귀가 꽃망울 가득 부푼 채 솟아올랐다. 두 송이는 미처 만개도 하기 전에 얼은 채 시들었고, 부푼 꽃망울은 개화 직전이었다. 너무 늦게 왔거나 혹은 너무 이르게 당도한 때문이었다. 생의 절정은 무심하게도 이렇듯 한 번 뿐인 것일까. 차마 손대지 못하고 눈으로만 어루쓸고, 어루쓸었다. 질감을 감촉하고픈 욕심을 간신히 억눌렀다. 손댈 수조차 없이 꽃망울이 작고도 여린 까닭도 없지 않았으며 또한 촉감한다고 한들 꽃잎에 새겨진 겨울바람의 이력을 알아차릴 방도가 없으리란 자각 때문이기도 했다.

흐놀던 그리움의 끝치고는 싱겁고도 아쉬웠으나 뭉그적거리며 눌러 앉을 수도 없는 노릇이었다. 계류를 건너는 순간, 노루귀의 모습은 가물가물 꿈속의 풍경처럼 우련하였다. 아니 만났는지조차 허공을 매만진 듯 아슴아슴 실감나지 않았다. 뒤돌아본다 한들 이미 계류 저쪽의 일로 향기는커녕 그림자조차 다시 볼 수 없을 것이었다. 전생의 일처럼 아마득하였다. 그렇더라도 분명, 꽃들 다시 온 것만은 어찌할 수 없는 사실이었다. 뒤미처 망울 부푼 얼레지를 눈석임 산비탈에서 마주친 까닭이었다. 키 작고 여린 숲속의 꽃들 개화 직전이었다.

어루쓸다 : 어루만지고 자꾸 쓸어 문지르다. / 흐놀다 : 무엇인가 몹시 그리워하며 동경하다.

송강리 남산제비꽃

노루귀

　세상은 암흑천지로 어두운데, 봄꽃들 무심한 듯 연연히 어여쁘게 오셨다. 마을에는 복사꽃, 살구꽃 족족하면서도 성기게 먼데 꿈처럼 덩두렷 피었다. 사월 봄날의 바람이 매서운 소소리바람으로 목련꽃망울 거무죽죽 상했으며 성급한 진달래꽃망울 시커멓게 얼붙었다. 그 사이 앞을 볼 수 없는 시커먼 황사먼지 하늘을 뒤덮었으며 한여름 작달비처럼 봄비 쏟아지기를 계절을 잊은 듯 여러 번이었으나 숲의 봄꽃들 그 모진 시간 속에서도 꽃망울을 환히 터뜨렸다.

　이웃마을 어르신들 공동으로 묵정밭을 일궈 감자를 심었다. 트랙터로 밭을 고르고, 또 한편에서는 관리기로 '멀칭(바닥덮기)'을 하고, 그렇게 검은 비닐이 씌워진 곳에 기구를 이용하여 구멍을 뚫는 동시에 그 기구 속에 씨감자를 떨어뜨리고 나면 삽으로 흙을 떠서 구멍을 메워 덮었다. 한미자유무역협정이 타결되었다는 소식으로 한편 우울해하면서도 당장은 일할 시간에 일하지 않고, 트럭 운전석에 앉아 식후 단잠에 빠져 있는 이장을 향한 아낙네들 힐난의 목청이 드높았다. 어느 어른은 66마력의 트랙터 본체만 사천만원을 주었다며 농사지어 빚 갚느라고 세월 다 보낸다면서도 기쁜 마음을 감추지 않았다. 그 사이에서 작업일지에 쓸 사진을 찍는다며 나는 어른들 사이를 무법천지로 돌아다녔다.

　산비탈 사태가 난 곳을 사방공사하느라고 길을 닦으면서 턱이 진 곳을 더듬어 들여다보다 드디어, 노루귀를 만났다. 길이는 내 검지 손가락만하고, 꽃은 내 손톱만한 꽃들과 눈인사를 하는 사이 쉴참의 아낙들 서넛이 무얼하느냐며 다가왔다. 순간, 아뿔싸! 했다. 여자 어른들

　🌺 덩두렷하다 : 매우 덩실하고 두렷하다. / 소소리바람 : 이른 봄에 살 속으로 스며드는 듯한 차고 매서운 바람. / 작달비 : 장대비.

고운 꽃이든, 어린 더덕 싹이든 그냥 두고 가는 것을 보지 못했던 까닭이었으나 이미 때늦었다. 이름을 일러주는 가운데, 이쁘다며 벌써 파가야겠다는 말부터 나왔다. 꽃 핀 지금 옮겨 심으면 죽는다고, 알지도 못하는 거짓말을 하였으나 다시 그곳에 올 일 없다며 손가락으로 후벼 파서는 검은 비닐 봉다리에 넣었다. 눈 뜨고 코 베인 심정으로 덩둘했다.

꽃이든 나무든, 날짐승이든 산짐승이든 그들 또한 뿌린 내린 그곳에서 스스로 소멸하고 싶은 마음 없을까. 식물원이든, 박물관이든, 동물원이든, 나는 그렇게 한군데 그러모아 철조망에 가둔 채 전시하는 것은 딱 질색이었다. 그러므로 애완동물은 말할 나위 없다. 엊그제 내 어미, 식전부터 희희낙락 즐거우시다. 이유인즉, 아침에 나물 뜯으러 나섰다가 군부대 앞 수로에 빠져 울고 있는 강아지를 붙들어 왔다고 하신다. 내 우유에 밥을 말아 주신다, 상자로 임시방편 집을 만드신다, 분주탕이다. 다음날 주인이 나타나는 바람에 '순둥이'와 동거는 하룻밤 일장춘몽으로 끝나고 말았지만, 아쉬움은 명개만큼도 없다.

앞산 노루귀들 올해도 오셨는가, 두 번째 걸음을 했다. 발샅에 익은 길을 버리고 한 번도 가지 않던 길을 더듬어 찾아들었다. 드문드문 양지바른 비탈에 노랑제비꽃 피었으나 전처럼 군락을 이루지는 않았으며 기스락 가장자리 보랏빛 현호색도 가뭄에 콩 나듯 드물었다. 개구리 울음소리 가뭇없이 사라진 대신, 전에 흔히 볼 수 없던 때까치 눈에 띄었다. 고깔제비꽃은 여태도 깜깜하였고, 지난가을 떨어져 답쌓인 가랑잎만 꽃샘바람에 바스라거렸다. 봄가을로 풀 방구리에 생쥐 드나들듯 하는 앞산이었건만 한걸음만 달리 옮기면 뜻밖의 풍경과 맞닥뜨렸다.

노루귀들 꽃 피웠으나 눈에 띄게 포기 수가 줄었다. 꽃 피고 진 자리 없는 것으로 미루어 꽃들 개화하지 않은 게라고 위로하였으나 꽃들의 생사는 알 길이 없었다. 꽃이 먼저 핀 다음

☙ 덩둘하다 : 매우 둔하고 어리석다. / 풀 방구리에 쥐 드나들듯 : 자주 드나드는 모양을 비유적으로 이르는 말.

잎이 나오는 노루귀이지만, 체한 듯 속이 더부룩하였다. 엎친 데 덮친다고, 산짐승들 발자국이 꽃대를 밟고 지났다. 문득, 내 발자국을 뒤돌아봤다. 지난해에도 내 발밑에서 죽었다 되살아난 꽃들 익히 보았던 까닭이었다. 얼른 그곳을 떠나는 것만이 꽃들에게 위안일까. 더 걸음 옮기지 않고서 몸을 낮춰 둘레둘레 살폈으나 가까운 듯 먼데 아주 낮게 핀 흰색 노루귀를 한 포기 본 것이 다였다. 뒤돌아서는 걸음 끝에 흘레구름 비를 몰고 오시는 바람에 뜻밖에 비꽃을 만났다.

봄숲의 노루귀, 남산제비꽃, 노랑제비꽃, 진달래 순정하고, 새뜻하고, 붉다. 여리고 작디작은, 차마 손댈 수 없는 그 꽃들 산뜻하고 곱디곱게 오시었다.

나비

　공룡의 등뼈 같은 백두대간이 남으로 치달려 가는 동해의 언저리, 설악산 발치께 쇠뿔처럼 뾰족하게 솟아 있는 운봉산 언저리에서 나는 자작나무를 심으며 하루를 산다. 1996년과 2000년 두 번에 걸쳐 대규모 화마가 휩쓸고 지나간 이곳에는 돌무더기와 타다 남은 소나무 등걸들만 앙상하게 남아 있었거니와 지난 가을에 수마의 피해까지 겹쳐 차마 목불인견의 사태가 눈길을 어지럽히고 있다.

　바닷가 마을 쪽 뒷산에는 눈이 녹고 있었지만, 북쪽 사면과 골짜기에는 잔설이 가득하고, 고개를 조금만 높이 치켜들면, 첩첩하게 눈이 쌓여 있는 설악산 대청봉과 중청봉이 한눈에 들어오거니와 낮은 구릉의 마루턱에만 서도 한겨울 혹한 같은 칼바람이 볼을 할퀴고 지나친다.

　양지 바른 쪽의 비탈에는 이제 막 봉오리를 맺기 시작한 진달래며 노랑제비꽃이 수줍게 얼굴을 드러내고, 눈석임물이 흘러가는 계류에는 버들개지가 마구 꽃을 피우며 바람을 타고 있다. 하지만 비탈 깊숙한 곳에는 허리 높이까지 눈더미가 쌓여 있어서 응달 곰은 양달쪽만 바라보고 긴 겨울잠에서 깨어나고, 양달 곰은 응달쪽만 바라보고 있다가 봄이 다 지난 다음 겨울잠에서 깨어나는 것이라는 어른들 말씀은 일리 있다.

　자연의 치유능력을 명개 먼지 한 톨의 의심 없이 믿고 있지만, 믿는 것과 사는 것이 가끔은 자기배리를 겪기도 하는지라 줄을 맞춰 나무를 심는 일이 잘하는 일인가 하는 물음조차 생략한 채 맡겨진 일을 할 때가 있다. 함께 일하는 어른들은 그 자작나무들이 자라 수액을 받

봄

21

아먹을 수 있을 때까지만 살고 싶다는 소원을 간절하게 피력하곤 하지만, 나는 금강송처럼 올곧게 자라지 못하고 제멋대로 자라는 어린 자작나무를 가끔 맘에 들어 하지 않을 뿐이다. 백두산의 자작나무 수림에 대해, 그 백색의 수피에 대한 찬사를 떠올리기도 하지만, 그것은 다만 꿈속의 풍경일 뿐이다.

60의 할머니와 70의 할머니가 단짝처럼 다니는데, 나무를 심던 쉴참에 60의 할머니가 70의 할머니에게 "나 죽으면 울어 줄라우?" 하였더니, 70의 할머니는 어느새 눈물 그렁한 눈으로 "그런 소리 하지 마라야, 니가 그런 소리하니까 눈물 난다야. 그리고 내가 먼저 죽지 니가 먼저 죽겠니?" 하였더니, 60의 할머니는 "형님, 나는 것은 순서가 있지만, 죽은 일에는 순서가 없다지 않우. 그러니 어찌 알겠수?" 70의 할머니는 커다란 눈망울에 맺힌 눈물을 닦아내느라고 더는 말이 없다.

오늘은 처음, 산골짜기 계류에서 개구리 울음소리를 들었다. 절기보다 늦게 깨어났으며, 소리 또한 우렁차지 못하였는데, 아마 짝짓기를 하느라고 여념이 없어서인지도 모를 일이겠다. 새들은 나무 없는 숲을 떠나갔지만, 철 이르게 나온 주황색나비 한 마리를 봄산 눈더미 위에서 만났으니 봄은 이미 우리 곁을 떠나고 있는 것은 아닐까. 눈앞에서 사라져 가는 나비의 방향을 향해 오래도록 서 있었다.

송강리 금강송

봄
·
2 3

미천골

　꽃들은 어디에서 와서 어디로 가는 것일까. 봄비 내리는 미천골 숲은 알 수 없는 먼데로부터 그윽한 듯 아마득한 듯 왠지 모를 절망처럼 끊이지 않고 울음소리를 몰고 왔다. 멈칫거리며 뒤돌아보았으나 계곡을 뒤흔들며 묵은 낙엽을 끌어안고 흘러가는 눈석임 물길뿐이었다. 길섶의 나무들은 물구슬을 달고 있었으나 높은 산의 골짜기엔 잔설이 희끗하였고 이마저도 비안개에 가려 홀린 듯 펴놓았다 감췄다를 반복하며 좀처럼 산등성이 높은 곳을 보여주지 않았다.

　천 년 전의 선림원禪林院, 묵은 짐처럼 폐허였다. 텅 빈 듯 꽉 찬 듯 안락을 꿈꾸는 자의 등덜미를 후려치듯 제 몸통조차 벗어버린 채 그러면서도 우는 듯 웃는 듯 귀부龜趺의 표정은 알쏭했다. 앞뒤 중중첩첩 소리와 소리, 빛깔과 빛깔만을 동무하여 살았을 그 옛날 파르라니 머리 깎은 눈 푸른 납자들 지금은 어디로 갔을까. 넋이라도 그 어디 삼층 탑 언저리 바람 틈 사이를 넘나들까. 출세간出世間의 공부에서도 내 쪽 네 쪽 종파를 가르던 완악한 이데올로기, 그 헛것에서 이젠 자유로워졌을까.

　숲길의 어디쯤에선 허옇게 잇몸을 드러내며 금방이라도 덮칠 듯 사납게 으르렁대는 줄에 묶이지 않은 진돗개는 뜻밖이었다. 수십 개의 벌통들이 산비탈 돌계단 위에 줄느런히 놓여 있었고, 주인을 찾자 안주인인 듯한 중년의 여인이 모습을 드러냈다. 주인의 호령에도 백색의 진돗개는 눈을 부라리며 여전히 잇몸을 드러내며 밉광스레 짖어댔다. 마치 먼 곳의 늑대 같았다. 오금이 굳고 등골이 오싹했다. 벌꿀주 한 병을 사서 들었다. 안날 이웃 숙소의 선한

🌢 줄느런하다 : 한 줄로 죽 벌여 있다.

사람들이 구운 고구마와 감자 끝에 벌꿀주까지 나눠주어 달게 마신 때문이기도 했다.

마을의 상징 같던 아름드리 소나무들이 사유지라는 이유로 도심의 정원수로 팔려가는 이때에 미천골 숲의 소나무들 넓은잎나무 사이 돌사닥다리이건 깎아지른 듯한 바위벼랑이건, 물살 사나운 계류의 암반 틈이건 여태도 늠연하였으나 못내 안타까운 심정을 금할 수 없었다. 무엇인들 세세연년 불사불멸不死不滅하는 것 없을 테지만, 인간의 간섭 없이 나무들 꽃들 뿌리 내린 그 자리에서 한생을 다할 수 있었으면 하는 바람 때문이었다. 매연, 소음 가득한 도심의 한가운데 약병을 주렁주렁 달고 연명하는 모습은 더할 수 없이 괴악망측한 일이었다.

눈석임물 흘러가는 계류의 바위 바닥에 자리를 펴고 앉아 벌꿀주와 김밥으로 요기하였다. 우유 곽으로 술잔을 만들었다. 물소리에 포위된 듯하였으나 곧 소리의 압박은 아무렇지도 않은 무소음으로 갇힌 듯 물길 따라 환하게 열렸다. 비안개 너머로 생강나무 노란빛깔 언뜻언뜻 스치고 지났다. 무젖은 숲의 나무들 어두운 듯 밝았으며 답쌓인 짙은 갈색의 낙엽들 또한 차분하여 산뜻했다. 청신한 바람은 발끝을 가볍게 들어 올리며 저 만큼 멀어져 갔다. 계류에 발 담그지 못한 아쉬움은 얼마든지 견딜 수 있었다. 천지신명께 감사하였다.

휘우듬 굽이굽이 돌아 오르는 숲 저 어디쯤에 '불바라기' 약수터 있다고 하였다. 어정어정 비 갠 숲길을 걷는 걸음에 목적지가 있을 리 없었다. 연대를 알 수 없는 어느 시절에 대장간의 쇠모루에서 무수한 불보라 흩날리던 때 있었다고 하였다. 그 불보라가 오늘의 불바라기로 남았다고 하였다. 도적떼들의 검과 창을 만들었든, 농부들의 낫과 호미를 두들겨댔든, 아니면 혁명을 꿈꾸는 반역의 무리들을 위한 무기를 구워냈든, 깊디깊은 숲속의 대장간은 이상스레 발바닥을 간질이며 가슴 한켠을 들뜨게 했다.

🍃 답쌓이다 : 한군데로 들이덮쳐서 쌓이다. / 휘우듬하다 : 조금 휘어져 뒤로 자빠질 듯 비스듬하다.
　쇠모루 : 대장간에서 불린 쇠를 올려놓고 두드릴 때 받침으로 쓰는 쇳덩이.

산비탈 절개지에서 흘러내린 낙석이 길을 막았으나 빈 몸은 얼마든지 건너 지날 수 있었다. 어느 한 굽이를 돌아들자 숲의 풍경은 한순간에 일신하였다. 하늘을 찌를 듯 아름드리 전나무들이 숲정수리 위로 우뚝우뚝, 수직으로 강건하였다. 숲 아랫녘에서는 볼 수 없던 느닷없는 경치였다. 숲은 한치 앞도 가늠할 수 없었다. 구름이 벗개는가 하면 어느 순간 숲은 암흑처럼 어두워졌다. 먼데 비구름이 가까이 몰려왔다가는 한순간 왜바람처럼 방향 없이 흩어졌다.

산빛이 어둑해졌다. 비 내리지 않는 서쪽 어딘가에선 장하게 저녁노을이 물들고 있을 시각이었다. 발걸음을 되돌렸다. 꿈결처럼 푸른 하늘의 속살이 구름 속에 설핏 드러났다. 도선지 얼마 되지 않아 우레 치는 듯한 소리가 고막을 강타했다. 머리카락이 쭈뼛 섰다. 산골짝의 얼음이 풀리고 해토머리에 버성기게 된 절개지의 바위들이 쏟아져 내리는 소리였다. 간발의 차이였다. 생사의 경계가 바로 그 한걸음에 있었다.

🌿 벗개다 : 안개나 구름이 벗어지고 날이 맑게 개다. / 해토머리 : 얼었던 땅이 녹아서 풀리기 시작할 때.
　　버성기다 : 벌어져서 틈이 생기다.

솔 씨

며칠 동안 솔씨를 심으러 집 앞으로 출근했다. 일터는 논바닥에 세운 비닐하우스 안이었고, 그곳에서 모종판을 옮기는 일을 했다. 13×8개의 구멍이 있는 모종판에다 캐나다산 비료를 혼합한 거름을 넣고, 그 가운데 솔씨를 심고 마지막으로 습기를 보존할 수 있는 질석(원석을 가공한 것)으로 덮는다. 이렇게 솔씨를 심은 모종판을 도르래가 달린 베니어판을 이용하여 덕으로 옮겨 가지런히 줄맞춰 놓는 일이었다. 아침 8시에 시작하여 저녁 5시에 끝났다. 집에 돌아와서 소금땀을 씻고 저녁밥을 먹고 그러고 나서 서너 시간 책을 읽다가 아무런 잡스러운 생각도 없이 잤다. 어떤 세상 소식도 궁금하지 않았다.

솔씨는 화진포 금강소나무에서 채취한 것으로 모종이 10센티미터 자라는 데 6개월가량 걸린다고 한다. 산불 난 곳에 심기 위한 것이란다. 한편, 한국산 솔씨에 캐나다산 거름 그리고 어디에서 온 것인지도 모를 질석으로 자라는 소나무의 정체는 무엇일까, 궁금하다. 살균제를 탄 물을 먹고 육 개월 가량 '온상'(내 어릴 적에는 비닐하우스를 이렇게 불렀다)에서 석유난로 불을 쬐면서 자라게 되며, 섭씨 20도 안팎이 적정 온도라고 한다.

일은 여럿이 나누었다. 간혹 일의 자리가 바뀌기도 했다. 성미 급한 어른도 있게 마련이어서 상자 속에 솔씨를 넣지 않고 질석을 덮은 경우도 있었을 것이고, 배추씨 파종기를 이용하는 경우에 파종기의 호스가 막히기도 하였을 것이나, 지금 당장은 아무것도 알 수 없다. 침침한 눈으로는 거름과 솔씨를 구별하기도 쉽지 않아서 솔씨를 볍씨라고 우기는 어른도 있었다. 볍씨 논쟁은 이틀 뒤에 막을 내렸다. 볍씨가 섞이긴 했지만 겨우 몇 톨이었다. 시간만이 이것

대관령 금강송숲

을 증명할 것이었다. 누구는 솔씨의 자람을 보지 못하고 죽을 것이었고, 누구는 또 그 솔씨가 자라 송이균을 퍼뜨릴 때까지 살게 되는지도.

일하는 어른들의 화제는 온통 '관광' 이었다. 나를 제외한 14명의 어른들 절반가량이 이미 중국과 동남아 등지를 관광하였고, 모내기철 전까지 울릉도 등의 관광이 예정되어 있었다. 어른들의 관심은 텔레비전으로 본 것과 실제 얼마나 같은가, 관광가이드가 얼마의 팁을 요구하는가, 또는 친절한가 아닌가, 무엇을 먹었는가 등이었다. 무엇을 보고 배웠는지는 없었다. 중국에 대해서는 대단히 이중적인 태도였고, 화제는 중국의 '발마시지' 가 으뜸이었다.

외국관광은 대부분 '계' 를 들어 부부동반으로 다녀오는 게 보통이었다. 그리하여 홀로 된 한 아주머니는 갑자기 먼저 돌아가신 부군을 원망하는 기묘한 상황을 연출했다. 때로 어른들의 세계는 별스러웠다. 이야기는 중구난방, 선문답하기 일쑤이고, 누가 듣거나 말거나 저 혼잣말을 할 때도 다반사이며 둘씩 셋씩 '쏙닥쏙닥' 옆에 앉아 같이 일을 하고 있는 동무의 흉을 보기도 했다. 7명의 아주머니들은 한두 살 차이거나 동갑내기들이었다.

그리고 혼외정사로 낳아서 데리고 온 아이를 '벌어온' 아이라고 했다. '벌어온 아들' 이라는 표현이 내겐 생경하였지만, 어른들은 아주 자연스러웠다. 때마침 모 개그우먼에 대한 성토도 있었다. 남자 어른들은 한결같이 여자인 그녀가 '어떤 놈과 바람을 피웠기 때문에 맞아도 싸다' 는 게 중론이었고, 반수의 여자 어른들도 대체로 그럴 것이라고 수긍했다. 한 아주머니만이 반론을 제기하였지만 남자 어른의 목청에 떠밀려 끝이 말리고 말았다.

어디서나 '짐은 지지 않고, 성과의 열매만을 바라는' 얌체족이 있게 마련인 듯 솔씨 작업 중에도 마주했다. 어려운 일을 하는 어른은 늘 어려운 일만 하고, 쉬운 일만 찾는 사람은 항상 쉬운 일만 했다. 쉬운 일을 차고앉아서는 본인도 조금은 머쓱한지 '립 서비스' 를 했다. 그러면서도 끝내 일을 바꿔하자는 소리는 절대 하지 않았다. 무엇보다 안타깝고 불쾌했던 것은 어려운 일을 도맡아서 하는 어른을 '멍청이'나 '미실이' 취급을 하는 것이었다. 약지 못하다는 것이었다.

어른들의 최종학력은 초졸이거나 무학이었다. 이 가운데도 책을 읽는 어른이 있었다. 아무 책이나 하다못해 '농민신문' 이라도 읽는 어른들이 세상에 대해서도 좀 더 비판적이었다. 텔레비전을 신주단지처럼 모시는 어른들과는 한발 비껴서 있었다. 이것은 선입견만은 아니었다. 단순히 책을 읽는다는 행위 자체를 옹호하자는 것이 아니라 활자를 통하여 생각을 키운다는 의미일 것이라는 이야기이다.

바늘 같은 솔씨의 싹이 돋는 것과 동시에 그 작은 모눈종이 같은 모종판에도 '잡풀'이 돋아나면, 아마도 그 잡풀을 뽑아 없애려고 나는 또 비닐하우스로 출근하게 될는지도 몰랐다.

🍂 미실이 : 정신이 어지럽고 혼미하여서 어떤 일을 잘 못하는 사람을 일컫는다.

어른들, 반바우 아저씨

나무를 심는 남자 어른들 가운데 69세의 할아버지가 있다. 처음 만났을 때 이 이는 청바지에 '랜드로바'를 신고 있었다. 멀리서 뒷모습만 보면 30대의 젊은이 같았고, 가까이에서 얼굴을 보면 망구望九의 노인처럼 늙어 보였다. 이상하고 궁금했다. 그런 가운데 어느 한날 칠십의 할머니가 공개적으로 이 이를 구박하고 타박하는 일이 벌어졌다. 이 할아버지의 첫 부인이 칠십세 할머니의 소꿉동무인데, 이 이가 나이 육십이 넘어 '바람이 나' 딴살림을 차린 때문이었다. 딴살림을 차린 사람의 나이는 47살이었고, 버스로 5분이면 당도할 아주 가까운 곳에 살고 있었다.

칠십세 할머니의 이야기 요지는 더 늙기 전에 혼자 살고 있는 첫 부인에게 돌아가라는 것이었고, 69세의 할아버지의 대답은 "돌아가고 싶어도 돌아갈 수가 없다"는 것이었다. 왜냐하면 첫 부인과 아들들에게 빚을 지우고 가지고 나온 돈으로 '첩'에게 집을 마련하여 주었고, 첫 부인과 아들들은 그 빚 수천만 원을 갚느라고 '쌔(혀)가 빠졌기 때문에' 귀환을 허락하지 않는다는 것이었다.

그 이야기 끝에 어른들은 경제관 혹은 결혼관에 대해 마구 열을 올렸다. 무엇보다 '돈이 많아야 한다'는 것이었고, 급기야 어떤 이는 "삼일만 앓다가 꺼꾸러질 돈 많은 늙은이" 운운하는 지경까지 갔다. '낭만적으로' 혼인을 생각하는 나와 현실적, 실용적인 측면에서 혼인을 생각하는 어른들과의 차이였다.

또한, 자녀들의 이혼에 대해서도 매우 관용적이었다. 돈을 벌지 못하는 배우자를 '버리는' 것에 대해서 당연하다는 반응이었다. 아들의 이혼으로 손주(손녀)를 맡아 기르는 아주머니(할머니)는 아들에게 매달 수십만 원의 양육비를 받고 있었는데, 이 양육비를 보내지 않는다면 손주를 아들에게 돌려보낼 수밖에 없다는 단호한 입장이었다.

바닷가 항구마을은 농촌마을에 비해 상대적으로 젊은 나이에 홀로 된 여인들이 많았고, 이 여인들이 새로 맞이하는 두 번째 혹은 세 번째 남편은 농촌의 늙수그레한 남자들인 경우가 많았다. IMF와 어업부진으로 말미암은 경제불황은 가정불화를 야기하였고, 이 결과는 가정파탄으로 이어지고 있었다. 읍내 속셈학원에는 엄마 없는 아이들이 꽤 많았다.

아내와 사별하고 혼자 살고 있던 어떤 이는 재혼을 하고 싶어도 미리 재산을 나눠 달라는 요구가 무서워서 혼인을 하지 못한다고 고백했다. 옆에 앉았던 다른 이가 "아, 살다가 남자가 먼저 죽으면, 자식들이 득달같이 달려들어 등기부터 찾을 텐데, 미리 한 재산 나눠주는 게 맞는 일이다"라고 강변했다. 다른 이들도 "그 정도의 대가도 치르지 않고, 새장가를 들려고 하는 게 그게 도둑놈 심보지 뭐냐"고 윽박지르는 진풍경이 연출됐다.

이혼은 이제 별스러운 일도 아니었으며, 사람들의 입길에조차 오르지 않을 정도로 이혼율은 높아졌다. 어쩌면 '일부일처'라는 결혼제도 자체를 손보는 것이 더 합리적이고 실용적인지도 모르겠다. 내남없이 자본의, 돈의 노예가 된 탓일까. 행복은 진정 무엇일까.

69세의 할아버지가 집으로 돌아가는 길처에 있는 첫 부인의 집을 바라보면서, "오늘은 불이 켜져 있지 않네" 하였다. 그랬더니 옆에 앉아있던 칠십세의 할머니가 득달같이, "그러게 집으로 돌아가, 더 늙기 전에 돌아가서 눌러 붙어. 늙고 병들면 천대밖에 더 받겠어. 어여, 내 말 들어. OO이가 불쌍하지도 않아. 이게 무슨 꼴이야" 그렇게 어르고 달랬다. 그 말끝에 69세 할아버지의 친구인 '나무돌이'(나무를 날라주는 일을 도맡아서 하는 이를 이렇게 부른다) 할

아버지가, "벌써부터 구박이 심하다우. 아새끼들은 나가서 맛있는 밥 사먹고, 저 이는 집에서 혼자 라면을 끓여서 먹는다우" 그러면서, 끌끌 혀를 찼다.

건봉사 노랑매미꽃 떼판(군락)

복사꽃

　해는 한 뼘이나 남아 있었고, 저녁 산책을 하기에는 바람이 자심했다. 가끔 '미친바람' 이라고 부르는 바람이 하루 종일 불어대고 있어서 정신마저 산란했다. 쓰고 있던 글이고 읽고 있던 책이고 모두 뒷전이었다. 멍멍한 기분 속에 갈피를 잡지 못하고 방안을 서성거리다가 아버지 저녁상도 이미 보았던 터라 어쩌지 못하고 고무신을 끌고 밖으로 나섰다. 동네는 드넓어서 길 아닌 곳이 없었고, 집밖으로 나서면 못자리하는 사람들과 마주쳐야 하는 게 가끔은 성가실 때도 있었지만, 유폐되어 있는 사람도 아닌 터에 말전주에 오르내리는 것쯤이야 하는 심정으로 개울 콘크리트 다리를 건넜다.
　집에서 건너다보이는 학봉산 기슭에는 왕벚나무 한 그루 돌올하게 아름다웠다. 내 아름으로 두 아름이 넘었다. 어제부터 슬몃슬몃 꽃을 피우더니 오늘은 만개하여 커다란 연등처럼 환히 기슭을 밝히고 있었다. 마당에서 그곳을 바라보고 있으면 바람에 수선거리고 일렁거리는 폼이 자못 거창해서 숨이 막혔다. 해마다 그곳을 찾아 주위를 빙빙 돌다가는 되돌아오곤 했으며, 오늘도 그럴 참이었다. 그 꽃그늘 속에 묻히면 꽃들은 보이지도 않고, 다만 거대한 우산 속 들어앉은 듯했다. 꽃그늘 아래에는 솜양지꽃, 노랑제비꽃, 갈퀴현호색, 댓잎현호색 등이 그들은 또 그들대로 벌과 나비를 불러 모았다. 해종일 웅웅 기승스레 울어대는 전깃줄에 기가 질려 있던 참이라 잉잉 거리는 벌떼들의 날개 짓은 차라리 자장가처럼 부드러웠다.
　오래 늙은 나무 앞에 서면 자연 삼가는 마음이 되어 나도 모르게 조심스러워진다. 간혹 오래 살아주어서 고맙다는 속엣 말을 건네기도 하는데, 언제나 속엣 말이 될 뿐 입 밖으로 건네

※ 말전주: 이 사람에게는 저 사람 말을, 저 사람에게는 이 사람 말을 좋지 않게 전하여 이간질하는 짓.

지는 못한다. 오래 살아 아름다운 것이 어디 그처럼 흔한가. 언짢아하는 것 가운데 늙어 고사해 가는 나무줄기에 척척, 시멘트로 땜질을 해놓은 것이 있다. 마지막 모습을 왜 그렇게 추레하고 구질구질하게 만드는 것인지 알 수가 없다.

읍내에서 버스를 타고 이웃마을을 지나오다 보면 오래 늙은(수령이 대강 150~200년쯤 된) 금강송을 한 그루 볼 수 있다. 장엄하고 신령스러운 기운에 저절로 고개가 숙여진다. 나무 그늘 밑은 얼마 전까지 한여름 소들의 휴식처 였다. 그랬던 것이 지금은 철책을 둘러놓았다. 보호를 위해서란다. 장엄한 금강송이 철책 속에 갇혀 있는 것을 보고 있으면 도무지 갑갑해서 자꾸 내 목덜미를 쓰다듬게 된다. 자연스러움이란 그처럼 아무도 접근하지 못하게 방어하는 데 있는 것이 아니라 사람과 짐승들이 함께 휴식과 안식을 나누는 그 틈에 있는 것이 아닐까. 크고 너른 그 품에서 놀던 아이들이 나무줄기를 타고 기어오르다 때로는 떨어져 팔이 부러지는 한이 있더라도 나무는 그렇게 그곳에서 사람보다 오래고 긴 세월을 살며 설한풍에 가지를 찢기어도 묵묵히 자리를 지키는 그 품으로 아름다운 것이 아닐까. 무엇이 되고 싶은 것이 없는 나도 간혹은 오래되어 아름다운 나무들처럼 묵묵하고, 기품 있게 살 수 있으면 좋을 텐데 하는 바람을 가진다.

발길을 돌려 건들건들 논두렁을 타고 내려오다가 하, 입을 벌리며 우뚝 멈췄다. 큰개울은 제방을 쌓아놓아서 마을 안쪽에서 보면 개울이 보이지 않았다. 예전에는 그곳에 나무다리가 있어 대다골과 마을 안쪽의 신작로를 이어주었으나 이젠 길조차 없어졌다. 그랬던 것인데, 복상나무(돌복숭아나무)들이 제방 기슭을 따라 줄느런히 꽃을 피웠던 것이었다. 이 대단한 풍경이 제방에 가려져 마을 안쪽에서는 어떤 낌새도 챌 수 없었다. 성큼성큼 개울로 향했다.

어릴 적, 개울 옆 버덩에 복숭아 과수원이 있어서 한여름밤이면 한바탕 멱을 감고 나서 서

용하리 노루귀

리를 해다가 킬킬, 숨죽인 웃음을 웃으며 우적우적 복숭아를 베어 먹다가 벌레라도 씹으면, 그래도 그 복상(복숭아)맛 만큼 달고 맛있는 과일이 있었던가. 지금은 모두 논으로 개간을 해서 어디에고 과수원의 흔적을 찾을 수 없었다. 그랬는데, 제방 기슭을 따라 30여 그루에 가까운 복상나무들이 분홍빛 꽃띠를 이루고 있었다. 나무다리도 없는 개울을 고무신을 신은 채로 철벙철벙, 건넜다. 멀찍이 섰다가, 앞으로 다가섰다가, 앉았다 일어섰다 그렇게 꽃들 속을 기웃기웃 서성거리는 가운데, 날은 저물고 바람은 사정없이 거칠어지고 있었으나 난분분 흩어지는 도화의 낙화가 꿈속의 풍경처럼 아마득했다.

나무 찻잔 받침

일없이 혼자 발광을 할 때가 있다. 그 무엇도 나를 건드리지 않지만 머리카락이 배배 꼬이는 것 같은 심란함을 주체할 수 없어 악악 소리친다. 곰곰이 톺아 따져보면 그 근거가 전혀 없는 것은 아니다. 전화 통화 중에 누군가 사소한 말투로 신경을 건드린 때도 있고, 책을 읽다 '거지발싸개' 같은 소리를 하는 작자들을 만날 때도 있는데, 이럴 때면 발광은 극에 달한다.

그저께는 들판을 싸돌아다니다 돌아오니 마당이 훤했다. 왜 그런지 몰라 멍하니 그 자리에 섰다. 그러다가 가만히 되짚어갔다. 마당 살피꽃밭 가장자리에는 아름드리 느티나무와 은행나무 두 그루가 내가 어릴 때부터 자라고 있었다. 그중 느티나무가 홀연히 사라지고 없던 것이다. 도대체 느티나무는 어디로 간 것일까.

우리 집은 마을회관과 마당을 나눠 쓰고 있고, 그 사이로 길이 나 있어 지나치는 자동차들로 가끔 소란스러울 때도 있었지만, 크게 불편한 것은 아니었다. 그랬는데 정부에서 돈이 남아돌아가는지 노인회관을 지어준다고 해서 마을기금과 합쳐 지금 마을 동편, 운동장에 새노인회관 겸 마을회관을 짓고 있는 중이었다. 그리하여 조만간 집 앞의 멀쩡한 마을회관이 헐릴 예정이었다. 마을회관 건물이 헐리면 우리 집은 마당이 훤하고 넓어져 좋기는 할 것이었다.

들어보니 느티나무와 은행나무를 새 건물을 짓는 곳으로 옮겨 심는다고 한다. 이 오뉴월 염천, 장마철에 잎 무성한 아름드리나무를 옮겨 심는다니. 그렇게 어리멍청 서 있자니 없던 불도저가 나타났다. 이번에는 은행나무 차례였다. 이장 아저씨가 톱을 들고 은행나무 꼭대기로 올라가서 가지들을 잘라냈다. 아뿔싸, 가지 맨 끝에는 까치집이 있었다. 설마, 했다. 가지를 잘라 바닥으로 떨어뜨리는 순간, 까치집에 있던 새끼들도 함께 땅바닥으로 곤두박질쳤다. 자그마치 네 마리였다.

먼저 새끼들을 종이상자에 넣어 회관 옥상으로 옮긴 뒤 나뭇가지로 볕을 가려주었다. 언제 나타났는지 모를 어미까치의 울부짖는 소리가 하늘을 찌를 듯 드높았다. 둘러섰던 어른들은 쩝쩝, 마땅찮은 표정들이었지만, 섣부른 소리들은 모두 삼가는 눈치였다. 모두들 돌아가고 다시 옥상으로 올라갔다. 어미까치는 기절할 것처럼 아니 나를 향해 달려들 듯 눈을 부라리며 통곡처럼 울부짖었다. 그들도 생명 있는, 사람과 나무에 기대 살던 것들이었다.

오늘 저녁에도 어머니는 그곳에 올라갔다 내려오시더니 불쌍해서 어떻게 하나, 어디 지렁이라도 없나 하시는데, 나는 못 들은 척 한다. 이제 다시는 은행나무 가지 사이로 슬몃슬몃 솟아오르던 보름달도 볼 수 없게 됐을 뿐더러 여름이면 나무 그늘에 기대앉아 나누던 한담들도 그만 옛이야기가 되었다.

그렇게 톱으로 잘라낸 은행나무 가지들을 마당 가장자리에 쌓아놓았다. 한밤중에 불현듯 그 가지들을 잘라 찻잔 받침을 만들어야겠다는 생각이 돌았다. 다관과 찻잔 몇 개를 가지고 있었고, 언젠가 통나무로 만든 찻잔 받침을 어느 책에선가 보았다. 다음 날 톱으로 맞춤한 가지들을 잘라냈다. 어미까치는 여태도 전봇대에 올라 목이 터져라 악을 질러댔다. 은행나무 가지를 쌓아놓은 곳으로 다가가기만 해도 그렇게 아르렁댔다. 날짐승도 한번 놀란 가슴은 쉽사리 진정되지 않는 모양이었다.

잘라낸 나무토막의 겉껍질을 벗겨내고, 연장도 없이 커터칼과 아버지가 쓰시던 칼로 받침을 만들기 시작했고, 한 개를 만드는 데 꼬박 하루가 걸렸다. 그런데 저녁에 일이 있어 내 방문을 열어보시던 아버지께서, 생나무는 트는데 어쩌려고? 하신다. 나무에 대해서는 생판 문외한이면서도 성급한 마음으로 잔 받침 하나를 깎아놓고는 가만히 어루만지고 어루만졌다. 손바닥은 부르텄고, 허리며 목덜미는 몹시도 아팠다. 그렇게 만든 것이 갈라지고 터지면 어떻게 하나, 그러면서도 받침 하나를 만드는 데 꼬박 하루를 바쳤고, 그러는 동안 편안했다.

 오늘은 다관처럼 생긴 찻잔 받침을 하나 더 깎았다. 내 조급증이 성급하게 일을 저질렀지만, 또 다른 토막들은 헛간 그늘에다 가만히 모셔두었다. 곱게 마르면 다시 한 번 찻잔 받침을 깎을 참이었다. 그렇게 꼬박 이틀을 보냈다. 얼얼한 손바닥이며 어깨의 통증은 조만간 사라지고 말테지만 죽어가는 까치새끼는 어떻게 해야 하는지? 까치는 그악스러워서 그닥 사랑스럽지는 않지만, 창졸간에 집을 잃은 그들이 염려스럽고, 안타까운 것은 또 어쩔 수가 없다.

 이사 간 그들을 위한 정표 하나쯤 남겨도 좋을 듯하여 다시 또, 나무를 만진다.

대관령 금강송숲

숲에 나무 심기

1.

　열흘 전쯤이었다. 가끔 이른 새벽에 일어나 마당을 얼쩡거리는 버릇이 있는 나는 그날도 마당가 나무 아래를 서성거리고 있었다. 작업복 차림에 배낭을 짊어 맨 먼 안사돈께서 종종걸음을 치며 달려와서는 "나무 심으러 가지 않겠느냐"며 갈 거면 빨리 도시락 싸들고 따라 나서라고 했다. 그때 시간이 얼추 아침 6시쯤이었다. 불탄 숲에 나무 심는 일과 소나무에 솔잎혹파리방제 수간주사를 놓는 일에 대해서는 대강 들어 알고 있었던 터라 화급을 다투듯 도시락을 챙겨서 안사돈을 따라 나섰다. 어디로 가는지도 모르고 따라 나서는 길이었다.

　가는 곳은 고성 삼포 운봉산 기슭이었다. 운봉산 주위를 비롯한 삼포 일대는 '96년에 이어 작년에 또다시 산불이 났던 지역으로 7번 국도에서 치어다보면 마치 여자의 젖무덤처럼 뾰족, 우뚝하였으나 불탄 자리 나무 한 그루 없는 벌거숭이산으로 남아 안쓰럽던 산이었다.

　일을 하러 나온 사람들 대부분은 50~60대 아주머니 아저씨들이었다. 30대는 나 혼자였다. 혼인을 하지 않았다는 것을 어떻게 알고는 '기이한 원숭이' 쯤으로 흘끔거리거나 아니면 다짜고짜 왜 혼인을 하지 않았느냐고 물어왔다. 귀찮고 조금 성가셨다. 대학을 졸업한 것까지 어떻게 알았는지 어떤 아주머니는 기함할 듯 놀랐고, 또 어떤 아주머니는 대놓고 안쓰러워서 어떻게 하느냐며 혀를 찼다. 그날 저녁 사촌동생에서 나무 심으러 갔다 왔다고 했더니 대뜸 "적격이구나" 그랬다.

　나무는 2, 3년생 잣나무와 자작나무를 심었고, 새참으로 빵과 음료수를 줬다. 점심은 각자 도시락을 가져왔다. 무엇보다 즐거웠던 것은 운봉산 기슭에서 바라보는 풍경, 경치였다. 왼쪽으로는 너르고 푸른 동해가 손안에 잡힐 듯 아른아른하고 오른쪽으로는 신평벌 잼버리장을 지나 울산바위가 우뚝하고, 울산바위 뒤로 천불동 계곡을 지나 설악산 중청과 대청봉이 한눈에 들어왔다. 대청, 중청봉 목덜미에 구름띠라도 두르고 있으면 그야말로 한 폭의 수묵화였다. 화마를 피한 운봉산 기스락을 벗어나면 대부분 솔숲이었다. 봄이라 갈나무의 연한 잎들과 어우러진 높은 산과 너른 들은 나이프로 여러 번 덧칠한 그림처럼 깊으면서도 고왔다.

여의도 면적의 수십 배에 달하는 숲이 삽시간에 짚불에 그을린 개처럼 변했다. 곡괭이로 바닥을 파면 어떤 곳은 장뼘 가까이 검은 재가 나올 때도 있었고, 가끔은 불에 타 죽은 짐승의 허연 뼈들과 마주칠 때도 있었다. 불탄 자리의 나무들을 모두 잘라내고 그곳에 어린나무를 심었다. 간혹 간신히, 정말 간신히 화마를 피한 소나무를 몇 그루 만날 때도 있었다. 그들조차 온전하지 못하고 밑둥이나 줄기의 대부분이 새까맣게 불길에 그을려서 조자리조자리 솔방울을 매달고 있었다. 그것을 보고 있노라면 가슴이 먹먹했다.

그렇더라도 어쩌다 단단한 바위틈이거나 아니면 그 옆에 자리 잡은 소나무에서 떨어진 솔씨들이 손가락 한 마디만한 싹을 틔운 것을 만날 때면 참 반가웠다. 그러면서 사람이 기다리지 못해서 숲의 생리 따위는 아랑곳없이 푹푹 곡괭이로 구덩이를 파고 잣나무 또는 소나무 때로는 튤립나무를 심는 것이 아닌가 하는 의구심이 일었다. 기다리면 숲은 숲대로 그들의 생리에 맞게 나무와 꽃과 짐승들을 길러낼 텐데. 그렇게 불기운이 땅속 깊은 곳까지 스며들었건만 땅을 파면 지렁이와 굼벵이 간혹 지네 등이 나왔다. 어느 한 날은 뱀을 만나기도 했고 또 한 날은 산토끼를 만나기도 했다. 토끼몰이에 나서기도 전에 놀란 토끼는 걸음아 날 살려라, 산정을 향해 치달아 꽁지가 빠져라 달아났고, 쉬는 참에 어른들은 발만 동동 굴렀다.

조자리 : 너저분한 물건이 자그맣고 어지럽게 매달려 있거나 묶여 있는 모양을 이르는 말.

고운 빛깔의 유리딱새와 보랏빛의 구슬붕이 그리고 연분홍 젖빛의 산벚 또 노랑제비꽃을 불탄 자리 잿더미 위에서 만났다. 거기에 한국전쟁 때 미군들이 쏘아댄 녹슨 대포알 파편들은 무수히 발길에 채였다.

2.

대포소리를 다시 듣게 된 것은 나무 심는 장소를 민통선(민간인출입통제선) 안인 현내면 명파리로 옮긴 뒤였다. 저도어장 부근에서 오전 내내 고기잡이배들에게 귀항을 하라고 방송을 하더니 급기야 오후부터는 모형비행기를 바다 위에 띄워놓고는 해안초소에서 대포를 쏘아대는데, 귀청이 찢어질 것만 같았다. 사이렌소리가 끝나면 대포를 쏘아대는 식이었다. 대포소리에는 어지간히 익숙해 있음에도 해안에서 쏘아대는 대포소리는 북천에서 건봉산 오십령 부근에다 쏘아대는 대포소리와 전혀 다른 것으로 신경줄을 박박 긁어대는 그 두두두 거리는 소리에 정말 미칠 뻔했다. 거푸 이틀 동안이나 그 소음에 시달려야 했다. 어른들은 모형비행기를 맞혔는지, 못 맞혔는지를 놓고 실랑이를 하느라 소음 따위는 아랑곳하지 않는 것처럼 보여 나는 그만 입이 딱 벌어졌다.

명파리는 민통선 마을이었다가 관광객 유치를 목적으로 '96년 민통선 마을에서 해제되었고, 마을입구에 있던 검문소를 마을 뒤쪽으로 옮겨 통일전망대로 가려면 이곳에다 출입신고증을 제출해야 했다. 우리가 나무를 심은 곳은 이곳에서 해안 쪽으로 빠지는 곳이었는데, 영농민에게만 출입이 간헐적으로 허용되는 곳으로 더덕이며 도라지들이 방치된 채로 자라 쉴참이면 도라지와 더덕을 캐느라 너나없이 바쁘기도 했다. 해안 절벽 위 곳곳에는 군인들의 초소가 있어 가까운 초소에 마실 물을 얻으러 갔던 아저씨는 군인용 건빵도 덤으로 얻어 와서 쉬는 참에 입들이 즐거웠다. 마지막 날에는 추렴을 해서 산 닭튀김과 술을 초소 군인들에게 답례로 가져갔는데, 닭튀김만 받고 술은 돌려주어 아저씨들의 환심을 샀다.

그곳에서도 아른아른 한눈에 들어오는 금강산 연봉들을 구경하느라고 쉴참이면 그렇게 좋을 수가 없었다. 해안 절벽 위에 오두마니 앉아서는 동해에서 들려오는 파도소리를 벗 삼았고, 간혹 쪽빛의 바다직박구리 쌍이 서로를 희롱하는 것을 구경하는 일 외에도 까마귀들이 암놈을 놓고 다툼하는 것도 지켜봤다. 장관이었다. 까마귀를 가까이서 보기도 처음이었고, 큰 몸집도 몸집이려니와 그 흑단 같은 검은빛에 매료되어 까마귀가 좋아 보기도 처음이었다. 갈가마귀와는 상대가 되지 않는 위엄이 있었다, 그놈들은.

그렇지만 이런 아름다운 풍경 뒤에는 화마火魔에 쓰러진 두 아름, 세 아름이 넘는 소나무들의 벌채된 밑둥을 수없이 만나야 하는 참담함이 있었다. 무감할 것 같은 어른들조차 끌끌, 혀를 차거나 한 번씩 손으로 밑둥을 만져보거나 하며 안타까워할 정도로 장대한 금강송들이 불에 탔다. 간혹 불에 탄 나무들을 베어내지 않은 곳이 있었는데, 지뢰지대라며 들어가지 못하게 했지만, 정확한 이유는 알 수 없었다. 그곳에서 연잎꿩의다리와 삼지구엽초를 만나는 즐거움도 있었다. 연잎꿩의다리는 '보호야생식물'로 지정된 법정보호식물로 채취할 경우 일천만원 이하의 벌금이나 1년 이하의 징역에 처하도록 되어 있다. 설악산에서는 흔하게 볼 수 있었으나 무분별한 채취로 지금은 거의 자취를 감췄다고 했다. 그리고 삼지구엽초는 세계적으로 희귀한 식물이라는데, 그것을 직접 보고 만지고 맛보았으니 행운이었다.

이 봄 가뭄에 그 어린 나무들은 잘 자라고 있는지, 가끔 궁금해진다. 어른들의 이면을 엿보는 것으로 내 나무 심기는 재미있었으며, 또한 민통선 안에서 만났던 푸른 동해와 금강산의 연봉들은 두고두고 그리울 것도 같다.

─ 오두마니: '오도카니'의 잘못이나 비교적 작은 물건이나 사람이 좀스럽게 가만히 움직이지 않고 있는 모양을 뜻하는 북한 사투리.

대관령 금강송숲

숲

 몇 날을 꽃을 찾아 앞산을 오르락내리락 하던 끝인지라 노랑제비꽃 군락을 만난 기쁨은 무엇이라고 형언할 수 없다. 마을에서 아무리 산을 치어다 봐도 숲에 어떤 일이 벌어지고 있는지 도무지 헤아릴 길이 없다. 먼 산 빛으로 소나무에 물이 올랐으리라는 짐작 정도 할 수 있을 뿐이었다. 이르게 피어난 생강나무꽃은 그렇다고 해도, 숲으로 들어서자마자 눈앞에 가득 차오른 뫼제비꽃 한 떨기는 눈물겹도록 앙증맞기 이를 데 없다.
 진달래꽃은 산기슭보다 산중턱에 더 만발했다. 볕이 잘 드는 곳의 꽃은 흐리고, 볕이 잘 들지 않는 곳의 꽃은 짙었다. 어떤 모질음, 그 응축된 힘이 꽃을 빛나게 했을 것이다. 노루귀를 찾아가는 길이었으나 먼저 노랑제비꽃에 붙들려서 걸음이 더뎠다. 볕 잘 드는 곳을 좋아하는 노랑제비꽃은 그 환한 명도만으로도 충분히 벌들을 불러 모았다. 속살거리는 듯한 표정은 마치 수다한 어린 학생들을 닮았다.
 군집을 이뤄야만 살 수 있다는 것은 어쩌면 약한 것들의 변명일 수 있겠으나 또한 군집은 폭력으로의 전환이 가장 손쉬운, 위태로운 어떤 경계이기도 하다. 떼로 모여 있는 것은 독점한 공간을 좀처럼 양보하지 않으며, 다른 어떤 것의 진입도 쉽게 용납하지 않는 배타적 권리를 행사한다. 독점이 부패를 낳는 것과 같이 들고남의 자연을 거스르는 것은 그리하여 스스로 자멸의 길을 재촉하는 것과 다르지 않다.
 지난 자취만으로 노루귀를 상상하는 일은 여태도 버겁다. 군데군데 성화처럼 생강나무꽃은 피었으나 땅바닥의 꽃들은 캄캄한 겨울처럼 잠이 깊다. 한 발의 경계가 사뭇 멀어서 내게

적의만을 읽은 다람쥐는 성급히 몸을 사리면서 도망한다. 그 순간 나 또한 골짜기 건너편으로 냅다 건너뛴다. 숲 바닥에 덩굴이 무성해진다는 것은 숲이 망조에 들었다는 이야기에 다름 아니다. 산불이 지나가고 난 뒤 벌목을 하고 다시 조림을 하는 과정에서 인간의 발자국이 숲의 자정기능을 훼방 놓았기 때문이다.

갈낙엽 더미는 깊었으나 보랏빛 노루귀를 만나는 일은 어렵지 않았다. 살살 낙엽들을 걷어내고 나니 두 송이 꽃이 오롯하다. 저절로 고개 숙여 감사한다. 첫 만남은 그렇게 싱거우면서도 알뜰하게 이루어졌다. 보랏빛 노루귀는 단정하여 올곧으며 그러면서도 줄기는 또한 한없이 연약하다. 꽃 핀 뒤 잎몸이 돋아나온다. 꽃과 잎몸은 어느 순간 겹치기도 하나 서로 외따로 독립하는 시간이 길다.

흰빛의 노루귀는 다음을 기약해야 했다. 삽살개처럼 숲 바닥을 헤집고 다녔으나 만날 수 없었다. 보랏빛 현호색은 집으로 돌아오다가 뜻하지 않게 만났다. 새순이 돋아나는 숲은 여명처럼 환했으나 아직 겨울의 맵찬 바람을 다 떨쳐내진 못한 때문인지 코끝이 시렸다. 봄꽃들 피었다 지고 있었으니 내 한생 또한 어느 사이 그토록 저물고 있었을 것이다.

산 행

사뭇 황사가 짙었다. 솜씨 심는 일이 끝났으니, 늦잠을 자도 되련만 몸은 저 먼저 눈을 떴다. 창문으로 비치는 빛이 어두웠다. 비를 바라는 맘으로 몸을 일으켜 창문을 여니, 웬걸 하늘은 새까맣게 주저앉았고 바람은 거칠었다. 땅땅 발이라도 구르고 싶을 만큼 짜증이 치밀었다. 앞이 보이지 않는다는 면에서 황사와 안개는 닮았으면서도 아주 달랐다. 안개가 물이라면 황사는 불에 가까웠다. 메마른 먼지 냄새를 풍기는 건조함은 질색이었다.

오후로 접어들면서 여전한 황사 속에서도 하늘은 조금씩 제 빛을 드러내고 있었다. 그렇더라도 바람은 정이월처럼 찼다. 단단히 잡도리를 하고 앞산, 숲으로 들어섰다. 여태 제 모습을 보여주지 않는 흰색노루귀와 남산제비꽃, 고깔제비꽃을 찾아보려는 생각이었다. 노루발과 처녀치마는 어느만큼 자라고 있는지도 궁금했다. 얼레지와 애기중의무릇은 건봉사 뜨락엘 가야 만날 수 있는 까닭으로 마을 앞산에서 만날 기대는 오래전에 접었다.

간이저수지 쪽으로 방향을 바꿨다. 지난번 오리 떼와 원앙이 떼가 내 걸음에 놀라 눈치 챌 겨를도 없이 날아올랐기 때문에 뒤꿈치를 들고 조심스럽게 걸었다. 마을에서 제사 지내는 오래 늙은 금강송은 시나브로 죽어갔고, 명줄처럼 하얀 띠를 밑둥에 두르고 있었다. 삼가는 마음으로 고개를 숙이며 지났다.

연둣빛의 버드나무로 휘장이 처진 간이저수지 둑에 살며시 한 발을 앞으로 내밀면서 수면을 살폈다. 오리 한 마리가 보였고, 긴장된 마음으로 한 발을 마저 내딛는 순간, 순서처럼 오리들이 날아올랐다. 원앙은 어디에도 자취가 없었다. 원앙 수컷은 색과 모양으로 자못 화려

했다. 동물의 수컷들은 종을 불문하고 빛깔과 모양이 볼만했다. 때로는 암수 한 쌍이 서로 다른 종처럼 보일 정도로 달라도 너무 달랐다. 마주친 것들 중 원앙이 그랬고, 딱새가 그랬다.

 허탈했으나 오래 머물 수 없었다. 어머니가 '삼나물'이라고 부르는 나물들이 계류에서 자라고 있었고, 몸을 돌리는 순간 분홍빛깔의 고깔제비꽃을 만났다. 이른 봄의 꽃들은 작아도 지나치게 작았다. 카메라 속에 넣으려면 무릎을 꿇어야 하는 것은 기본이고, 때로는 사격하듯 배를 깔고 엎드려야 꽃의 제 모양을 볼 수 있었다. 그러므로 존 버거가 앙리 카르티에 브레송과의 대화중에 브레송을 가리켜 '저격수'로 지칭한 것은 여러 의미의 중첩이었다. 오늘은 처음으로 카메라를 '마크로' 모드로 전환하였다.

 평소 가던 길을 바꿨다. 노랑제비꽃은 어디서든 지천이었고, 꽃잎이 이운 것도 태반이었다. 어린 잔대싹을 만났다. 올 들어 두 번째였다. 이제 일주일만 지나면 봄숲은 나물들로 풍성할 테니, 오늘은 수인사만 하고 헤어졌다. 황사 속에서도 진달래 분홍빛은 짙었고, 철쭉도 꽃망울이 부풀었다. 생강나무꽃들은 어느새 지고 없었다. 학봉산 중턱 계류로 내려섰다.

 막 싹을 틔우던 도토리 어린 싹은 껍질을 벗기도 전에 내 발자국에 치여서 치명상을 입었다. 그런 것을 며칠이 지난 뒤에야 보았다. 너무 걱정할 일은 아니라고 두고두고 나를 위로했다. 아마도 비가 두어 차례 내리고 나면 도토리 어린 싹은 파랗게 움을 틔우게 될 것이라고 위안하고 위안했다. 지난번 폭설 속에 얼어붙었던 보랏빛 노루귀가 되살이를 하여 여태 청청한 것이 그 반증이라고 또 스스로를 다독였다. 그렇더라도 아리고, 쓰라린 맘은 어쩌지 못했다.

 배암이 똬리를 틀고 있던 바위틈을 지나 계류를 건너뛰었다. 여기 저기 겨울밤의 폭죽처럼 보랏빛 노루귀가 피고 있었다. 첫 만남의 설레임이 어느 정도 가신 탓인지, 눈길은 자꾸 흰색 노루귀를 찾아 더듬고 있었다. 지난번 맞은편 비탈에서 꽥꽥 거친 울음을 토해내던 멧돼지들이 노루귀 밭을 봄철 논바닥처럼 갈아엎어 놓았다. 너무 이른 게야, 이르게 온 때문인 게야, 웅얼거리면서 돌아서려던 순간 눈앞이 환히 열렸다. 내 검지손톱 만한 순정한 흰빛노루귀 꽃 두 송이가 보랏빛 노루귀들 틈에 섞여 있었다. 이제 시작이었다. 흰빛의 노루귀는 보랏빛보다 조금 늦었을 뿐이었다.

오래전 땔나무를 실어 나르던 소가 끌던 발구가 다니던 길은 여전했다. 길섶 개별꽃과 노랑제비꽃 그리고 진달래꽃 사이 솜나물꽃을 만났다. 너무도 작아서 먼데를, 앞만을 보고 걸으면 만날 수 없는 꽃이었다. 작은 것들은 그리하여 애틋하고, 또한 안쓰러운 무엇이다. 그러면서도 언제의 나는 목마름을 달래기 위해 진달래꽃을 따서 씹어 먹기도 하고, 겨우살이의 이파리를 따서 쓴맛을 맛보기도 한다. 이제 나물철이 내다르면 나는 거침없이 나물들을 해서 쌈싸서 먹을 요량으로 한껏 부풀어 있다.

그 길을 따라 걷다 비탈로 방향을 바꿔 내려섰다. 도대체 남산제비꽃은 언제나 볼 수 있을 것인가, 애가 탔다. 노랑제비꽃들은 이울었고, 지난번 만났던 고깔제비꽃도 찾을 수 없었다. 실망스런 낯빛으로 두리번거리다 이번에는 발밑 근처에서 더덕의 어린 싹을 보았다. 처음 만났으니 기념하였다. 멧돼지가 지나다니는 길인지라 캐서 강제 이주시켰다. 그늘은 좋아하는 녀석인지라 참나무 발치께에 심었다. 그 시원한 향만으로 황사 따위는 까맣게 잊고 말았다.

가던 방향을 거슬러서 오르고 내리다 제비꽃을 만났고, 공동묘지에서는 지천으로 핀 할미꽃들을 만났다. 개별꽃은 이제야 비로소 별처럼 만개하여 이름에 답하였다. 절정의 순간을 포착하여 제대로 겨냥하는 일, 그것은 사진이건, 글이건 매한가지일 테다. 황사가 물러가는 사이, 하루해가 건봉산 산정으로 넘어가고 있는 사이, 서낭당의 오래 늙어 위엄 있는 금강송

🌱 발구: 소나 말에 메워 물건을 실어나르는 큰 썰매. 주로 길이 험한 산간지방에서 사용한다.

이 냇물에 해그림자를 깊게 만들고 있는 사이, 갯버들은 파랗게 잎을 틔우고 있었다.

송강리 금강송

새떼들

꽃보다 이르게 봄을 알리는 것은 단연 나그네새들이다. 직박구리는 늦겨울이 가고 있는 동안 인가 가까이에서 참새들을 위협하며 며칠 마을의 공기를 휘젓다가는 어느 순간 홀연히 자취를 감춘다. 그들이 떠나고 나면 그때는 찌르레기가 나타나고, 찌르레기 틈 사이에서 후투티가 듬성듬성 인가를 맴돌게 된다. 후투티는 직박구리나 찌르레기, 방울새나 참새처럼 떼로 몰려다니지 않는다. 까치는 종종 까마귀와 먹이를 다툰다. 전에는 볼 수 없던 일이다. 텃세가 자심하다.

개울가로 나가면 백할미새, 노랑할미새, 딱새, 붉은머리오목눈이(뱁새), 개개비 등이 짝짓기를 하느라고 저마다 바쁘다. 아직 도착하지 않은 새들이 태반이고, 어디서 왔는지 다음 생에는 어디로 가는지 아무도 알지 못하는 동안, 그렇게 여름 한철 새끼를 치고, 찬바람이 일면 어느 순간 마을에서 볼 수 없게 된다.

숲으로 들어서면 박새, 동고비, 멧새, 곤줄박이, 쇠딱따구리, 울음소리가 새된 어치, 이름을 모르는 산짐승들 사이에서 또 새끼를 치느라고 분주하다. 원앙이나 굴뚝새 또는 물까마귀는 텃새라고 하지만 흔히 볼 수 없다. 이 가운데 가장 어이없는 날짐승은 단연 꿩을 꼽을 수밖에 없다. 바보스럽다 못해 미련해보이고, 때로는 억지스럽기까지 하다. 꿩처럼 소리에 둔감한 날짐승을 보질 못했다.

숲을 이리저리 돌아다니다 보면 어느 순간 발치께서 꿩, 소리를 치며 날아오르거나 벌벌 벌 기어서 다른 쪽으로 꽁지가 빠져라 줄행랑을 친다. 날지도 않는 채 빠른 걸음으로 숲을 가

⁕ 자심하다 : 더욱 심하다.

로 질러가는 것이다. 아주 급하면 제 머리통을 덤불 속 어디에든 마구 쑤셔 박는다. 가관이다. 저는 내 발자국 소리에 놀랐겠지만 나는 산사태라도 날 듯한 꿩, 소리에 기겁을 할 지경이고, 녀석들은 또 녀석들대로 내 처지 따위는 아랑곳없이 제 처지만 화급을 다툰다.

  번번이 서로를 놀라게 해서 나는 나대로, 꿩들은 꿩들대로 사이가 뜨고 말았다. 봄산의 꿩들은 살이 쪄서 뒤뚱뒤뚱 비만하게 종종걸음을 치는 것을 지켜보노라면 폭소를 터뜨리지 않을 수 없다. 그러면서도 얼마나 빠르게 숲 사이로 사라지는지 눈 깜짝할 사이면 이미 옛일처럼 기연가미연가 한다. 마치 손에 잡히지 않는 무엇처럼 허전해지기까지 한다.

  숲속 어디선가 까마귀가 까악, 까악 울고 있으면 그곳에는 멧돼지가 있거나 아니면 고라리 또는 산토끼, 너구리같은 산짐승이 있다는 신호이다. 그도 또한 아니면 부엉이가 노란 눈을 반짝이면서 위엄을 부리고 있던가. 겨울 숲이 무채색으로 적막하리만치 고요하다면 봄숲은 초록의 빛으로 들썩들썩, 수선스럽기 그지없다. 무엇이든 살아서 반짝거린다. 살아있는 것들의 다툼으로, 화해로, 생사존망의 기운으로 우럭우럭 불길이 이는 듯 뜨겁다.

  이 모든 조화 속에 새들의 울음소리가 없었다면, 숲은 숲으로 아름답지 못했을 테다.

호랑지빠귀 소리를 들으며 참나물 쌈을 먹다

호랑지빠귀를 귀신새라고도 부른다고 했다. 해가 지고 난 뒤 그 박명 사이를 거닐다 보면 어디선가 날카로우면서도 긴 휘파람 같은 소리를 들을 수 있다. 바로 호랑지빠귀의 울음소리다. 어느 날은 앞산에서 만난 적도 있었지만, 낮엔 그처럼 소리 내어 울지 않았다. 긴 한숨과도 같은 그 소리가 마치 제주 잠녀들의 숨비소리와 닮았다는 것을 기억하고는 가만히 걸음을 멈췄다. 어느 울음이든 살아있는 것들의 소리였다. 무엇이든 죽은 것들은 소리를 낼 수 없다. 아귀다툼도 살아있어서, 만날 수 있어서 할 수 있는 일이었다. 그러므로 헤어져 눈앞에 현현하지 않는 자들도 마찬가지로 다 죽은 것이었다.

그렇기 때문에라도 악수 너머의 어떤 떨림, 저녁빛에 얼비친 눈물의 그 짧은 섬광과 같은 기억은 최후를 보장받을 수 있었다. 그렇게 하여 기억은 자가증식을 하여 추억으로 전환되었고, 추억은 어느 해질녘의 빗살무늬 물결처럼 어딘가를 향해 먼데로 흘러가고 있었다. 그리하여 때때로 기억의 존재를 의심하게 되었고, 그런 끝에 한갓 노루잠의 낮꿈이었는지도 모를 일이겠다는 의구심을 생산하였다. 흔적으로 남았던 상처는 그렇게 암반의 모래알처럼 마모되어 흩어져갔다. 이제 해질녘의 물무늬는 무엇도 저장하지 않은 채 명랑하게 흘러갔다. 그렇더라도 호랑지빠귀는 밤이면 귀신새일 수밖에 없었다.

분홍빛의 고깔제비꽃, 젖빛의 남산제비꽃이 비로소 그늘진 곳에서 만개하고 있었고, 햇빛을 되받아치는데 있어서는 어슷비슷한 노랑제비꽃과 양지꽃이 분별할 수 없도록 눈길을 휘어잡는 사이, 우산살 같은 솜나물꽃이 낮은 키를 세우면서 모습을 드러냈으며 언젠가 봄산,

☙ 숨비소리 : 해녀들이 물질을 마치고 물 밖으로 올라와 가쁘게 내쉬는 숨소리. / 노루잠 : 깊이 잠들지 못하고 자꾸 놀라 깨는 잠.

그 얼음 덮인 산에서 봄꽃의 경이를 처음으로 안겨주었던 보랏빛, 일명 뾰족노루귀는 어느 사이 점차 그 빛을 잃어가고 있었지만 그렇더라도 아직까지 내게 봄꽃은 노루귀, 현호색들로 기억되고 있었으며, 지르되게 피는 개별꽃에게 눈길이 사뭇 오래 머물렀던 날 오후, 참나물과 잔대싹을 두어 움큼 뜯어 건들건들 등성이를 넘었다.

여태도 제 모습을 드러내길 꺼려하여 자못 퉁명스러운 듯 잔뜩 볼멘 듯한 두릅을 이윽고 지켜보다, 멧돼지의 먹이사냥으로 파헤쳐져 웅덩이진 숲바닥을 이리저리 피하여 다다른 곳에는 고비가 쑤욱 쑤욱 키를 키우고 있었다. 두억시니와도 같이 달려들어 맞춤한 고비들을 가차없이 꺾어서 비닐봉다리에 넣고는 그네처럼 흔들흔들, 가볍게 가볍게 계류에 핀 화태바구니 만한 산괴불주머니를 향해 눈인사를 하면서 숲을 걸어 나오는 길이었다. 탈색한 무명의 순정한 흰빛과 같은, 눈 밝은 늙은 사람의 머리카락과 같은, 그러면서도 한편 발그무레한 속살을 지닌 조팝나무가 무리를 지어 척박한 그곳에, 훈련 중인 군인들의 야전막사가 쳐지곤 했던 그곳에, 용케도 뿌리를 내리고 명징한 흰꽃을 구름처럼 마구 피웠다.

부얼부얼 봄숲이 살찌고 있었다, 봄날이 저만큼 가고 있었다.

지르되다 : 더디게 자라거나 익다. / 두억시니 : 모질고 사나운 귀신의 하나.
부얼부얼 : 살이 찌거나 털이 북슬북슬하여 탐스럽고 복스러운 모양.

쥐들은 쥐약을 먹고, 소쩍새는 봄밤을 운다

    봄비가 잠을 부르는 동안 쥐들은 신문지 위에 놓인 주황색 쥐약을 바삐 먹고 있었다. 뒷집 마당가 돌담 축대에 자리를 마련한 녀석들이 겨우내 뒷집 처마에 걸린 찰옥수수를 한 톨도 남김없이 다 먹어 치우는 동안, 고무신짝만한 녀석들이 바삐 오고가는 사이, 나는 그것을 창 너머로 구경만 했다. 마찬가지로 녀석들이 주황빛의 쥐약을 저 죽을 줄도 모르고 신나게 먹고 있는 것 또한 물끄러미 내다볼 뿐 아무런 말도 보태지 않았다. 설령 내가 충고를 한다고 한들 녀석들이 내 말을 알아들을 리 없는 까닭이다. 녀석들은 겨우내 새끼들을 쳐서 십 수 마리에 가까웠고, 쥐약 먹는 녀석들 가운데 큰놈과 작은놈이 여러 마리인 것으로 보아 아마도 어미와 새끼일 것이 분명해 보였다.

    마을에는 도둑고양이 한 마리 없었고, 앞산과 뒷산에도 맹금류와 포유류가 거진 반 사라진 곳에서 쥐들은 저 죽을 줄도 모르고 급속하게 번성했고, 쥐들의 침입을 참을 수 없어 하는 인간들은 급기야 쥐약을 처방하기에 이르렀다. 순환의 고리가 끊어지면서 생긴 일이다. 날 수 없는 포유류들은 휴전선 철망에 갇힌 채 생태의 섬으로 남았다. 산짐승들의 고립은 씨를 말렸고, 개발에 대한 인간의 욕망은 폐허를 내장한 것이었다. 쥐들의 죽음을 굳이 비극이라고 할 것도 없겠다.

    인간의 욕망으로 빚어진 비극은 비단 쥐에만 그치는 것이 아닌 까닭이다. 영문도 모르는 채 죽어가는 전장터의 뭇생명들, 나는 인간이므로 어린 인간의 죽음과 불행을 안타까워하면서 더 큰 분노를 표출할 수밖에 없다. 그러면서 인간의 인위적인 개입을 참을 수 없다는 것과 이제는 누구도 인간이 저지르는 파괴의 속도를 걷잡을 수 없을 것이란 엄연한 사실과 함께 이 암울함을 바로 직시해야 한다는 것뿐이다.

완전 채식을 고집하는 '비건Vegan'을 조금쯤 비웃는 까닭은 생명이란 측면에서는 풀도 살아있기 때문이다. 고기를 멀리하는 것이 정치경제, 사회문화적 맥락을 포함하여 소비를 줄이기 위한, 지구 생태계를 살리기 위한 어떤 저항의 한 방편이라면 그것에는 백번 동의한다. 힘의 우열이 없는 평등이란 없으며 생물간 고유한 자유를 인정하는 일은 그러므로 지난할 수밖에 없다.

저녁이 오고, 비가 그쳤다. 저녁 설거지를 마치고 산책길로 접어들었다. 어느 순간 바람을 안고 걷는 길이 불편해서 곧은 대로 걷던 길이 이젠 고정되었다. 변함없이 걷던 길이 지루하면서도 이물스럽게 느껴지는 순간에 이르러서야 비로소 길이 고정되어 있었다는 것을 알아차렸다. 지체 없이 방향을 바꿨다. 나는 제자리에 있었지만 주변의 풍경이 바뀌는 일이 다반사였고, 또한 내가 바뀌는 순간 주변의 풍경 역시 돋을새김처럼 낯설면서도 시원해짐을 경험한다.

들을 가로질러 먼데 숲에서 다시 호랑지빠귀가 울고 있었다. 간간이 방점처럼 소쩍새의 울음소리도 들렸다. 소쩍새 울음은 진달래 피고 지는 사이, 처음이었다. 어느 달 밝은 봄밤 그 풋풋한 바람결을 따라 아주 먼 길을 떠나고 싶어 했다. 그리하여 다시 어디로도 돌아오지 않을 수 있다면 그렇게 하고 말았을 것이나, 이생에서 숨 쉬고 있는 동안 돌아오지 않을 길이란 없는 것을, 이미 그것도 너무 재빠르게 알아차린 탓에 그만큼의 길 위에서 서성거릴 뿐, 크게 숨을 내쉴 뿐이었다.

설악산 숲에서 만난 헛개나무와 바위채송화와 비선대 앞의 돌단풍과 만리화 이야기를 놓

송강리 엄나무(음나무)

쳐버렸고, 또한 앞산의 각시붓꽃, 산벚나무, 산딸기 이야기를 까맣게 잊고 있었다. '처녀치마'의 꽃을 기다리는 동안, 주변의 사물들이 물안개 속에 갇힌 것처럼 아득하게 멀어지고 말았다는 것을 새삼 알았다. 편애는 편향을 낳을 수밖에 없다. 그리고 우리는 언제든 너무 늦게 오거나 혹은 너무 늦게 간다. 다시 미친바람이 불기 시작했다.

연분홍 솜사탕 같은 봄날, 부둣가 산책

　연분홍빛 솜사탕 같은 산벚꽃잎이 여윈 봄의 단비처럼, 잊었던 기억의 환기처럼 툭, 툭 꽃망울을 터뜨리고 있었다. 누군가의 가벼운 붓끝에서 태어난 듯 산천에 온통 자우룩한 안개처럼 만개하여 어지러웠다. 혹한의 눈보라를 견딘 모질음 끝에 피워낸 꽃들일 것이겠으나 당장의 그 몽환의 빛깔은 매혹적일 수밖에 없다. 어쩌면 바람 끝에 난분분 흩어지는 꽃잎들이 일으킨 환상일 것이겠으나 아무렴 그리하여도 연푸른 숲에 그만한 어울림은 없다.

　속에 찾아온 몸살로 하루 호되게 앓고서는 훌훌 자리를 걷었다. 봄비라도 내려서 시름시름 앓는 내심을 다독거려준다면 금상첨화겠구나 하였으나 꿈은 야구공 맞은 유리창처럼 박살이 난 채 오랜만에 그만큼의 열기로 앓으면서 조금쯤 선해진 듯하여 즐거웠으나, 깜깜한 현기증은 그대로였다.

　꽃잎 떨구던 바람결이 숙진 틈 사이로, 읍내 볼일을 핑계로, 그것이 아니어도 어디로든 이 꽃사태진 마을을 골골이 누비고 싶은 조바심으로 버스를 탔다. 은행의 볼일이라는 게 채 5분도 걸리지 않는 일이었으니 점심 무렵 버스시간까지는 두어 시간, 한참 멀었다. 건봉사를, 낙산사를, 끝내는 서울을 자로 재듯 이리저리 재어도 보았으나 현기증은 오래도록 머물렀고, 택시를 타고 꽃등을 보러 가기는 싫었다. '신도'도 아니었고 '보살'도 아니었으나, 그리하여 더욱 더 그렇게 쉽게 절엘 가고 싶지는 않았다.

　자연스레 부둣가로 걸음이 옮겨졌다. 간간이 해진 그물을 손질하는 아낙네들만이 있을 뿐, 한가하다 못해 적막하였다. 고기가 풍성하면 카메라를 들이대는 일도 어렵지 않은 일이

건봉사 제비꽃

었으나, 특별하게 무엇을 찍어야 하는 것 또한 아니었으니 어슬렁어슬렁 바다에, 항구에 내리꽂히는 햇빛을 구경하면서 걸었다. 작은 목선이 한 척 들어왔고, 문어를 서너 마리 풀어놓았다. 이른바 문어발이 배다. 문어는 볼품없이 작았고, 수협에 넘긴 문어는 고작 3kg 정도였다.

문어는 사시장철 잡을 수 있고 따로 산란기가 없으며 그렇더라도 성수기는 7~8월이고, 큰 것은 50kg이 넘는다고, 수협직원은 설명해준다. 이곳 영동지방에서는 명절 제사건, 기제사건 혼인잔치건 회갑잔치건 꼭 문어가 오른다. 잔칫상에 문어가 빠지는 일은 있을 수 없다. 때로 잔칫상에 '냉동문어'가 오르게 되면 하객들에게 욕먹을 각오를 단단히 해야 한다. 그만큼 중요한 해물이다.

고무 '다라' 생선판매 노점을 지나는데, "숭어 사요, 숭어! 가자미도 있어요!" 들여다보니, 가자미는 냉동되었던 것이고, 숭어는 죽어 있었다. 숭어는 겨울 숭어가 회로는 최고란다. 이면수도 몇 마리 있었으나, 새끼였다. 생선은 특히 머드러기를 사야 한다. 어린 것은 비려서 맛이 없다. 가자미는 이미 알이 통통 밴 것으로 살짝 말린 것을 구워 먹었던 터라 더 이상 관심 없다. 살짝 목례를 하고 지나간다. 고깃배가 들어왔으나 이번에도 빈 그물만 내린다. 한편에서는 기르는 어업을 이야기하면서도 또 다른 한편에서는 씨까지 박박 긁어서 고기를 잡은 탓도 컸다.

거진1리, 등대로 향하는 비탈진 동네에도 봄은 왔다. 개나리가, 지르되게 핀 벚꽃이, 난데없는 곳에 배꽃이 무엇보다 연분홍의 복사꽃이 화려한 듯하면서도 수줍게 어우러져 눈길을 사로잡았다. 솔밭 가장자리에서 단연 도드라졌다. 막바로 치고 올라설까, 그러면서도 걸음은 횟집들을 지나쳐 시내버스 회차 지점에 서서, 또다시 망설였다. 건봉사를, 낙산사를, 아니면

머드러기 : 과일이나 생선, 채소 따위의 많은 것 가운데서 다른 것들에 비해 굵거나 큰 것.

간성군청에 은행나무를, 골담초를, 상수리나무를 보러갈까. 그러면서 어정어정 걷는데 그물더미에서 일하는 이들이 눈에 들어왔다. 사진을 찍어야겠다는 생각을 하면서도 대체 사진은 찍어서 무엇을 하려는고 스스로 묻고 있는 사이, 일하시던 분들이 모여들었다.

 새참시간이었던 것이다. 둥글게 모여 앉았다. 감주가, 소주가, 막걸리가 나왔으나 감주가 인기였다. 만들고 있는 그물은 정치망, 옛날 말로는 어장그물이라고 했다. 또한 정치망은 자릿그물로 바닥에 닻이나 말뚝을 박고 거기에 그물을 고정시켜 지나가는 고기를 잡는 것으로 주로 연안의 얕은 곳에서 사용한다고 한다. 규격품이 있는 것이 아니고, 필요에 따라 설계하고 마름질하여 쓴다고 한다. 정치망은 끌그물류인 대형기선 저인망(트롤), 소형기선 저인망(고데구리), 그리고 삼중망 등의 그물과는 달리 싹쓸이식 남획은 없는, 소극적인 그물이라고 한다.

 양해를 구하고 사진을 몇 장 찍었다. 구경꾼도 있었고, '반장'을 은연 중 질타하는 분도 있었으나, 나는 감주를 맛있게 먹었고, 삭은 밥알은 멍멍이에게 나눠주었다. 일하던 분들은 사진을 찍으면 인터넷에 올려서 '거진항' 홍보를 좀 하라고, 압박한다. 이웃마을 어른들과 함께 산에서 일을 하면서 매우 뻔뻔해진 나는 이것저것 궁금한 것을 묻고, 어른들은 일손을 바삐 놀리면서도 즐겁게 답한다. 거진 뒷장의 '곰바위'는 꼭 찍어보라고 권유를 하는 바람에 절에 대한 생각은 까맣게 잊고서 작별인사를 드린 뒤, 다시 어슬렁어슬렁 뒷장으로 향했다.

 뒷장 바위들 틈 바다에서는 때늦게 미역을 따는 이들이 있었다. 샛바람이 불어서 바닷바람은 찼다. 거진 뒷장에는 해안의 절벽을 깎아내고, 화진포를 거쳐 대진항까지 닿을 수 있는 관광도로를 만들어 자동차들이 들고나고 있었다. 또한 거진등대 주변으로 산불이 지나간 뒤에 잽싸게 공원을 조성한 까닭으로 뒷장에서 거진 무인등대 주변까지는 나무계단을 놓아 에

돌지 않고, 직통 올라설 수 있게 되었다.

　날씨는 화창한 듯하였으나, 시계는 설악산 대청봉, 해금강 말무리반도까지 미치지 못하였다. 해안에서 멀지 않은 곳에는 작은 고깃배들이 분주하게 항구를 향해 돌진하고 있었다. 아마도 문어발이 배인 듯하였으나 알 수 없었다. 창창한 바닷길이 열리는 것을 지켜보는 것만으로도 가슴 한 구석이 활짝 환해져서 나무계단을 오르면서 차오른 가쁜 숨은 어느 사이 슬그머니 잦아들었다.

　숲으로 들어서서 길 없이 헤매다 보면 어느 사이 바다가 그립고, 창창하여 막막한 바다를 바라보고 서 있으면 그러는 사이 슬그머니 숲의 나무 냄새들이 몹시도 그리워지니 무슨 조홧속인지 알 수가 없다. 어느 곳이든 연분홍의, 순백의, 붉은빛의, 보랏빛 꽃들의 낙화로, 개화로 난분분 난분분 종달새처럼 수다스럽고, 병아리처럼 수선스럽다. 그렇더라도 오늘은 달 없이 캄캄한, 감청색의 그믐밤이다.

　🌸 난분분 : 눈이나 꽃잎 따위가 어지럽게 흩날리는 모양.

봄·

어미

"순창인데, 매실장아찌, 청국장, 된장이 있는데, 뭘 사갈까? 청국장? 매실장아찌?"

관광 중인 어미가 순창에서 휴대폰으로 전화를 해서 내게 묻고 있었다. 이때 나는 간성읍 고성군 청사 내에서 8백 년이나 살고 있는 은행나무를 열심히 들여다보고 있는 와중이었다. 겨울이면 김장김치 넣고 끓인 청국장을 즐기지만, 이 화창한 봄날에 청국장이라니.

"아니, 매실장아찌하고 된장!"

"매실장아찌, 된장. 알았우!"

내 어미는 일흔이 넘었고, 여태도 시장에서 노점을 하며, 지난 3월에는 마을단체관광을 다녀왔고, 이번에는 시장에서 단체로 떠나서 관광, 외유 중이었다. 내 아비는 관광이라면 평생 왼고개를 틀더니만, 고희기념으로 금강산관광을 다녀온 뒤로는 무슨 바람이 불었는지 마을 관광을 몇 번 다녀오더니만, 올해는 그만 딱 발길을 끊었다. 이유인즉, 그게 무슨 관광이냐고, 하루 종일 뽕짝을 틀어놓고 흔들어대는 데는 아주 멀미가 났다고, 관광에 진저리를 쳤다.

내 어미는 무슨 일로 흥겨워지면 마흔이 넘은 나를 여전히 "공주님"으로 칭하면서 어딜 가면 아니, 저녁 무렵이면 전화를 해서 무엇을 사갈까를 묻곤 한다. 어느 날은 우유 사갈까, 아니면 뭐 살 것 없느냐고 묻는 전화를 하곤 한다. 어이없어 하는 나를 이해하지 못하는 것은 물론 때론 섭섭하게 생각하고서는 오빠들, 올케들, 심지어 장성한 조카들에게까지 집에 오면 이른다. 어미를, 할미를 구박한다고.

금강산관광 중에는 '금강산전설'이 담긴 소책자를 사왔다. 황당해하는 나를 보면서, 책이니까, 했다. 그러고는 무슨 박물관인데, 어떤 책을 살까 또, 전화를 한다. "없어!"라고 일언지하에 거절하면 그것도 또한 못내 섭섭해 하는데, 나는 귀찮을 따름이다. 어떤 때는 무슨 이상한 볼펜, 꽃, 사탕 등등 관광지에서 흔하게 볼 수 있는 기념품들을 사들고 와서는 한껏 자랑을 하는 중에, 쫘악 찬물을 뿌린다. 다시는 이런 것 사오지 말라고!

내 어미는 맏며느리인데, 시집살이를 했다고는 하지만, 내가 볼 때는 영 '날라리' 다. 장을 담그면, 장이 시거나 가시가 생긴다. 할머니 살아생전에는 할머니가 그 모든 것을 관장했는데, 할머니 돌아가시고 생긴 이변이었다. 몇 번을 그렇게 실패를 하고, 손맛 좋기로 소문난 큰이모님을 모셔다 장을 담갔는데도 마찬가지로 가시가 생기고, 장이 시었다.

결론은 우리 집은 장을 사서먹는다. 세상에, 농촌에 살면서 장을 사먹어야 하는 불행을 어떻게 설명할 수 있을까. 그렇다고 내 어미가 솜씨가 없느냐 하면 그것은 또 아니면서도 '장' 만큼은 영 맥을 못 춘다. 김장김치는 큰아들, 작은아들까지 여태 담가주고 계시고, 우리 집 큰며느리 음식 솜씨는 어디 내놓아도 손색이 없지만, 김장김치만은 꼭 시어미가 담근 것을 가져다 먹는다.

여담이지만 우리 집 큰오라비는 20대 푸른 청년시절부터 50이 넘은 중늙은이가 된 여태도 회사를 다니는데, 한식조리사자격증을 가지고 있다. 이 집의 남자들은 내 아비를 비롯 다 음식을 잘한다는 이야기다. 그렇다고 며느리들이 음식을 못하느냐 하면 그렇지 않다. 명절이나 함께 모일 때면 내 오라비들은 기껏 '소스'나 만들 자격을 줄 뿐이다. 아, 추어탕은 물론 민물고기로 만드는 음식은 죄다 남자들, 오라비들 몫이다. 여자들은 손대지 않는다. 불문율처럼 그리 되었다.

장 때문에 줄곧 어미와 티격태격하면서 올해는 무슨 스님이 담갔다는 장을 사다 먹을까

고심하고 있었다. 그런 와중에 장을 사오겠다니, 마른 논에 단비처럼 반갑다. 어미 또한 흔쾌하게 내가 어미의 맘을 받아들인 것만으로도 기분이 달떠서 "알았우!"라고 답하는 소리가 한껏 치켜 올라갔다. 사진을 찍다 말고, 미친년처럼 풋풋 거리며 나도 따라 웃었다.

마달리 밤나무

돼지 목매

대체로 숲에 들어서면 지망지망 걸어 다니는 탓으로 국수나무 떨기며 다래, 칡넝쿨과 씨름하기 일쑤다. 그렇더라도 훤한 계류 옆 골목길 같은 곳에서 걸음이 휘청 앞으로 쏠렸다. 어, 어 고꾸라지기 직전이었다. 왼발을 끌어당겼으나 무언가 묵직한 것이 딸려오는 듯하면서도 걸음은 제자리였다. 고개를 돌려서 발아래를 내려다보며 살폈다.

돼지목매였다. 멧돼지 올무는 탄력이 좋은 굵은 철사 줄로 고리를 만들어 가로로 설치했다. 고리의 한쪽을 통나무 같은 것을 매달아 묶어서 돼지가 쉽게 도망칠 수 없게 했다. 설령 도망을 친다고 해도 무거운 나무토막을 끌고 다니다 제풀에 지쳐 죽게 만들었다. 아니면 나무줄기에 한쪽 끝을 묶어놓았다. 올가미는 움직일수록 조여졌다. 그렇게 목을 또는 다리를 옥죄어서 서서히 고통 속에 죽게 했다.

내가 걸린 돼지 올무에는 통나무 토막이 묶여 있었다. "어떤 개자식이야!" 울화가 치밀었다. 발목을 꽉 조인 올무는 제대로 풀어지지도 않는다. 덜덜덜, 몸이 떨린다. "어떤 씨발놈이야!" 개새끼, 쇠새끼 마구 마구 욕을 퍼붓는다. 그리하여도 분이 삭질 않는다. 발목에서 올무를 벗겨서 다시는 누구도 걸리지 않도록 고를 바싹 옥죄어 놓고서는 돌아섰다. 여전히 가슴은 콩 볶듯, 화다닥거린다.

앞산 숲을 돌아다니다 보면 간혹 멧돼지 올무 따위를 볼 수 있다. 그러면 반드시 고를 옥죄어서 쓸모없게 만들어놓는다. 덫도 그렇지만, 올무에 발목이 잘린 짐승을 여럿 본 뒤로 올무만 보면 심장이 쿵닥쿵닥 요동친다. 철사가 옥죄어서 발목이 잘린다고 상상해보라. 얼마나 오래 부대껴야 발목이 잘리겠는가를. 그 길고 긴 고통의 시간, 비명과 아우성을!

　인간이 노리는 것은 단박에 돼지 목이 걸려서 돼지를 질식사시키는 것이다. 목에 올무가 옥죄면 아무리 힘이 센 멧돼지라도 벗어날 도리가 없다. 올무에 걸린 돼지가 질러대는 비명은 어떤 소리로도 대신할 수 없다. 단말마斷末魔의 비명으로도 부족하다. 산만한 멧돼지의 울부짖음으로 산이 울고, 천지가 진동한다. 창을 들고 나섰던 옛 사냥꾼들은 단창에 산멱통을 노려, 숨을 끊었다. 동물에 대한 예의다. 그것은 다름 아닌 생명에, 삶에 대한 예의다. 언제부턴가 우리는 예의 따위는 까맣게 엿 사먹고 말았다.

　가을철이면 멧돼지들이 산기슭 밭과 논으로 내려오기는 한다. 때때로 수확 전의 논을 쑥대밭으로 만들어놓기도 한다. 그리하여도 화폐로 계산하면 그다지 큰 액수가 아니다. 인간들이 참을 수 없어하는 것은 감히, 멧돼지란 것이 인간이 땀 흘린 수고를 망친다는 데 있다. 더 큰 이유는 멧돼지 쓸개 때문이다. 멧돼지 쓸개는 크기에 따라 가격이 결정되는데, 백 여 만원 안팎에서 거래된다.

　농작물을 해치는 경우 신고하면 멧돼지를 잡을 수 있지만, 신고절차가 복잡하여 내남없이 꺼려하고, 그러면서 밀렵이 성행한다. 법은 한편 불법을 부추긴다. 숲에서 멧돼지가 득세하는 것은 전적으로 인간의 욕망 탓인데도 결국은 멧돼지만 죽음으로 그 책임을 진다. 튼실한 주둥이로 칡뿌리를 파헤치거나 다래열매를 빠짐없이 다 주어먹는 것이 기이하기도 하고, 얄밉기도 하지만 숲에는 먼저 동물들이 살 수 있어야 한다. 그래야만 마침내 인간에게도 이롭다.

　숲이 파괴된 자리에 건설된 것이 문명이라는 것은 누구나 알고 있다. 그것은 마치 성장제 일주의 뒤에 가려진 그 그늘, 우리의 근대와 다르지 않다. 지구의 질량이 정해져 있다면 무엇

　내남없이 : 나와 다른 사람이나 모두 마찬가지로.

을 버리고, 무엇을 선택할 것인가. 궁극에 무엇이 지구를, 세상을, 인간을 이롭게 할 것인지를 안다면, 이처럼 마구 숲(그 많은 것을 포함한)을 훼손하지는 않을 것이다.

  사막에 살고 싶은가, 숲에 살고 싶은가.

또다시 후회한다

　차선이 아니면 차악이라도, 선거 때마다 그러한 생각을 하면서 투표에 임했고, 나는 대통령 후보 노무현을 선택하여, 마침내 그가 대한민국 제16대 대통령에 당선되는 영예에 한 표를 행사했다. 그런 그가 오늘 평택 대추리에 1만 5천여 명의 군과 경찰, '500여 명의 용역업체 직원'(기막힌 나라다!) 그리고 15대의 헬기를 투입하여, 피바다를 만들었다. 이름 하여 '팽성작전'.
　다름 아닌 '미군기지' 확보를 위하여, 제 땅에서 살고 싶다는 제 나라 국민을 군과 경찰이 달려들어 방패와 곤봉과 그리고 군홧발로 짓밟고, 까뭉개면서 피투성이 채로 울부짖는 제 나라 국민을 내쫓으면서 군사시설보호구역이란 이름으로 그곳에 철조망을 치고 있다는 속보다. 대학 1학년, 5월 대동제 기간 중에 검은 장막을 친 소강당에서 숨어서, 숨죽여 벌벌 가슴을 떨면서, 어금니 앙다물고서 슴벅거리는 눈물 참으며 흘리면서 보던 '5월 광주' 필름과 어찌도 그리 흡사한 것인지. 이 광명천지, 민간의 참여정부에서 자행하는 일이라니, 믿고 싶지 않았다.
　지금처럼 휴대폰, 인터넷이 보급되었더라면 광주의 비극은 일어나지, 아니 최소한 수천의 사상자를 내지는 않았지 않았을까 했던 생각이 헛된 공상이었음을 알겠다. 민통선을 머리에 이고 사는 나는, '군사시설보호구역' 이름만 들어도 치가 떨린다. 마을에 있는 군부대는 한국전쟁이 끝난 뒤에 들어섰고, 어린 우리들은 군인과 마을청년들과의 불화를 쉽게 이해할 수 없었다. 이곳이 '수복지구' 라는 것을 알지 못한 까닭이었다. 한국전쟁 전까지 조선민주주

　　● 슴벅거리다 : 눈꺼풀이 움직이며 눈이 자꾸 감겼다 떠졌다 하다.

의인민공화국, 소위 '인공치하'를 겪은 곳이란 역사적 사실과는 동떨어져 있었기 때문이었다. 인민학교를 다닌 어른들은 '장군의 노래'를 가슴 속에 묻어두었고, 초등학생인 우리들은 '때려잡자 김일성, 물리치자 공산당'을 매일 반복 구호선창하며 애향단의 깃발 아래 학교로 향했다.

부식수송차량이 던져주던 건빵에 침 흘렸고, 훈련 나온 군인들에게 누나/언니의 이름을 팔고 받은 별사탕이 든 건빵에 환호하였다. 또 '짠지'를 얻으러 나온 군인들이 반합에 담아 온 군인된장은 별스러운 맛이었다. 이곳은 막장은 있었으되, 된장은 없었던 까닭이었다. 마을 운동장에 내린 헬기에서 뛰어나온 얼룩무늬 군복에 노란머리의, 파란 눈을 가진 '미군'은 참 기이한 화상이었다. 전쟁을 겪은 어른들은 어린 우리를 치마폭으로 감싸 쫓기에 바빴고, 영문을 몰랐던 우리는 좋은 구경거리를 방해하는 어른들이 이상했다. 그 와중에 삼촌은 '콘사이스'를 들고 노랑머리와 대화를 시도하려고 하였고, 그 광경은 여태도 참 생경스러운 장면으로 남았다.

아무개 아버지가 군사보호시설 이른바 민통선에 들어갔다가 군인들이 쏜 총에 즉사하였고, 주검조차 찾지 못했다는 이야기는 생략하자. 집집의 택호가 아무개 중사네, 아무개 상사네, 아무개 하사네 라고 불리는 것이 무슨 의미인지, 대학생이 되어서야 어렴풋하게 알게 되었다. 가장이 월북한 집의 '과부'들과 집의 가장이 국방군의 계급장으로 불리던 집들의 차별까지 들먹일 필요는 없겠다.

어떤 이가, 왜 전두환을 테러하지 않(았)을까요? 물었다. 뜨악한 얼굴로 한참을 있다가, 군부가 단단하게 바치고 있는데 전두환만 죽인다고 문제가 해결되겠습니까? 전두환은 어떤 덩어리들의 우두머리일 테니, 덩어리를 제거하지 않는다면 우두머리 하나를 죽이는 것은 아무런 문제해결이 될 수 없다는 의견이었다.

어느 시절 '타는 목마름으로, 이 땅이 나를 버려도, 새삼스레, 네 이름을' 부르던 그런 그들이 이제는 국회에, 청와대에, 국가공무원이 되어 소위 사회지도층이, 지배자들이 되었는데도 과연, 무엇이 달라졌는가. 그네들이 골프장에서 골프채를 휘두르는 사이, 그 아래 민간의 어부들은 폐허가 된 어장 앞에서 한숨을 쉬는 것을, 한겨울이면 폭등하는 기름값을 감당할 수 없어 있는 이불 죄다 꺼내놓고, 겹겹이 옷을 껴입고 자야 하는 농촌의 노인들을 그들은 잠시라도 떠올리고 있는지, 야속하게도 나는 그러한 것들이 궁금하다.

일자무식이었던 내 할머니는 상전이 배가 부르면 머슴의 밥을 굶기는 법이라고, 그러니 곳곳을 살피고 또 살펴야 한다고 누누이 일렀다. 다수를 위하여 소수는 언제든 불편과 불이익과 억압과 차별을 견디라는 것인가. 정치가 고통을 줄이라는 것이라면 오늘의 그네들은 과연 무엇을 하고 있는 것인가. 무식해 보일지언정 자신의 신념에 확고하던 옛날의 그네들을 차라리 그리워야해야 하는가.

어떤 이가 맨날 돌멩이만 던지던 것들이 무슨 정치? 라고 했을 때, 벽력같이 분노했었다. 싸움으로 얻은 달콤한 열매는 아무 일도 하지 않던 자들이 저 먼저 나서서 따먹지 않았던가. 그렇더라도 이젠 아무런 말도 더는 할 수 없게 되었다. 자유가, 민주주의의 가치가 드높아졌다고 한껏 목청을 높이는 무리들이 천지사방에 널렸는데도 여태도 나는 아무런 변화도 실감할 수 없다. 어디든 캄캄한 동굴 속, 콘크리트 옹벽 앞에 서 있는 듯 암담하다. 퇴행의 기미조차 여실하며 짙게 드리운 그늘에는 언제 햇살 비출 수 있을 것인지, 울가망하여 통곡조차 서럽다.

아, 차라리 새만금은 오 년 안에 다시 열리게 될 것이라는 그런 낙관의 예언에나 기대야 할까. 아니면 권선징악의 옛말이나 희망하여 볼까. 그도 저도 아니면 말 못하는 돌부처에라도 엎드려 긴절하고 긴절하게 빌어나 볼까. 약한 자들의 고통을 외면하고 상처를, 아픔을 적당하게 얼버무리고, 그러면서 그 위에 재를 뿌리는 짓을 하는, 그런 그네들에게 대체 무엇을 희망할 수 있을까.

참혹하고, 참담하다.

퉁퉁, 발을 구르다

퉁퉁, 화가 나서 이불을 뒤집어쓰고 누워 소설책을 뒤적거렸다. 빗밑은 무겁기도, 질기기도 하여서 아침에 일어나 창문을 여니 여전한 빗속으로 건봉산 산머리는 짙은 비구름 속에 갇혀 자취조차 없다. 베스트셀러라고 해도 참 너무 하는군. 몇 장 뒤적거리다 옆으로 치우고 다른 소설책을 들고 또 눕는다. 날은 한겨울처럼 추워서 이불을 둘둘 말아서 덮어도 콧물은 줄줄줄 고동이 고장난 수도처럼 흐른다.

그레고리 베이트슨의 『마음의 생태학』은 너무 두꺼워 누워서 읽을 수가 없다. 옆으로 밀어놓는다. 소설을 쓰면서도/쓴다고 하면서도 어지간한 소설책은 유행이 지나고 난 뒤에야 비로소 헌책방을 뒤져 구입하곤 한다. 황석영의 『삼국지』 번역본이 나왔을 때, 인터넷 서점의 할인판매에도 불구하고 초판본을 갖기 위해 속초까지 나가서 열 권의 책을 제값 주고 사서 들었던 것과는 참 대조적이다. 화를 내면서도 한번 잡은 책은 끝까지 읽곤 하던 일은 점차 줄어들고 있다. 참을성이 없어진다는 것은 이를테면 나이를 먹는다는 것과 같은 것일 테다.

약속 전날, 약속을 파기하는 것에 서로 합의를 하였다고는 해도 어쩔 수 없이 계획을 변경해야 하는 것까지 합의가 되는 것은 아니다. 상대를 설득한다거나 또는 양해를 구한다는 것은 내 처지를 알아주고, 마침내 내 생각에 당신의 계획을 변경하여 맞춰달라는 것에 지나지 않는다. 또한 배려하여 고맙다는 인사는 당신이 내 뜻에 따라주어 좋다는 이야기에 다름 아닌 것도 그렇다. 그렇게 '합의'라는 이름으로 약속을 파기해놓고서도 부걱부걱 심술이 괴어 오른다.

🐋 고동 : 작동을 시작하게 하는 기계 장치.

마침내 똑같은 밥상을 매번 차려야 한다는 사실에도 화가 나고, 삼시세끼 고기반찬만을 탐하는 아비도 보기 싫고, 콜록콜록 기침을 하면서도 병원에는 죽어라고 가지 않으면서 이사를 하는 사위집에 싸들고 갈 짐보따리를 나 모르게 주섬주섬 챙기는 어미도 보기 언짢다. 육식을 즐기지 않는 것이 개고기를 옆에 끼고 살았던 할아비를 비롯하여 돼지고기를 이틀에 한 번 꼴로 삶아먹는 아비 탓이라고 둘러댄다.

그리하여 고등학교시절 제2외국어였던 일어를 배우지 않았던 것은 어미아비가 자식들을 앞에 놓고 비밀이야기를 할 때 쓰던 언어였기 때문이라고 우습지 않은 핑계거리를 찾았던 것은 옛날이야기다. 중학교 1학년 때는 학급에서 1등한 아이가 단지 보기 싫다는 이유로 내가 일등을 해버렸다. 그런 것은 차라리 쉽다. 어딜 가면 반드시 한두 명 보기 싫은 사람이 있다. 동네에도 그런 사람(집만 사놓고 농사철에만 들어와서 산다. 그러하니 동네사람이라고 할 수도 없다)이 있는데, 산책길에 먼발치라도 보이면 견딜 수 없어서 숨이 탁 막힌다. 텃세라고 해도 할 수 없다.

애초에 화가 난 이유는 까맣게 잊어버리고 단지 그 사람 때문에 화가 난 것이라고 어느 순간 믿어버리며 다시 퉁퉁, 걸음에 화를 실으면서 산책을 길 한가운데서 접고 씩씩씩 성난 멧돼지처럼 집으로 돌아온다. 미나리아재비, 미나리냉이 사진 찍는 것조차 포기하고 만다. 빗밑은 여전히 무겁고 바람은 불어서 고들빼기, 애기똥풀의 사진은 어둡고 흐리다. 봄산의 꽃들 이를테면 으아리를, 백선을, 요강나물을, 귀룽나무꽃을, 더덕을, 고사리를 두고 3박4일 동안 교육을 가야한다는 그 사실이 어쩌면 싫고 귀찮았던 것일 게다.

교육이 끝나면 내친걸음이라고 총알같이 서울로 달려가서 일본에서 잠시 돌아온 '수월관음도'를 보러 갈 계획이라고, 그때도 이 계획은 또다시 어긋날 수 있다는 것을 알면서도 퉁퉁, 화가 난 걸음에 기대어보는 것이 오늘은 이것뿐인 까닭이다.

송강리 가로수

여름

태백산 일본잎갈나무 숲

살피지 못하고

　　슬픔은 어웅한 동굴 속 같았다. 빈번하게 어미가 전한 말이 실제와 어긋났음에도 마치 등이라도 떠밀린 듯 잰걸음으로 숲을 향해 걸었다. 작은 어머니 간병을 하느라고 집을 떠나 있던 어미는 투표를 하러 잠시 들렀고, 들른 길에 어디 어디엘 가면 '천마'를 만날 수 있다고, 엉덩이 무거운 나를 부추겼다. 숲으로 나를 인도하여 처음 나물이며 더덕 또는 버섯이 자생하는 곳을 일러주던 어미였던 까닭에 때로 무모하도록 아무 의심 없이 어미의 손가락이 가리키는 방향을 향해 나갔다.

　　천마는 감자처럼 생긴 덩이줄기로 술을 담그기도 하는데, 꽃이 만개하고 나면 뿌리가 가벼워지고 마침내 속이 궁글어 썩고 만다. 그런 까닭에 절호의 기회, 제철에 만나지 않으면 쓸모가 없다. 메숲진 숲으로 들어서기 전, 밤나무 과수원이 있던 곳에서 첫 천마와 대면하였지만 사유지라는 이상한 선입견이 있어서 그냥 지나쳤다. 골짜기 비탈에는 아름드리 소나무들을 캐내는 작업을 하느라고 된비알처럼 길을 냈다.

　　포락 맞은 산비탈에는 사방공사를 하였으나 수입한 알 수 없는 풀들로 덤부렁듬쑥하여 발밑을 가늠하기 어려웠다. 방향을 틀자마자 갓 피어난 연노란 빛깔의 천마와 눈이 딱 마주쳤다. 조금 있으면 연노란 빛깔은 희끄무레한 빛으로 변하면서 답답하도록 탁해진다. 천마는 꽃줄기와 덩이줄기가 거의 니은자 형태를 이루고, 또한 덩이줄기는 깊게 박히지 않는 까닭으로 호미질을 부드럽고 살갑게 해야 상처 없는 덩이줄기를 얻을 수 있다.

　　어미는 지난해 이곳에서 많은 양의 천마를 캤노라는 자랑을 앞세워 나를 숲으로 보냈지

─────
　🌱 어웅하다 : 굴이나 구멍 따위가 쑥 우므러져 들어가 있다. / 궁글다 : 단단한 물체 속의 한 부분이 텅 비다.
　　된비알 : 몹시 험한 비탈 / 덤부렁듬쑥 : 수풀이 우거져 그윽한 모양.

만, 한 자리에서 겨우 두 개의 천마를 만나고 나서야 비로소 어미가 전한 말에 의구심을 품게 되었다. 천마든 더덕이든 무리를 지어서 나고 지는 까닭에 한자리에서 적게는 서너 개 많게는 십여 개를 캐야 한다. 한 곳에 한 개나 또는 두서너 개의 천마가 나고 자라는 것은 이미 다른 이들의 손길을 탔다는 방증이 된다. 또, 특정한 열매만 해거리를 하는 것이 아니다.

  오르락내리락 나무들 우거진 숲속을 헤매고 다니다 보니 슬금슬금 열이 났다. 지난해의 결과를 근거로 하여 나를 숲으로 보낸 어미에게 화가 치민 것은 당연지사였지만 그것보다 벌써 여러 번 어미의 말이 가리킨 곳에서 허탕을 쳤으면 그것만으로도 이미 어떤 깨달음, 스스로 판단할 수 있어야 했다. 그런 상황이었는데도 조건반사처럼 숲을 향해 내달렸다. 남을 향한 원망은 좀처럼 나를 향한 반성으로 이어지지 않는다. 원망은 골수에 사무치고 마침내 '내가 너를', 운운하는 지경에까지 이르고야 만다.

  일이 년쯤 자란 어린 더덕들이 눈길에 잡히는 것도 딱하고 가여웠고, 줄기만 보고 캤다가 다시 묻어주는 일도 성가셨다. 듬쑥하게 보이는 국수나무 덩굴도, 질펀하게 낙화한 아까시꽃도, 먼지잼하는 빗줄기조차 차라리 화를 부추기는 매개였을 뿐이었다. 성질 사나운 찌러기와 몹시도 닮았다. 그럴 때는 또 덩굴식물들과 함께 거미줄까지 합세하여 팔과 다리에, 얼굴에 걸려 스치게 마련이다. 푸닥거리하는 미친년과 다를 것이 없다.

  멧새를 놓친 배암은 사렸던 몸을 성급하게 풀고 있었고, 파닥파닥 날개 죽지도 제대로 펴지 못한 멧새는 허둥지둥 혼비백산한 까치걸음으로 줄행랑을 놓고 있었다. 성큼 두어 발짝만 내딛었더라면 나는 배암의 머리통을 짓밟고 말았을 것이었다. 폭탄 맞은 것 같던 머릿속은 순식간에 하얗게 비었고, 덤부렁듬쑥하던 숲은 까마득한 벼랑이었다. 생사의 경계를 넘어 죽음의 문턱에 다다랐던 멧새의 놀람이야 말할 것도 없겠지만 텀벙텀벙 숲의 바닥을 헤집고 다

🐝 해거리 : 한 해를 걸러서 열매가 많이 열림, 또는 그런 현상. / 먼지잼하다 : 비가 겨우 먼지가 날리지 않을 정도로 오다.
    찌러기 : 성질이 몹시 사나운 황소.

니던 나의 놀람도 그와 다를 게 없었다. 오금이 저리고, 등줄기에 식은땀이 흘렀다. 섬세하게 살피지 못한 탓이었다.

먼지잼을 하던 비는 마침내 먹장구름을 몰고 왔다. 건둥건둥 숲을 빠져 나오자 청상의 무명 빛 슬픔 같은 찔레덩굴이 무더기 무더기 꽃구름으로 피어오르고 있었다. 어느덧 순한 짐승이 되었다.

태백산 일본잎갈나무 숲

초 롱 꽃

무슨 고집이었을까. 지난해 어린 더덕들을 남겨두었던 학봉산 산비탈을 찾아 나서는 길이었고, 카메라는 챙기지 않았다. 무진 안개 속의 숲으로 들어서면 내 자동카메라는 스스로 플래시를 터트리는 탓에 한밤중에 찍은 사진처럼 생뚱맞은, 기괴한 표정의 꽃들이 얼굴을 내미는 까닭이었다. 쇠불알처럼 덜렁거리는 카메라를 매지 않았으니 한편 가볍고 한편 허전하기도 하였으나 길게 아쉬워하지는 않았다.

석문리로 넘어가는 옛길은 아슴푸레하여졌고, 어느 해 사촌동생과 함께 인삼 씨앗을 뿌려놓은 골짜기는 잊어버린 채, 건들건들 숲으로 들어가는 어귀를 향해 나갔다. 숲으로 들어서자마자 곧바로 후회가 발등을 찍었다. 분홍빛 찔레 덩굴을 만난 까닭이었다. 흰빛은 지천이었으나 분홍빛은 흔하지 않은 탓이었다. 벙어리 냉가슴을 앓듯 으으, 가풀막진 비탈을 오르락내리락 하는 사이 붉은 까치독사 한 마리 발치께서 말끄러미 올려다본다. 가거라.

학봉산은 유난스레 배암이 많았고, 불과 한두 발자국 사이를 두고 만나면 성급하게 헤어질 것을 종용하면서 배암이 가는 곳을 이윽고 지켜본 뒤에야 비로소 걸음을 옮기는 것은 전생에 그리 돈독하지도 뜨악하지도 않은 사이였기 때문이지 않았을까, 고개를 갸웃거리면서도 무엇인지 모를 섬쩍지근한 느낌은 대체 어디서 오는 것일까, 궁금해 한다.

유혈목이가 어여뻐 배암의 머리통을 쓰다듬다 손가락을 물린 이웃 할머니 이야기는 차라리 전설이거나 신화일 테다. 파충류나 포유류에 얽힌 유전의 기억 또한 아득하였으니 아마도 종교적인 이유가 한몫으로 지배하는 것은 아닐까. 다시 말하자면 근년에 형성된 어떤 금기가 아닐까 하는 것이다. 보신탕 문화에 대해 턱없이 눈을 흡뜨는 것과 같이. 그러므로 경험을 넘어서기란 지난한 일임에 틀림없다.

오래지 않은 옛날 나무하러 다니던, 발구를 끌던 길을 벗어나면서부터는 간혹 멧돼지 길을 따라 직행하기도 한다. 곧은목으로 다니는 멧돼지 길은 지름길이나 다름없다. 덤부렁듬쑥한 곳도 멧돼지가 지난 길이면 사람도 어렵지 않게 빠져나갈 수 있다. 그렇더라도 숲에 들어서면 곧은목으로 반드시 가야할 까닭이 없는 탓에 마치 난전을 어슬렁거리듯 배회하기 일쑤이다.

발밑을 살피기 좋은 곳에서는 낮게 피는 꽃들을 만나기도 하고, 까마득하게 치솟은 잣나무 우듬지에 달린 풋 잣송이는 마치 그림에 떡처럼 고개를 한껏 젖히고서는 이 다음의 어느 시절엔 청설모를 훈련하여 저 잣을 모두 따게 할지니 아쉬운 침을 꿀꺽 삼키면서 치어다보기도 하고. 그렇게 구불구불 찾아간 곳에서 웬일인지 더덕 싹을 만날 수가 없었다.

이상도 하여라. 지난해 가을 버섯을 따러 가면서도 안녕한 것을 보았으나 무슨 까닭인지 더덕의 싹을 만나기 어려웠다. 오르락내리락 산비알을 훑고 다닌 뒤에야 어느 사람들이 이미 다녀간 것을 그/녀가 흘리고 간 장갑이며 꺾어 놓은 지 얼마 되지 않은 더덕 싹으로 알 수 있었다. 허탈감이 밀물처럼 차올랐다. 더덕을 캐지 못했기 때문이라기보다 사람이 지난간 자취가 흉했기 때문이었다. 아무렇게나 버린 휴지들, 빈 음료수 깡통이며 빵봉지 등이 너저분했다. 떠나면서 우물에 침 뱉지 말라고 했던 말은 괜한 속담이 아니다.

메숲진 숲은 더욱 더 깜깜해졌다. 먼데서 울던 우레는 등 뒤까지 바짝 따라왔고, 더 이상 숲을 둘러볼 맘이 일지 않았다. 봉우리진 노루발을 만난 것으로 위안하면서 둥글게 둥글게 걸어서 숲을 빠져나왔다. 엊그제 잊어버린 씨알 굵었던 더덕의 자취를 잠깐 살핀 뒤에 백선

⁕ 곤은목 : 뚱뚱하게 살찐 뒷덜미.

을 한 번 더 들여다보고서는 초롱꽃이 필 때가 되었을 텐데, 경중, 도랑을 건너뛰었다.
　초롱꽃만이 아니라, 으아리까지 함께 피었다. 왕복 한 시간이 넘는 길을 되짚어서 카메라를 찾아들고서는 다시 숲으로 들어섰다.

송정리 금평의다리

우중 산책

후락한 시골장터의 낡은 슬레이트 지붕을 인 어느 흐린 주점에 앉아 매운탕 혹은 막창구이를 앞에 놓고 소주를 마시면 딱 좋을, 젓가락 장단에 흘러간 옛 노래 한 소절쯤 구성지게 곁들이면 더욱 좋을, 아무런 아쉬움 없이 떠난 사람은 새가 되고 남은 사람은 바람이 되어도 좋을, 그런 날들이 강물처럼 흘러가고 있다.

쨍쨍한 햇빛을 언제 보았는지 가물가물, 흐릿하다. 안개가 끼거나 는개가 내리다 그예는 비가 되어 염염히, 하염없이 내린다. 우산을 쓰면 우산이 거추장스럽고, 우산을 쓰지 않으면 머리카락이 축축해지는 그만큼 찔레꽃머리의 비는 내리고, 또 내리다 마침내 번개와 우레를 동반한 벼락을 때렸다. 둘씩 짝지어 다니는 원앙이 이번에는 무슨 일로 무리지어 논 한가운데로 내려앉았다 날아올랐다. 부화를 기다리는 새의 둥지 곁은 소란스레 분주하다. 물총새와 청호반새, 뻐꾸기가 자주 눈에 띄었다.

작약과 해당화처럼 큰 꽃들은 소나비 한줄기에 그만 호졸근히 낙화하였다. 엊그제 만개하였던 꽃들을 오늘 다시 돌아보면 까마득히 자취 없다. 하물며 옛일이야, 한다. 개망초는 족족하게 자리 잡고 빽빽하게 서서 동그란 꽃들을 피우고, 또 피운다. 들판 어디라도 외래식물 천국이다. 도로가 생기면서 식물들의 이동 또한 함께 빨라진 까닭이다. 미처 표기도 할 수 없는 꽃들이 수두룩하다. 외국에서 직수입한 과일을 이름도 모르고 먹는 것과 닮았다.

자본을 따라 이동하기 시작한 동식물들은 이미 광범위하게 이 땅에 분포하였고, 번식력은 걷잡을 수 없을 만큼 막강하다. 마치 한바탕 해일처럼 거대한 파도더미가 해안을 휩쓸고 있

🍀 염염하다 : 나아가는 꼴이 느릿느릿하다. 부드럽고 약하다.

는 듯한 착각도 없지 않다. 생태계의 교란은 이미 시작되었고, 인간의 욕망이 불러일으킨 일이지만 이젠 자연의 자정능력에 의지할 수밖에 없게 되었다.

조선족 새댁, 필리핀 새댁에 이어 스물 두어 살쯤 된 베트남 새댁이 이웃마을에 시집왔다. 신랑은 오쟁이를 지운 뒤 가출한 아내가 낳은 딸아이를 하나 둔 마흔 살의 홀아비이다. 조선족 새댁들이 낳은 아이들은 초등학생도 있고, 아장아장 걸음마를 뗀 아기도 있으며 그 사이에 도망을 간 조선족 새댁도 있다. 필리핀 새댁은 아이가 없으며 보습학원에서 아이들 영어를 가르친다. 조선족 새댁, 필리핀 새댁이 사는 이웃마을은 부녀회가 있으나 부녀회를 열지 못한다.

마을에는 미국으로 이민 가서 세탁소와 슈퍼마켓을 하는 사람도 있고, 미국국적의 남자와 혼인한 여성도 있으며 그 사이에서 태어난 파란 눈의 아이가 간혹 엄마 따라 휴가를 오면 마을 어른들은 아이에게 한국어를 가르치려고 들고, 아이는 익숙한 영어로 낯선 이방의 어른들을 물리친다. 어른들은 흑인이 아닌 것에 안도하기도 하고, 부자나라에 시집간 것을 다행이라 여기기도 하면서 서로 뜻 없이 웃기도 한다. 이미 같으면서도 다르고, 다르면서도 같다.

그렇더라도 서구 백인에 대한 여전한 우월감과 함께 아시아인들에 대한 차별은 은근하고 집요하다. 혈연과 종족에 대한 악착스런 집착이 단일민족이란 신화를 유포시키면서 또 다른 이면에는 이런 자기모순이 숨어있다.

빗속에 찔레꽃은 하얗게 이울었고, 지칭개는 희뿌연 씨앗을 날리고 있으며 희고 노란 인동덩굴이, 샛노란 금계국이, 보랏빛 엉겅퀴가, 자줏빛 갈퀴나물이, 여전한 민들레 씨앗이, 낮은 자리의 주름잎이, 층층의 다닥냉이가, 연보랏빛 달래 꽃은 총채처럼 피었고, 자주달개비가 피었다, 이울고 또 피었다. 밤꽃과 감꽃이 막 개화하였다. 장마가 길어질 듯하다.

─────────

🦪 오쟁이(를) 지다 : 자기의 아내가 다른 남자와 간통하다.

태백산 천제단 가는 길

꼬마물떼새는 왜 울고 있었을까

해질녘, 낮잠에서 깨어난 아이처럼 부스스 읽던 책을 덮고 저녁 산책길에 나섰다. 앓느라고, 어디를 다녀오느라고 일주일 가까이 산책길에 나서질 못하였다. 한겨울 빈 들을 우는 바람처럼 하늘의 구름들은 어수선하도록 마구 휩쓸리고 있었다. 낮은 기온의 영향으로 벼들은 이제 겨우 한 뼘 남짓 자라났다. 거친 바람 때문이었는지 냇가든, 논 가운데든 새들은 만날 수 없었다.

김곰치의 르포. 산문집을 읽던 끝이었던지라 새삼스럽게 발바닥을 살피면서 어정어정 맞바람을 안고 해가 지는 방향으로 따라 걸었다. 일주일 사이 풀들은 한 뼘 가웃 자랐고, 녹음은 좀 더 짙어진 듯하였다. 건봉산 산마루를 넘어온 바람은 6월의 바람만큼 습기를 머금었으나 결의 세기는 나무 밑둥이라도 도려낼 듯 거칠고 사나웠으며 그 서슬에 만개한 코스모스는 몸을 가누지 못하고 바람결에 휩싸였다.

금강송을 캐내는 산기슭에서는 붉은 돌개바람이 회오리쳤다. 속수무책으로 팔려가는 나무들을 보던 끝인지라 차라리 다 망해버려라, 망하기 전에는 아무리 경고하고 예비하라고 당부하여도 알지 못하는 게 어리석은 우리들이니 알뜰하게 망하고 나면 그때서야 기신기신 정신 차릴 수 있지 않을까, 실낱같은 누망이었다. 소 키우는 목장을 하겠다고 허가를 냈으며 목초지 조성을 이유로 수억 원을 받고 금강송들을 팔아넘길 수 있게 된 것이라고 했다.

풀이 먹고 싶었는지 쇠지 않은 왕씀바귀를 보자 저절로 손이 갔다. 한 손에 왕씀바귀 줄기 하나를 쥐고서 이번에는 바람을 등지고 동쪽을 향해 걸었다. 청둥오리 한 쌍 날아간 자리 사

※ 가웃: 수량을 나타내는 표현에 사용된 단위의 절반. / 기신기신: 게으르거나 기운이 없어 자꾸 느릿느릿 힘없이 행동하는 모양.

이로 삐이익, 삐이익 길게 꼬마물떼새 울음소리가 메아리쳤다. 다 큰 새의 울음소리는 훨씬 둥글고 큰 데 반해 귓속으로 파고드는 울음소리는 여물지 못하였으며 규칙적이었다.

논물 보러 나온 이웃 어른에게 서둘러 인사를 하고서는 둑방으로 올라섰다. 먼데서 들리는 소리임에도 유독 선명하고 날카로웠다. 산북천과 송강천이 만나는 자리를 서둘러 벗어나 울음소리가 들리는 곳을 향해 더듬더듬 냇가를 살피면서 걸었다. 송강천이었고, 냇가 한가운데 있는 작은 돌멩이 위에 앉아서 목이 쉬도록 울고 또 울었다.

7, 8 미터밖에 다른 꼬마물떼새 두 마리가 움직이는 것이 눈에 띄었으나 울고 있는 새를 아랑곳하지 않았다. 둑방에 웅크리고 앉아서 새를 지켜보았다. 울음소리를 감지한 뒤로 수십 분이 지났으나 여전히 울고 있었다. 새의 언어를 번역할 수 없으니 그렇게 지켜본다고 한들 뾰족한 수가 없었다. 산그림자가 돌멩이 위에 오똑한 꼬마물떼새를 덮었다. 저린 다리를 두드리면서 일어섰다.

두어 발짝 걸음을 옮기면서 바라보니 울기만 하고 움직임이 없던 돌멩이 위의 새도 앞의 돌멩이 위로 날아 옮겨 앉았다. 그러고는 또 울었다. 마치 문 밖으로 쫓겨나 벌 받고 있던 어릴 적 아무개와 닮았다. 사뭇 애틋하기까지 하였으나 이미 해는 산마루를 넘어버렸고, 울음소리는 요령부득이었으므로 냇가를 벗어났다. 그토록 긴 시간을 꼬마물떼새는 어찌하여 냇가 한가운데, 물길이 흐르는 그곳에 앉아 그렇게 처연하도록 울고 있었던 것일까.

저물녘

해가 한 뼘쯤 남은 저녁 일곱 시면 시장에서 돌아온 어머니 밥상의 설거지까지 마무리된다. 그러면 털신을 신고 여전한 둑방길로 어정어정 나선다. 송강천 개울을 거슬러 건봉산 등성이 위에 위태롭게 걸린 해를 안고 서쪽으로 가기도 하고, 아니면 해를 등지고 동해로 흘러가는 물길을 따라 걸음을 맞추기도 한다.

수량이 풍부했던 개울은 송강저수지가 생긴 뒤로 물길이 자유롭지 못하다. 바닥의 자갈들이 드러나기 일쑤이고, 반면에 꼬마물떼새 같은 여름철새들은 이 자갈 틈에 집을 지었다가 여름 장마철에 횡액을 당하기도 한다. 마른 개울바닥은 내 몸의 물기까지 고스란히 휘발시켜 마음까지 건조케 하는가 하면 또, 끊어졌나 하여 살펴보면 어느만큼 거리에서 다시 물길이 이어져 있어 안도하기도 한다.

물속을 향해 사선으로 내리꽂히는 물총새의 사냥솜씨는 언제 보아도 일품이다. 그 날카로움에 몹시도 뒤설렌다. 수해 공사로 개자리가 깊어진 곳에 둥둥 떠다니듯 오르락거리던 수컷 청둥오리는 어느 날 시야에서 사라졌다. 앞산 계류에서 만나곤 하던 원앙들도 저녁 개울에서 잠깐씩 마주치기도 하였는데, 그들 또한 얼마 전부터 만날 수 없었다. 쉴 새 없이 꼬리를 흔드는 백할미새는 자주, 노랑할미새는 뜸하게 만났다. 길가 전봇대 위의 앉아 있곤 하던 뻐꾸기는 한날은 아랫녘에서 또 한날은 윗녘에서 울었다.

무엇보다 나를 웃음 짓게 하는 것은 둑방과 신작로가 만나는 삼각형의 덤부렁듬쑥한 곳에 둥지를 튼 딱새 수컷과 만나는 일이었다. 딱새 수컷은 내가 나타나는 즉시 전봇대 전깃줄에

뒤설레다 : 몹시 설레다.

서 울었다. 어디 멀리로 영리한 꼬마물떼새처럼 나를 인도하는 것이 아니라 제 둥지 옆에서 울고 있다. 그리하여 간혹 그 덤부렁듬쑥한 곳을 헤치고 들어가 알이라도 들여다볼까 싶기도 했다. 그러던 것이 새끼를 쳐서 떠났는지 다시 보이지 않았다. 그렇게 믿고 싶었다. 어느 날 예초기 칼날에 수풀이 베어 없어져 버렸기 때문이었다.

무지 겁이 많은 흰뺨검둥오리는 사람의 그림자만 나타나도 저 멀리 날아올라 시야에서 사라지곤 한다. 숲에서 만났던 청호반새, 물까마귀, 목청이 터지지 않은 어치, 목소리만으로는 크낙새인지, 딱따구리인지 알 수 없던 새, 멧비둘기, 꿩 등은 좀처럼 마을로 날아오지 않는다. 이들을 한 곳에서 만날 수 있었으면 하였다. 그러다가 사소한 이런 욕망이 마침내 도시의 동물원을 만들었을 것이라는 데 생각이 미쳤다. 얼굴이 벌개진다. 수치였다.

동네를 거진 한바퀴 돌아 다다른 곳은 꼬마물떼새가 진을 치고 있는 산북천의 개울이었다. 사람의 발자국 소리에 민감하게 반응하는 것은 역시 어미 물떼새였다. 새끼와 어미새는 울음소리부터 다르다. 어미새는 소리가 크고 여러 마디 이어지지만, 새끼새의 소리는 단음으로 끊어진다. 어미새는 황황히 울음소리를 내며 새끼들을 대피시키는 한편 연신 꼬리를 촐싹거리면서 침입자의 향방을 헤아리느라 분주하다. 적의가 없음을 알아차리지 못하는 그 미욱함이 싫었다. 그리하여 때때로 짱돌을 날리고 싶은 유혹에도 시달린다. 그렇더라도 어미새에겐 생사존망의 문제일 수 있을 것이겠다. 그대로 둑방을 걸어서 지나친다.

새들에게 인간은 언제나 침입자일 뿐인가. 저희들 어여삐하는 마음은 끝내 알지 못하는가. 아무런 호객, 매개의 행위 없이 새와 인간은 영영 만날 수 없는 것인가.

송정리 금펑의다리

숲에는 길이 없다

숲에는 길이 없다. 그러나 숲은 또 그 모든 길의 시작이다. 는개가 내리는 며칠을 방패 삼아 멀리 숲을 두고 바라만 보면서 시냇가를 버정였다. 초롱꽃과 백선, 분홍빛 찔레꽃은 이미 이울었을 것이고, 주황빛의 나리꽃과 동자꽃 그리고 금은화인 인동초와 노랑 기장 같은 좁쌀풀이 피었을 테지만 쉽게 걸음을 옮기지 못하고 책 속에 코를 박고 머슬머슬한 사이처럼 원고개를 틀고 지냈다.

어느 밤 잠자리에 들어 옹송옹송하게 두고 온 숲의 풍경을 되작이던 가운데 찾지 못해 조바심을 치던 어린 더덕 밭이 어디에 있었는지 섬광처럼 환하게 떠올랐다. 화들짝 몸을 뒤집고서는 붓방아를 찧었다. 선바람으로 달려가고 싶었으나 이미 깊은 한밤중이었다. 그러고서도 며칠을 더 방안에서 묵새겼다. 날이 들고 모처럼 환하였다. 읽던 책을 엎어놓고서는 숲정이에 들어갈 채비를 하였다.

갑작스런 폭풍처럼 기온은 뜨겁게 상승하여 마치 살얼음 버석이던 한겨울에서 이글이글 볕이 끓어오르는 한여름 뙤약볕 속으로 순간이동을 한 듯했다. 마을 가까운 숲정이인 학봉산 초입의 길섶에서 노오란 물레나물을 만났다. 칡줄제거작업을 하던 어느 해 여름 죽왕면 구성리에서 첫 만남을 가진 뒤 마을 숲정이에선 처음이었다. 바람개비 같은 노오란 꽃잎이 이채롭다.

기스락의 마지막 천둥지기 앞에서 망설이던 걸음을 묵살하고 선걸음으로 옛길을 더듬어 올랐으나 순식간에 옛길은 사라졌다. 망설일 사이도 없이 푸나무서리를 헤집으면서 앞으로

🌿 버정이다 : 부질없이 짧은 거리를 오락가락 거닐다. / 묵새기다 : 별로 하는 일 없이 한 곳에서 오래 묵으며 날을 보내다.
　 숲정이 : 마을 근처에 있는 수풀.

나갔다. 언뜻 환영이었다. 아니 주황빛의 중나리꽃이 다소곳이 고개 숙인 채 홀로 피어 있었다. 무리지어 피는 꽃들이 있는 반면, 중나리처럼 저 홀로 피었다 지는 꽃이 있다. 길섶에 무리지어 피었던 좁쌀풀의 속달거리던 이야기가 아슴푸레 멀어졌다.

수풀을 헤치면서 오르고 내린 끝에 드디어 어린 더덕 싹들이 지천이었던 산비탈에 당도하였다. 지난해 봄에 만났으나 어린 탓에 들여다보다 그만 두고 왔었다. 그러나 아무리 둘러보아도 더덕 싹을 찾을 수 없었다. 더덕이 자라고 있었다면 싹들이 덩굴을 이뤘을 것이나 어디에도 감감하였다. 잘못 찾았나 싶었으나 아니었다. 멧돼지가 칡을 캐먹은 곳은 개자리가 되어 칡덩굴, 다래덩굴이 우거져 덤부렁듬쑥한 것을 보니 틀리지 않았다.

몇 걸음 아래로 내려가서야 불과 하루 이틀 전에 누군가 잘라놓은 더덕 싹을 볼 수 있었다. 더덕을 캐낸 자리는 빈구덩이로 남았고, 잘라낸 더덕 싹은 시들시들 말라가고 있었다. 그토록 더덕을 만날 수 없었던 까닭은 어린 더덕들을 이미 누군가 다 캤기 때문이었다. '돌아앉은' 더덕 서너 뿌리를 캐고서는 미련 없이 방향을 바꿨다. 애초 내 것이 아니었던 게야, 위안하면서.

높드리를 향하여 가는 중에 도라지 몇 뿌리를 만났다. 지난 해 도라지를 캐다 손목의 인대가 늘어진 탓에 여전히 호미질이 여의찮은 까닭도 있고 하여 서너 뿌리를 캐고서는 금강송 그늘 아래 주저앉아 물을 한 모금 마시고는 먼데 안개 낀 동해를 굽어 바라다보았다. 그리움처럼 우련하였다. 고깃배가 떠나고, 오징어배가 들어왔을 것이었다. 고개를 돌려 골짜기 건너 너덜겅의 소나무들을 이윽고 치어다보았다. 그 사이 솔수펑이를 지나온 바람은 목덜미의 땀을 말려주었다.

어디까지 왔는지 짐작할 수 없었다. 도라지를 캐느라고, 중나리 사진을 찍느라고, 바람에

※ 높드리 : 골짜기의 높은 곳. / 너덜겅 : 돌이 많이 흩어져 있는 비탈. / 솔수펑이 : 솔숲이 있는 곳.

몸을 맡기고 서 있느라고, 불현듯 고개를 들어 사방을 둘러보니 어디쯤에 서 있는지 알 수 없었다. 먼데 봉우리들을 둘러보며 가늠을 하였다. 등성이에 올라섰으나 옛길은 흐리마리하였다. 푸나무서리를 헤치며 걷다 보니 기분이 섬쩍지근하였다. 어디선가 까마귀가 울고 있었고, 숲의 초입에서 만난 삵의 여운은 길래 갔다.

  되돌아섰다. 아무래도 마을 안쪽으로 향하는 어느 지점을 지나친 듯하였다. 한 발에 등성이와 골짜기가 갈라졌다. 그리하여 이승과 저승이 지척일 것이었다. 산발에서 걸음을 뚝 잘라 곧바로 내려섰으나 키 높게 자란 수풀이 막무가내 길을 막아섰다. 도리 없었다. 걸음을 내딛고 보니 깎아지른 낭비알이었다. 더듬더듬 조심스레 내려오기는 하였으나 미끄럼까지 어쩌지는 못하였다. 계류 건너편 또한 깜깜하였다. 토끼가 지나는 길이면, 멧돼지가 지날 수 있는 길이면 사람 또한 어렵지 않게 지날 수 있다는 평소의 고집으로 건너편 낭비알 끝의 높드리까지 올라 뒤돌아보니 걸음이 차마 가마아득하였다.

  낭비알에서 아슬아슬한 미끄러짐은 이미 옛일이었다. 굴참나무 아래 연한 흰빛으로 오똑한 노루발에 걸음이 끌린 까닭이었다. 흐린 해는 스멀스멀 지고 있었으나 아랑곳없이 골똘하게 들여다보고 또 들여다보았다. 화진포 솔수평이에서와 마찬가지로 사진을 찍었으나 형태를 알아볼 수 없이 검고 흐릿하였다. 그렇더라도 이미 해질녘 짧은 만남을 예비하고 만난 꽃이었으므로 그 만남의 순간만으로도 느껍지 않을 수 없었다.

  지망지망, 거칠거칠 푸나무서리를 헤치면서 마을로 향하였다. 그러다가는 또 중나리를, 좁쌀풀을, 꽃잎은 이울고 열매 맺기 직전의 찔레꽃자리를, 까치수영을, 물레나물을 만나면 걸음을 멈추고 길래 들여다보았다. 봄꽃들은 다 이울었고, 여름꽃이 한창이었다. 나무의 애채들 빛깔 또한 미욱하도록 짙어졌다. 바람이 가고 오는 것인지, 사람이 오고 가는 것인지,

---

🌱 흐리마리 : 생각이나 기억, 일 따위가 분명하지 아니한 모양. / 낭비알 : 비탈진 벼랑. / 가마아득하다 : 거리가 멀어 아득하다. / 길래 : 오래도록 길게. / 애채 : 나무에 새로 돋은 가지.

해는 이미 서산머리에 뚝 떨어진 뒤였다.

장마 갠 날, 흐린 날

1.

산과 들에 핀 복사꽃은 곱고 산뜻하였으나 이미 꽃자리에 열매 맺은 뒤였다. 시인의 이상향이었던 무릉도원에서 저잣거리의 과실로 한창 각광을 받게 된 '개복상'은 틀진 과수원에서 농약 먹고 자란 열매가 아니라, 산야에서 바람과 햇볕으로만 제 모양새를 갖춘 이른바 웰빙식품으로, 약재로 주문이 쇄도한다는 풍문이었다. 매실만한 크기의 풋내 나는 과실로 술을 담근다는 얘기였다. 얼김에 나도 개복상을 따러 숲정이로 나섰다. 꽃피던 시절 눈여겨봐둔 덕에 어렵지 않게 되가웃의 열매를 땄다. 빗밑이 무겁던 장마 동안 어느 하루 빨래말미의 겨를이었다.

어느 때는 조그만 꿀병과 커피병에 술 담그는 재미에 빠져서 열매며 뿌리 심지어는 꽃잎으로 술을 담갔다. 담근 술을 즐기는 것도 아니면서 그 만드는 재미에 그렇게 놀았던 것이다. 그렇다고 옛 방식대로 소주를 내리는 것도 아니었다. 구멍가게에 들러 희석식 소주를 사다 들이붓는 것이 고작이었지만, 책장에 느런히 세워놓고 술이 익어가는, 빛깔이 변해가는 모습을 지켜보는 것도 이채로운 한 재미였다. 술이 익은 다음에는 친지들에게 한 병씩 들려주었다. 그것도 또한 한 즐거움이었다. 수십 가지에 이르렀고, 그 중 백미는 더덕주와 산수유, 당귀 그리고 머루주와 오갈피주가 있었다. 다른 술도 그와 크게 다르지는 않았다.

그러다 한동안 깜깜하게 잊고 지냈고 올해는 개신개신 움직여서 겨우 개복상과 버찌만 술을 담글 수 있었다. 중나리 꽃잎으로도 술을 담근다는 소문이고 보니, 아직 숲으로 가지 못해 공염불에 그치고 있다. 산과 들에 피고 지는 식물은 대부분 약재로 쓰이지만, 약재로의 쓰임

🍃 빨래말미 : 장마 때 빨래를 말릴 만큼 잠깐 날이 드는 겨를. / 개신개신 : 게으르거나 기운이 없어 자꾸 나릿나릿 힘없이 행동하는 모양.

송강리

여름 ·

을 알지 못한다고 하여도 그 자리에서 꽃핀 모습을 만나는 것만으로도 충분히 흔흔하다. 길래 피고 지는 꽃들이 있는 반면 한 사나흘 섬광처럼 활짝 피었다 봄눈처럼 사라지는 꽃들도 흔했다. 그런 까닭에 마지막을 처음처럼 만나야 하는 날도 없지 않았다. 꽃잎 위로 마음이 깃들어 내려앉는 사이, 꽃잎은 시나브로 이울었다.

2.
장맛비 길래 이어지는 동안 샌들에 반바지로 가든하게 차리고 나섰다. 도로의 움파리에는 빗방울이 생겼다가는 사라지고 사라졌다가는 생겼다. 빗줄기 속의 들판은 달곰하면서도 쌉싸래한 풀들의 향기로 그득하였으며, 간잔지런하게 내리는 우산 밖 빗줄기 속으로 몸을 내맡겨도 좋을 듯하였다. 우산 밖의 세상은 FTA 2차 협상이 진행 중에 있었고, 남부지역 태풍에 이어 경기 북부, 강원 영서지역의 폭우로 물난리가 났다는 전언이었으나, 이 궁벽한 산골짝까지 소식의 여파는 더뎠다.

읍내의 볼일이란 고작 5분 정도이나 그것을 핑계로 산책을 겸하여서 시간 남짓 어정어정 걸었다. 걷는 동안에 성가신 일은 얼굴을 익힌 이들이 지나치다 자동차를 세우고서는 타라고 하는 권유를 받는 것이다. 걸어서 가고 싶다고 아무리 이야기해도 비가 오는데 왜 걸어가느냐고 자동차에 타라고 간곡하게 권하는 이도 없지 않다. 완강한 거절에 문을 닫으면서도 내심 어이없다는 표정을 감추지 않는다. 없어서 누릴 수 있는 '사치'도 있는 것이다.

내 발로 걷게 되면 하다못해 가지치기 하지 않은 쥐똥나무, 사철나무에 연연하게 핀 꽃들을 만날 수도 있다. 길가에 언제나 가지치기한 모습으로만 보던 나무들이 어느 순간 손대는 것을 잊어버린 사람들에 의해 제대로/제멋대로 자란 것을 만나는 일은 흔치 않은 즐거움이

※ 흔흔하다 : 매우 기쁘고 만족스럽다. / 가든하다 : 물건이나 차림새 따위가 다루거나 움직이기에 가볍고 편안하다.
움파리 : 우묵하게 들어가 물이 괸 곳. / 달곰하다 : 감칠맛이 있게 달다. '달콤하다'보다 여린 느낌을 준다.

다. 반듯하게 질서지우는 것을 선호하면서도 또 한편 제멋대로 자라는 나무나 꽃들에게 마음이 쏠리기도 한다. 빡빡한 쳇눈 같은 세상에 그것은 어떤 숨통이다.

　길에 사람이 있건 없건 속도를 늦추지 않고 쌩쌩 내달리는 자동차들에 대해 개새끼, 쇠새끼 욕지거리를 퍼붓기도 하고, 자동차도로만 있고 사람 다니는 길은 애초 만들지도 않는 어리석음에 분통을 터뜨리기도 하는 사이, 빗줄기는 이윽고 가늘어졌다. 개울 건너 골짜기 깊은 곳으로 안개가 몰려들어 꽃구름으로 피어났다. 허황한 꿈처럼 안개 속 골짜기로 스며들어 문 닫고 짐승처럼 한세상 살아가도 좋겠다 싶었다.

　해야 할 일을 마친 뒤 낡은 포장마차에 들러 쑥술빵을 한 봉지 사서 들었다. 빗줄기는 다시 굵어졌다. 작달비였다.

　간잔지런하다: 매우 가지런하다. / 쳇눈: 쳇불에 나 있는 하나하나의 구멍.

태백산 쥐손이풀

장맛비

막다른 길이었다. 읍내에서 집으로 돌아오는 길처에 있는, 가까이 두고서도 바라만 보던 곳이었다. 새로 만든 제방 둑이 풀숲이었던 터라 한번 된맛을 본 뒤로는 가까이 갈 엄두를 내지 않았다. 그런 곳을 무슨 까닭으로 걸음하게 되었는지 알 수 없었다. 장마 속 빗밑이 무거워 여태도 구름이 낮게 드리워져 있었다. 는개로 흩뿌리다가는 휘발되어 사라지고 다시 구름으로 몰려들기를 반복하고 있었다.

인터넷으로 주문한 책값을 계좌이체하기 위한 걸음이었으니 5분 정도의 시간이면 충분하였다. 인터넷뱅킹이나 텔레뱅킹을 이용하지 않는 바람에 이런 이유로 종종 읍내 걸음을 하였다. 막차 버스시간까지 두어 시간 기다릴 일이 하릴없어 걷기로 작정하였으나 휘몰아치는 는개가 여간 성가신 게 아니었다. 우산을 접을 수도 없었고, 그렇다고 우산을 펼 수도 없는 딱한 상황이었다. 는개는 안개로 가늘어지기도 하고 이슬비로 굵어지기도 했다.

할미재를 넘다 말고 걸음을 멈췄다. 할미재는 울멍줄멍 묘지들이 들어찬 공동묘지 사이의 샛길이었다. 어릴 적 여름방학의 어느 날 사촌동생들과 함께 할머니를 따라 읍내 바닷가 모래밭 천막에서 펼쳐진 서커스 구경을 하고 돌아오는 길이면 반드시 넘어야 할 그 길이 마냥 즐겁지만은 않았다. 좁다랗던 샛길은 이제 아스팔트길로 뻥 뚫렸고, 산을 까뭉개고 목재소가 들어섰으며 군침 돌던 복숭아 과수원은 공설운동장이 되었다.

옹기종기 모여 있던 집들은 하수종말처리장이 들어서면서 송포리로 집단 이주하였다. 떠나고 남은 집터에는 고물상이 들어섰고, 처리장과 고물상 사이의 월품에는 노랗고 붉은 복숭

🍃 울멍줄멍 : 크고 뚜렷한 것이 고르지 않게 많이 벌여 있는 모양.

아 몇 알이 추억처럼 매달려 비를 맞고 있었다. 대장간과 침쟁이집도 얼마 전 마지막으로 사라졌다. 7번 국도를 옆에다 두고서도 또 산의 정수리를 가르마처럼 헤가르며 금강산 가는 길을 만들고 있는 까닭이었다. 폭우로 절개지가 무너져 내린 한계령의 사진을 볼 때처럼 탕탕 발이라도 구르고 싶었다.

이런 날은 아는 이가 차를 세우고서 호의를 보여도 엄부럭을 부리고 싶을 정도로 싫었다. 모르는 척 지나쳐 주시기를 간절하게 바라고 바랐지만 언제나 헛된 바람에 지나지 않았다. 꾸벅, 인사하고서는 그냥 가시라 손 흔들며 멀찍이 물러서서 가만히 멈추고 섰다가 자동차가 출발한 뒤에서야 걸음을 옮기고는 하였다. 보랏빛 작은 종처럼 꽃을 피우는 '컴푸리' 의 안부가 궁금하였으나 꽃은 이미 지고 없었다. 어릴 적 할아버지는 마당가 텃밭 두둑에다 컴푸리를 잔뜩 심으셨다. 길가 친구 집 마당가에는 붉은 석류꽃이 한창이었다.

다리를 건너고 있었다. 물이 불어난 개울가에 회색빛깔의 왜가리가 낮게 날아 모래톱에 가서 섰다. 물속에 비친 왜가리의 물그림자가 사뭇 애틋하였으나, 새의 말을 알아들을 수 없으므로 그저 바라보기만 할 뿐이었다. 그때였을 것이다. 가던 길을 버리고 개울가의 커다란 제방 둑으로 방향을 틀면서 걸음의 속도까지 바꾸게 되었던 것은.

외딴길은 뜻밖에도 훤하게 뚫려 있었다. 풀숲의 자리에는 두 줄로 경운기와 트랙터가 오고간 자국으로 하여 맨땅이 선명하게 드러났다. 아스팔트를 걸어 파근하던 걸음이 순식간에 부드러워졌으며 풀내음으로 하여 코끝이 시원하여졌다. 다시 낮게 날아 다리 저쪽으로 건너간 왜가리에서 눈을 떼는 순간 개울의 작벼리에 노랗게 핀 좁쌀풀을 보았으나 물웅덩이인 탓에 내려서지 않았다.

지망지망 얼마 걷지 않아 그만 말뚝처럼 우뚝 멈춰 섰다. 잘못 보았지 했다. 작벼리에 금

※ 엄부럭 : 어린아이처럼 철없이 부리는 억지나 엄살 또는 심술. / 작벼리 : 물가의 모래벌판에 돌이 섞여 있는 곳.

송강리 도라지꽃

꿩의다리가 피어 있었다. 무슨 일이 있었을까 궁금해 하기도 전에 걸음은 이미 작벼리로 내려서고 있었다. 꼭 한번 만나고 싶었으나 숲에서는 만나지 못하였던 꽃이었다. 숲에서 만나지 못한 꽃을 개울의 작벼리에서 만난 것이었다. 달뜬 마음으로 미끌거리는 자갈 망태를 밟으며 내려갔다.

미끈하게 뻗어 올라간 줄기는 여린 듯하면서도 강건하였고, 올망졸망 달려있는 보랏빛 꽃과 망울들은 작은 구슬처럼 고왔다. 한참을 흐린 하늘 속의 꽃들과 놀았다. 어느 해 시위난 물을 따라 왔을지도 모를 씨앗들이 물가에서 곱게 자란 것이 어여쁘고 기특하였으며 또한 고마웠다. 낯선 곳에서 뿌리 내리느라고 애쓴 모질음 따위는 까맣게 알 수 없었다. 이윽고 는개가 이슬비가 되는 사이를 틈타서 자리에서 일어났다. 저녁 막차가 지나갈 시간이 되었다.

전에 없이 흥겨워진 걸음이 날 듯 가벼웠다. 제초제를 치지 않고 예초기로 빤빤하게 깎은 논두렁을 보면 영락없이 정갈한 절집 앞마당이 떠오른다. 읍내에서부터 사서 들고 온 식빵 봉지를 덜렁덜렁 흔들면서 걷다가 또다시 우뚝 멈췄다. 새끼 고라니 한 마리가 날래게 논두렁길을 달려갔다. 이쪽 개울에서 저쪽 산 기스락까지 한참이었으나 뒤도 돌아보지 않고 경중경중 노루뜀을 하였다. 물 먹으러 내려왔을 고라니새끼였다. 저쪽 산기슭 풀숲으로 사라져 자취 없어진 뒤에도 한참을 헤 입 벌리고 서 있었다.

진보랏빛 부처꽃 또한 작벼리에 외따로 한포기가 자라고 있었다. 이름의 유래를 알 수 없을뿐더러 털부처꽃과는 또 다른 꽃 모양을 가진 터라 궁금증이 더욱 커졌다. 산꿩이든 금꿩이든 이들 꽃 이름은 멍청이 꿩의 다리와 모양새가 비슷하여 붙여진 이름이었을 것이고, 노루오줌이든 노루발이든 이들 역시 노루의 본치를 따라 이름을 지었을 것이었다. 그러나 아무리 뜯어보아도 부처꽃은 꽃모양만으로는 이름의 유래를 유추해낼 재간이 없었다.

여름.

저지레를 쳐서 잔뜩 꾸지람을 들은 아이처럼 시무룩하여 자리에서 일어섰다. 두 줄로 곧게 나 있던 제방 둑 위의 길이 감쪽같이 사라지고 풀숲이 우거져 있는 것을 발견한 것은 오래 걷지 않아서 일어난 일이었다. 암담하였으나 오래 서 있을 수 없었다. 몇 걸음 풀숲의 풀들을 짓밟으며 걷다가는 우두커니 섰다. 흩왕원추리가 무더기로 피어 있는 곳을 향하여 걸음의 방향을 바꾸었다. 사위가 한결 어두워졌다.

🍃 저지레 : 일이나 물건에 문제가 생기게 만들어 그르치는 일.

소백산 쥐손이풀

여름.

타래난초

생전 처음 오늘, 타래난초를 만났다. 긴 장마에 주니내면서 빨래말미의 볕이 든 사이 숲속으로 스며들었다. 흐릿한 옛 숲길은 물길이 나 도랑이 되었고, 메숲진 숲은 볕뉘의 기운조차 희미했다. 오래 머물지 못하고 서둘러 숲을 빠져나왔다. 엊그제 일이었다. 오늘도 건봉산 산허리에는 구름타래가 짙게 드리운 채 걷힐 기미가 없었다. 그런 까닭으로 방안에서 뭉그적거리면서 책에 코를 박고 있는 동안 오전이 훌쩍 가버렸다.

'피나무통골'에 오래도록 들지 않았던 까닭에, 도라지꽃이 피고 있을 것이란 생각에, 궁금증이 인 것은 첫 아침을 먹는 동안이었다. 흐린 날의 숲은 버덩의 밤처럼 어둔 탓에 썩 내키지 않는 걸음이었으나 또 무슨 생각으로 우린 찻물과 요기할 바나나 그리고 도라지를 캐야지 그러면서 작은 곡괭이를 챙겨서 배낭 속에 넣었다. 구름은 머리 위를 잔뜩 짓누르고 있었으나 이미 내친걸음이었다.

학봉산 기슭락 천둥지기 논틀길은 산머리로 향하는 숲의 어귀였다. 가는 길은 여러 갈래였으나 오늘은 무지르지 않고, 옛 상여막 쪽으로 멀리 에돌았다. 숲정이의 풀숲이 장마 중에서도 꽃을 피우고 잎을 키우느라고 무성해진 까닭이었다. 노루걸음으로 걸었다. 배낭을 메고 나서면 언제 뭉그적거렸느냐 싶게 까맣게 잊고서는 어느 사이 숲을 향한 열망으로 조바심쳤고, 경중경중 걸음은 몹시도 빨랐다. 논틀길은 풀이 무성했다. 갈림길에 들어섰으나 망설이지 않고 왼쪽으로 방향을 틀었다. 발구 다니던 옛길이 있어 피나무통골까지 가는 길이 보다 쉬웠던 까닭이었다.

- 주니내다 : 몹시 지루함을 느껴 싫증을 내다. / 버덩 : 높고 평평하며 나무는 없이 풀만 우거진 거친 들.
천둥지기 : 빗물에 의해서만 벼를 심어 재배할 수 있는 논. 천수답. / 논틀길 : 논두렁 위로 난, 좁고 꼬불꼬불한 길.

왼쪽 너른 산비탈 소 치던 목장은 루드베키아 군락으로 돌변하여 몇 해 전부터 소들을 올려 보내지 못하고 있었다. 산의 나무들을 모조리 베어내고 만든 목장은 무용지물이 되었으나 아랫녘에 그 목장의 주인은 또다시 목장을 만들겠다는 핑계를 대고 금강소나무들을 파내서 팔아먹고 있었다. 원망 섞어 웅얼웅얼, 장마 도깨비 여울 건너가는 소리를 하면서 고개를 앞으로 돌리는 순간, 그때였다.

발치께 연보랏빛 타래난초가 환하게 피어 있었다. 그림으로만 보았으나 단박에 알아보았다. 마치 산삼을 모르는 사람이더라도 산삼을 만나는 순간 그것이 산삼인 줄 알아보는 것과 같은, 섬광처럼 환한 밝은 빛이 전신을 휘감고 돌았다. 조심스럽게 논틀길에 주저앉았다. 키 작고 갈갱갈갱하여서 선 자세로는 들여다 볼 수 없는 까닭이었다. 무엇을 진득하게 기르지 못하는 성미인지라 숲에서 들에서 처음 꽃들을 만날 때처럼 반가운 일도 다시없었다. 그것은 새로운 우주가 열리는 것과 같았다.

수많은 난蘭들이 숲정이에서 피고 졌을 것이나 올 들어 은대난초, 감자난초만을 만났을 뿐이었으며 지난해 만났던 옥잠난초는 무슨 일로 만나지 못하여 내내 아쉬워하고 있었다. 난초를 다시 만날 수 있을 것이란 기대는 까맣게 접고 있었다. 여름 숲의 단연 으뜸 되는 꽃이 난초라고 하여도 만날 수 없는 이상 그것은 아무 것도 아니었다. 무지근하고 파근하던 걸음에 돌연, 생기가 돌았다. 얼마만큼의 세월이 흘러갔는지 알 수 없었다. 어떤 기시감으로 충만해진 고개를 치켜드는 순간 눈앞에 펼쳐진 세상은 이미 다른 세계인 듯 낯설고 어색했다.

집으로 돌아가도 무방할 듯하였으나 이왕 나선 걸음이었으므로 피나무통골로 향하였다. 숲길은 풀숲으로 우거졌고, 그 위로 물길이 나서 도랑으로, 개자리로 바로 걸을 수 없었다. 방향을 바꿔 들어선 길이 또한 푸나무서리로 우거진 곳이었던지라 절로 한숨이 났다. 발로

▲ 상여막 : 상여를 넣어두는 막. 흔히 산 밑 구석진 곳에 지어둔다.
　장마 도깨비 여울 건너가는 소리 : 무엇을 원망하기는 하지만 입속에서만 웅얼거려 그 말소리가 분명하지 아니한 경우에 이르는 말.

이리저리 풀숲을 헤치는 중에 물큰, 더덕냄새였다. 치밀던 부아는 온데간데없고, 희색이 만연했다. 오르고 내리고, 옆으로 앞으로 발 디디고 올라선 피나무통골 높드리는 어린 잣나무를 식재하여 앞을 내다볼 수 없었다. 키 높게 자란 어린 잣나무 숲을 무지르고 에둘러서야 거칠고 메마른 푸서리에 닿았다.

  1986년 화마가 지나 간 비탈의 바람맞이에는 금강소나무 몇 그루가 살아남았고, 그들의 씨앗으로 자라난 어린 소나무들로 하여 또한 무성한 곳은 솔수펑이 되었고, 씨앗이 뿌리내리지 못한 곳은 어린 함박나무(철쭉)가 드문드문, 때론 족족하게 황무지 같은 곳에서 간신히 숨쉬고 있었다. 그 사이로 보랏빛 도라지가 한두 개씩 눈에 띄었다. 도라지 역시 생명을 보존하려는 열망인지 대부분 나무들 틈 사이에 뿌리를 내리고 있었다. 나무뿌리를 헤집고 도라지를 캐기도 어렵고, 그렇다고 그냥 두고 떠나기도 쉽지 않은, 진퇴양란의 질곡 사이에서 잠시 멍하였다.

  맨땅에 뿌리 내린 도라지는 캐고, 나무들 사이에 있는 도라지들은 그냥 지나치면서 산비알의 바람맞이 이곳저곳을 발탄강아지처럼 돌아다녔다. 함박나무는 무릎까지의 높이였으므로 노루걸음으로 걸어도 어렵지 않게 걸음을 옮길 수 있었다. 가뭄 탄 콩밭처럼 도라지는 없었고, 대신 비비추 몇 그루, 이미 꽃자리에 열매 맺은 한 뼘 남짓한 중나리들을 만날 수 있었다. 그리하여 중나리 꽃잎으로 술 담그겠다는 계획은 반둥건둥 되고 말았다.

  도라지나 천마 혹은 더덕이나 버섯을 따는 약초꾼으로 남은 생을 사는 것은 어떨까를 만지작거리면서 너덜겅을 지나 더 높은 곳으로 오르려는 중이었다. 얼핏 보았으나 미처 눈에 들어오지 않았다. 끔쩍끔쩍 둔하게 눈을 감았다 뜨는 찰나 그것이 동그랗게 몸을 사리고 있었던 까치독사라는 것을 어렵게 알아차렸다. 서로 놀라서 마주보고 있는 동안 저 먼저 사린

  🍃 갈강갈강하다 : 얼굴이 파리하고 몸이 여윈 듯하나 단단하고 굳센 기상이 있다. / 파근하다 : 다리 힘이 없어 내딛는 것이 무겁다.

송강리 타래난초

몸을 풀어 쏜살같이 사라진 것은 오히려 까치독사 쪽이었다. 배암이 사라진 쪽으로 눈만 덩 둘하게 뜨고 있는 쪽은 나였고.

내친걸음이었으므로 산마루를 향하여 등성이 길을 걸었으나 이번에는 멧돼지가 놀다간 자리와 맞닥뜨렸다. 오늘은 여기까지, 두 번 생각하지 않고 되돌아섰다. 먼데 산들이 울멍줄멍 다가왔다 사라졌다. 어느만큼 되돌아 걸었을까, 다시 논틀길에서 만난 난초보다도 더욱 작고 갈걍갈걍한 타래난초를 만났던 것이었다. 몸 사리고 있던 배암과, 멧돼지가 파헤쳐 어지러운 솔숲은 까맣게 잊었다. 다시 가만히 자리에 앉았다. 흐린 하늘은 더욱 낮게 가라앉았다.

장마

1.

"말도 마, 루사 때 우리 동네가 당한 것은 암것도 아니여. 실종된 사람들 중 여섯을 아직 찾지 못했다고 군인들이 꼬챙이로 땅을 쿡쿡 쑤시고 다니데. 우리는 갔다가 쓰레기만 줍다가 왔어. 중장비가 필요하지 사람들은 개락이여, 개락. 세상에 무슨 그런 일이 있나? 그 윗동네서는 누가 와서 감자 좀 캐줬으면 하는데 차가 못 들어가니 어떻게 해. 나는 그 감자나 좀 캐줬으면 싶더구만. 그거 그냥 놔두면 다 썩을 텐데, 안 그래?"

산책에서 돌아오던 길에 "봉사 갔다가 오는 질이여!" 하시는 동네 아주머니를 만났다. 남도사투리와 강원 영동지방사투리가 종잡을 수 없게 섞여 있어 슬그머니 웃게도 만드는 아주머니는 절레절레 고개를 저으면서 귀갓길을 잠시 늦잡고 서서 한참을 강원도 인제 수해 지역을 다녀온 소감을 피력하고 계셨다. 무슨 모임에서 함께들 다녀오는 길이라고 했다. 그렇지 않아도 동네에서도 의논을 하여 수해지역 '봉사'를 다녀와야 하는 것 아닌가 하는 생각을 하고 있던 참이었다. 품앗이를 하는 차원에서라도.

아주머니와 헤어져 돌아오면서 목에 걸린 가시처럼 껄끄러운 대목이 있었다. 루사 때 우리 동네가 당한 것은 아무 것도 아니라고? 불쑥 뱃성이 났다. 2002년 루사 때 우리 집은 방안이 무릎 위까지 물이 잠겼다가 빠져서 이른바 침수가옥으로 한 달도 넘게 물에 젖었던 세간을 정리하느라고 진저리를 냈다. 물이 찼던 방안에서는 곰팡이가 피었고, 빨래가 마를 만하면 또 비가 내렸다. 나중에 어머니는 차라리 집이 떠내려갔더라면 좋았을 것을 했을 정도로 고생이 막심했다.

🍃 개락 : 많다의 동해안 북부지방 사투리.

밤사이 피난을 갔다 이른 아침에 돌아와 보니 보일러실에 세탁기는 뒤집어졌고, 장항아리들은 말할 것도 없었고, 가득 채워놓았던 두 드럼짜리 기름보일러 통은 떠내려갔으며 냉장고, 전축도 물에 빠졌고, 장롱과 서랍장들의 이불이며 옷가지, 그릇과 쌀독 따위 이루 열거할 수 없는 것들이 차라리 물길을 따라 떠내려갔더라면 아쉬워나 했을 것들을 밤낮으로 손질하느라고 나중에는 악이 치받칠 지경이었다. 그리고 보니 아주머니 집은 둔덕에 있어서 그 물난리 속에서도 건재했던 것이다. 말하자면 어떤 물난리도 겪지 않았던 것이다. 어떠한 것도 그러므로 상대적이다.

오래된 마을 제방 둑이 터져 시위난 붉덩물이 우리 집 위쪽으로 있는 집 두 채를 밀어버리고, 우리 집까지 들이닥친 것이었으나 다행히 집까지 쓸고 가지는 않았던 것이다. 두 채 중 한 채는 지은 지 얼마 되지 않았던 집으로 집이 두 동강 났고, 우리 집 바로 뒷집은 오래된 집이었던 탓에 바람벽이 주저앉았고, 지붕이 내려앉았다. 혼자 사시던 아주머니는 죄지은 것도 없는 데 무슨 날벼락이냐며 내내 울었다. 어떤 사건이나 사고를 인과관계로 몰아가려는 것은 오래된 악습일 테지만, 새 집이 완성될 때까지 입에 달고 살았다. 마을에는 사망사고도 있었고, 장대비 속에 다리 난간을 들이박고 자동차가 추락하는 바람에 크게 부상당한 사람도 있었다. 오래된 집 네 집이 완전히 파괴되었고, 반 너머 집이 물에 잠겼다.

수해가 나서 한쪽에서는 사람이 죽고, 집이 허물어지고, 길이 끊기고, 농사를 망쳐도, 또 한쪽에서는 그로 인하여 돈을 버는 사람이 있다. 루사로 인하여 이곳에서도 근 삼 년은 건설경기가 호황이었던 것도 하나의 방증이 될 것이다. 그 당시 산림조합은 산에서 일을 할 사람이 없어서 곤란을 겪었다. 산일을 하던 사람들이 공사장으로 몰렸던 때문이었고, 날품삯이 더 높았던 까닭이었다.

이때다 싶어 또다시 댐건설론자들, 건설마피아들은 댐이 없어서 수해가 났다고 들고 일어나는 한편, 다시 동강댐, 한탄강댐을 건설해야 한다고 이구동성 외치기 시작했다. 찬찬히 톺아보자. 정말 댐이 없어서 그 물난리를 겪었는지를. 멀리 갈 것도 없이 우리 마을을 일별하더라도 수해 때 쌓은 축대들이 무너져 내려 다시 쌓기를 반복하였고, 이번 비에도 냇둑의 콘크리트 길바닥과 축대 사이가 마치 하품하는 황소 아가리처럼 벌어졌다. 다리를 하나 놓아도, 도로를 만들어도 눈가림으로, 어정으로 일을 하는 탓에 이런 일이 벌어지고 있는 것이지 무엇이 모자라서가 아닌 것이었다.

　장마철이어서 그렇기도 했겠지만, 수해복구를 하는 중에 왜 그렇게 비는 쉴 사이 없이 내리는지 알 수 없었다. 볕이 잠깐 들었다가는 또다시 죽죽 장대비가 쏟아지기 예사였다. 그러면 빨래가지 등속은 후줄근하게 비에 젖어 냄새나고, 볕에 내다말리던 것들을 설거지해야 하고, 모두들 신경이 날선 채로 금방이라도 폭발할 것처럼 팽팽하여지곤 하였다. 몇 권 되지 않은 책들은 피난 가기 전 아래 칸에 있던 것들을 책장 위로 옮겨놓아 한 권도 망실된 것 없이 무사하였으나, 습기로 인해 노트북이 망가진 것은 아쉬웠다.

　어렵고, 힘들었던 시간들이었지만 또 한편 그로인해 다른 사람의 어려움도 설핏 눈여겨볼 수 있었던 것은 작은 위안이었다. 고난이 사람을 단련시키기도 하지만, 그보다 먼저 도덕이나 윤리 혹은 교양으로 포장하고 있던 인간의 꺼풀을 벗겨버리는 것도 보았다. 어려움에 처했을 때 진면목이 드러난다는 속담은 빈말이 아니었다. 곡간에서 인심난다는 말 또한 곱씹어볼만한 대목이었다.

　수해지역에 또다시 폭우가 쏟아지고 있다는 암울한 소식이 들린다.

───

※ 어정 : 일에 정성을 들이지 아니하고 대강 하여서 어울리지 아니함.

2.

　방안 가득 책들을 에넘느레하게 늘어놓고 엎드렸다 누웠다, 앉았다 섰다 돌려가면서 보아도 검질기게 내리는 비는 그칠 기미가 없다.

　눈뜨자마자 우리말 몇 개를 주섬주섬 공책에 적으면서 읽고 외웠다. 두어 달 전부터 시작한 우리말 공부는 이렇게 이른 아침, 비몽사몽간에 숙제 해치우듯 하고는 옆으로 밀어놓는다. 어제 배운 것이 도무지 기억나지 않는 머리통을 두어 번 쥐어박아가면서 외우는 게 전처럼 쉽지 않다는 것을 절감하는 날들의 연속이다. 몰라서 쓰지 못했던, 처음 만나는 단어들 가운데 곱디고운 낱말이 너무 많아서 차라리 서글퍼진다. 표준어 정책의 폐해일 것이다. 물론 표준어 정책의 필요성을 모두 부정하는 것은 아니다. 마치 대표 꽃이름을 정하고, 다른 이름으로 부르는 꽃이름도 함께 표기하는 식으로 낱말공부를 하였더라면 지금처럼 단조로운 단어의 세계에 갇혀버리지는 않았을 테다.

　1976년 발행된 고은의 『제주도—그 전체상의 발견』을 다 읽고 나서는 울가망해졌다. 고은은 귀신이다. 다른 수사가 필요 없을 듯하다. 그것도 잠시 고야스 노부쿠니의 『귀신론』을 서너 쪽 읽다가는 이번에는 1980년 2판 발행된 현기영의 소설집 『순이 삼촌』 가운데 단편 두 개를 읽었다. 대학시절 분명 현기영의 소설들을 읽었을 텐데, 새삼스럽다. 문장에 힘이 있다. 지기 중 현기영의 소설을 좋아하는 이가 있어 어째서 그럴까 하면서도 그의 책들을 다시 볼 생각은 하지 않았다. 이번에 다시 읽으면서 과연, 그렇다. 낡아서 나달거리는 책을 옆으로 밀어놓고서는 오늘 배달된 잡지를 뒤적거리다가 다시 덮어놓고, 어제 배달된 허영철 옹의 『역사는 한 번도 나를 비켜가지 않았다』를 읽다가 꽉 가슴이 메었다. 책을 내려놓고는 설움에 겨운 년처럼 뚝뚝 눈물을 흘리면서 울었다.

☙ 에넘느레하다 : 종이나 헝겊 따위가 여기저기 함부로 늘어져 있어 어수선하다. / 울가망하다 : 마음이 편하지 못하다.

그리하여도 장맛비는 줄기차게 내리고 있었고, 그러는 사이, 주변은 어두컴컴한 밤 속에 갇히고 말았다.

삼척시 죽서루

한더 위

굴왕신같은 방안을 벗어난 것은 해가 막 건봉산 너머로 지고 난 뒤였다. 하늘을 드맑았으나 한낮에 밖으로 나갈 엄두가 나지 않았던 까닭이었다. 이른 아침 마을 공동 작업장에서 사진 몇 장 찍는 것이 그만 땀으로 목욕을 하고 난 터라 더욱 그러했다. 볕은 등덜미를 태울 듯이 내리쬐었고, 어린 풀들은 아둥그러졌다. 가만히 있어도 찌물쿠니 배겨낼 재간이 없었다. 바람 한 점 없이 잠포록한 날씨도 견디기 어려웠지만 물큰물큰 음식이 썩어나는 습도 높은 날씨도 마찬가지였다.

긴 장마 끝에 흐린 하늘이 벗개지고 새맑은 하늘까지는 반가운 일이었으나 도대체 낮밤 없이 숨이 턱에 닿을 만큼 무덥다. 잡스러운 책들을 쌓아놓고 만화책처럼 후루룩후루룩 읽어대도 시간은 정지한 듯 더뎠다. 선풍기는 소음 때문에라도 책을 읽는 동안에는 별무소용이었고, 거기에 컴퓨터 앞에라도 앉을라치면 물주머니를 짜듯 땀이 샘솟았다. 이래저래 손쉬운 것이 책읽기였다. 일주일 내내 내 방 창문과 한 뼘 사이로 마주보고 있는 뒷집 대문에는 피서객들이 들끓었고, 어린아이들의 소란분주는 따질 수 없으니 창문을 닫아걸었다.

얼마 전부터 산책길을 동네 난들이 아닌 건봉산 기스락으로 바꾸었다. 들판에 농약 냄새가 등천騰天을 할 지경으로 진동했기 때문이었다. 농업기술센터의 병충해 방제 길거리 방송이 있고 난 뒤부터 더욱 심해졌다. 올해는 예년에 비해 벼이삭 패는 시기가 일주일에서 열흘 정도 늦어질 것이라는 안내와 함께 반드시 병충해 방제를 실시할 것을 당부했다. 살충제, 제초제 공포가 있었다. 제초제 친 논밭 둑은 시뻘겋게 불에 타듯 말라갔다. 어디 멀리서 농약을

☙ 굴왕신같다 : 찌들고 낡아 몹시 더럽고 보기에 흉하다. / 아둥그러지다 : 바짝 말라서 배틀어지다.
　찌물쿠다 : 날씨가 물체를 푹푹 쪄서 무르게 할 만큼 매우 덥다. / 잠포록하다 : 날이 흐리고 바람기가 없다.

살포하는 기미만 있어도 목이 아프고 속이 울렁거렸다. 왜바람이라도 불라치면 농약냄새에 꼼박 포박될밖에 별다른 수가 없었다.

건봉산의 코숭이를 들어내 흙을 팔아먹고 난 자리에 논을 일구었으나 천둥지기나 다름없었고, 경운기 동력을 이용하여 물꼬에 물을 대고 있었다. 논길의 흙들은 놀란흙들일 것이겠으나 흙길이라는 이유로, 건봉산 가까이 다가갈 수 있다는 어떤 안도감으로 허위허위 땀을 흘리면서 때로는 어정어정 늦잠아 걸었다. 가까이 다가갈 수 있는 것이 반드시 그 속내를 알 수 있는 것은 아니듯 숲정이를 향해 나아가는 걸음에 무슨 뜻이 있을 리 없었다.

걷다 멈추어 서서 바라보면 먼데 동쪽에는 거진 앞바다가 아슴푸레했고, 좌우로 산줄기가 뻗어나가면서 코숭이를 만들고는 사라졌고, 또다시 아득한 어딘가를 향해 바쁘게 가는 것처럼 골과 마루가 펼쳐지며 이내 속으로 스며들었다. 마치 문명이라는 것이 인간의 냄새를 지우는 역사에 지나지 않는 것과 같이 산줄기 또한 사라지고 드러나기를 반복하고 있었다. 동네 앞산의 지레목은 그렇게 하여 또 마을을 껴안으면서 사람들을 품었다. 그렇더라도 산발이 끊긴 곳을 이제는 인간과 기계가 들어서서 나무들을 파냈으며 급격한 절벽을 만들었다. 폭우에 쉽게 포락이 났고, 개자리가 생겼다.

천둥지기 끝에 다다라 숲으로 들어섰다. 금강소나무들의 밑둥을 둥그렇게 파헤쳐 원을 만들어놓았으며 표시줄을 묶었으나 미처 파낼 수 없었는지 그대로 묶었다. 털신이 베어낸 나무 그루터기에 걸렸다. 베어낸 잡나무 사이로 새 풀들이 족족했다. 어치의 울음소리가 음산했다. 발 디딜 곳을 살폈으나 여의치 않았다. 해 그림자 없는 숲은 이미 어둑했다. 베어낸 그루터기에 무릎이라도 짓찧을라치면 울컥 뻣성이 났다. 골짜기를 벗어나 등성이로 올라섰다. 어딘가 능선길이 있을 것이었다.

홑왕원추리는 꽃잎이 마르면서 이울고 있었으며 사납게 줄기를 뻗은 칡은 보랏빛 꽃숭어리를 주렁주렁 매달았다. 열매를 맺지 못하는 (참)나리꽃은 하루에 한 송이씩 꽃잎이 벙그러졌으며 연보랏빛 비비추는 바짝 말라붙은 채 지고 있었다. 쥐손이풀은 잎에 비해 턱없이 꽃은 작아서 눈을 크게 부릅떠야 간신히 알아볼 수 있을 지경이었으나 피었다 지고 난 뒤 또다시 피는 꽃잎들로 소란했다. 꽃잎이 이울고 난 물레나물 꽃자리엔 연둣빛 어린 열매가 익어가고 있었으며 분홍빛 메꽃은 순식간에 피었다 사라졌다. 쑥부쟁이는 막 개화를 시작하였다. 길섶에 심은 코스모스와 벌개미취, 부처손, 봉숭아꽃잎은 한창이었다.

짙푸른 하늘에 반달의 모습이 도드라졌고, 다시 골짜기를 건너서야 간신히 자욱길을 찾아냈다. 미처 목청이 터지지 않은 소리로 매미가 울었다. 꽁무니바람에 떠밀리듯 다시 천둥지기 논틀길로 들어섰다. 아랫녘 마을이 보이지 않는 대신 학봉산 산마루가 바투 가까워졌다. 바람결엔 어느 사이 가을의 기운이 물씬했다. 골짜기 숲에서 솟은 땀이 말끔하게 씻겼다. 아아, 여름 갔다, 소리쳤다.

🌿 바투 : 두 대상이나 물체의 사이가 썩 가깝게.

소백산

여름·124

칡

 아무래도 친해지지 않는 식물이 있다. 다름 아닌 칡이다. 한여름 낮은 산을 두터운 이불처럼 덮고 있는 칡넝쿨을 보고 있노라면 내 숨통을 조르는 듯 자꾸 도리질을 하며 목덜미를 쓰다듬게 된다. 스스로 서지 못하고 다른 식물에 기대어서 제 잎을 키우는 것까지는 어느 정도 봐줄 수 있지만, 기대선 식물의 숨통을 칭칭 감고 돌아 마침내 고사시키는 것은 무엇으로도 곱게 봐줄 수가 없다. 아닌 말로 나 살자고 너 죽이는 꼴이다. 그럴더라도 지금 한창 보랏빛 꽃을 피우고 있는 녀석들을 보고 있노라면 꽃 피우는 안쓰러움까지 밉게 볼 수 없으므로 가만히 꽃들 따다 술이라도 담가볼까 하다 피식, 웃는 것으로 그만둔다.
 먹을 것이 귀하던 예전에는 민가의 배고픈 이들에게 요기 거리를 제공하느라고 지금처럼 번창할 겨를도 없었다. 멧돼지에게 파 먹히고, 사람에게 파 먹히고. 멧돼지는 깊은 숲속으로 이동을 하였고, 사람들은 칡이 아니라도 먹을 것이 지천으로 차고 넘쳤으니 어느 부지런한 손이 있어 그놈들을 거둘 겨를이 있기나 할 것인가. 칡줄기는 끈 대용으로 사용되었으나 지금은 나일론 재질의 끈들이 칡줄기를 대신하고 있으니 번창하지 말래도 번창하지 않을 수 없게 됐다.
 또한 칡잎은 토끼밥, 소여물로 베었으나 지금은 누구도 '꼴'을 베어 짐승을 기르지 않는다. 개든 토끼든 소든 심지어 오리든 집에서 사육하는 짐승들은 모두 배합사료를 먹인다. 이 배합사료는 거의 수입에 의존한다. 종종 매스컴에 등장하여 사람들 간담을 서늘케 하는 광우병은 초식동물인 소에게 고기를 먹여서 생기는 병인데, 우리는 이것을 늘 잊고 산다. 수입된

― 꼴 : 말이나 소에게 먹이는 풀.

배합사료에는 오만잡것의 항생제를 비롯하여 인간이 먹으면 안 되는 것들까지 포함되어 있다는 것을 누구는 모르고 또 누구는 알면서도 모른 체 한다. 자본의 논리가 곳곳에서 빈자인 우리들의 발목을 잡으며 마침내 숨통을 조르고 있는 것이다.

다시, 갈근이라고도 부르는 칡뿌리는 숙취를 해소하는 데 특효다. 그렇지만 칡뿌리를 캐서 말리는 수고 대신 화폐를 지불하고 원산지도 불분명한 '갈근탕'을 사서 마시는 것으로 칡과 이어진 인연을 가느다랗게 잇고 있다. 대체로 중국에서 수입되는 농산물의 문제점은 우리나라에서는 아주 늦게 금지된 농약들을 규제 없이 사용한다는 데 있다. 중국은 우리나라 '유기농' 농산물시장까지 점령할 준비를 이미 끝낸 상태다. 유전자를 조작한 미국의 농산물도 무섭고 두려운 일이지만, 농약의 폐해는 이미 우리가 겪고 있는 일인데도 모두 눈감고 있으니 그것도 딱한 일이다.

다시 제자리를 찾아서, 인간이 간섭하지 않는 숲은 숲의 생리대로 살고 죽고 다시 태어날 테지만, 이미 인간의 손맛을 본 숲은 어느 쪽으로든 물매가 기울어지지 않을 수 없게 되었다. 산불이 난 곳에 잣나무만 식재한 숲만 보더라도 잣나무 숲 바닥에는 아무 것도 자라지 않는다. 편향된 숲은 이미 편향되었으므로 한쪽으로 기울 수밖에 없다. 솔숲을 편애하지만 솔숲에선 넓은잎나무가 자라기 힘들다. 햇볕을 좋아하는 소나무는 다른 나무들을 배려하지 않는다. 소나무가 사라진 숲에는 넓은잎나무들로 무성하고, 이곳에선 또 바늘잎나무인 소나무가 햇볕을 받지 못하여 살기 힘들어진다. 나는 넓은잎나무 숲에서 더덕도 캐고, 바늘잎나무숲에서 도라지도 캐며 살고 싶지만, 아무래도 이룰 수 없는 꿈일 듯하다.

더위를 부추기는 것

　꽃이나 나무에 관한 옛사람들의 책을 읽다보면, 어쩔 수 없는 '책상물림들'이라고 한탄하지 않을 수 없다. 실물을 만나거나 보지 않은 상태에서 기술하는 것이 대부분이기 때문이다. 책에서 책으로 전해지는 확인되지 않은 전거典據를 그대로 옮기는 것은 감안하고 봐준다고 하더라도 자기 생각이라고 덧붙여 놓은 것까지 잘못된 것을 보면 절로 덥다.

　이론과 실제가 잘 맞아 들어가면 그것처럼 고마운 것도 없겠지만, 조선시대는 농사짓는 것조차 천하게 여겼으니 제 발로 산을, 숲을 찾는 일은 더구나 할 수 없었던 일이었을 게다. 산행이라고 떠나도 제 발로 걷는 게 아니고, 가마 타고 아니면 종의 등에 업혀 들어가는 숲이 얼마만한 풍경으로 다가올 수 있었겠는가. 설혹 풍경을 보았다고 하더라도 둥근 풍경만을 보았을 것이겠다. 낱낱의 것이 풍경을 이루는 것임에도 쉽게 낱낱의 것을 지나친다.

　꽃에 대한 이야기도 대체로 완상/애완으로 기르는 것으로 숲/산의 경계에까지도 나가지 못하고, 방안에서만 논을 삶듯 맴돈다. 호랑이가 나오던 시절이었으니 그러려니 해도 완상/애완의 꽃들도 중국의 시인묵객의 영향에서 크게 자유롭지 못하다. 유학자들이고, 아름다움에 대한 기준이 크게 다르지 않다고 하더라도 중국과 조선의 땅은 바람부터 다르지 않겠는가. 꽃도 나무도 사람을 따라 조선에서 중국으로도 가고, 중국에서 조선으로도 오는 것은 당연한 일이겠으나, 그것을 느끼는 마음까지 같아야 하는 것은 아닐 것이다.

　주황색을 애착하면서도 양반꽃이라고도 했던 능소화가 아름다운지 모르는 까닭과 같다. 다른 것에 기대여 치렁치렁 늘어뜨린 꽃들을 보고 있으면 목을 조르는 것 같아 아름다움은 고사하고 몹시 더울 뿐으로 그 꽃송이들을 다만 거둬들이고 싶을 뿐이다. 능소화 뿐이겠는가. 나팔꽃은 어떻고. 어느 해 멋도 모르고 나팔꽃을 심었다가 그 영악함에 그만 치를 떨었을 뿐이었다. 접시꽃도 악착스러움에는 어느 것에도 뒤지지 않는다. 악착같고 영악한 것들을 보면 즐거움 이전에 숨 막힌다.

　옛사람들 만이겠는가. 사찰, 경내에 들어와서도 절이 어디 있느냐고 묻는 일 흔하지 않던가. 내게 어여쁜 꽃들은 죄다 숲에 있다. 숲에 있는 까닭으로 그것을 내 집 뜰에 옮겨놓고 가까이 보고픈 충동에 시달리는가. 곁에, 가까이 있다고 그 그리움이 가시겠는가.

송강리

길

1

산마루는 한 곳이지만, 그 산마루로 오르는 길은 한 갈래가 아니다. 곱게 난 등산로를 따라 산마루를 향해 치달아갔을 때는 한 갈래일 수밖에 없겠지만, 산을 깊이로 이해한다면 결코 산은 한 갈래일 수도, 이어서도 아니 되는 것일 테다.

1-1

점심때까지 12명이 먹을 얼린 물을 세 개, 맹물 두 개를 배낭에 넣고(2L짜리 페트병), 예초기를 짊어 맨 남자 어른들을 따라 나선다(오후에도 같은 방식으로 진행한다). 작업은 오전 정각 8시부터 40분 일하고, 20분을 쉬며 오후 6시까지 진행된다. 내가 하는 일은 쉴참 20분 동안 11명의 사람들에게 찬물을 배달하는 것이다. 예초기는 무겁기도 하지만, 무엇보다 열이 나기 때문에 어른들은 무지하게 땀을 흘린다. 그리하여 쉴참에 이가 시린 찬물을 제대로 배달하고 나면 그들이 일을 하는 40분 동안 나는 도라지를 캐거나 시집을 읽거나 등성이를 따라 고라니처럼 경중거리며 돌아다녀도 누구도 뭐라고 하지 않는다.

1-2

내 관심은 도라지를 캐는 것도, 책을 읽는 것도 아니다. 작업 전에 하루 작업 면적에 대해 물어본 다음 어른들을 앞서서 산등성이로 먼저 올라간다. 예초기 작업을 하는 곳은 지난봄에 어린 육송과 잣나무를 심은 곳에 '잡목'과 '잡풀'을 베는 것이므로 주로 등성이를 좌우로 한쪽 면부터 일을 하게 마련이다. '주' 등성이가 있으면 그 좌우로 수 없이 많은 작은 등성이들이 골과 마루를 이루고 있기 때문에 더딘 내 발걸음은 분주하기 이를 데 없다. 한번은 옆으로 두 번째는 가운데로 또 그 다음은 반대방향으로 오르기도 하고 다시 내려오기도 한다.

1-3

10명(반장은 예초기 작업을 하지 않기 때문에)이 같이 작업을 시작하지만, 작업 환경 또한 제각각일 수밖에 없다. 사태가 났거나 큰 잡목 한두 그루가 있거나 혹은 계류가 흐르는 곳에는 어린 나무를 심을 수 없었던 까닭이다. 그러므로 같은 이름의 산에서 일을 하지만, 똑같은 곳을 만나는 일은 이생에서도 내생에도 불가능할 수밖에 없다. 그렇더라도 이들은 대개 한두 번은 만나기도 하는데, 한 방향으로 돌아 처음으로 돌아올 때거나 산마루 아래로 모아들 때이다.

1-4

산마루에 다다르기 전 나는 반드시 몸을 돌려 동해를 바라다본다. 그렇게 한숨 돌리고 나서 나는 누구처럼 산의 정수리를 그대로 놔둔 채 사방십방을 둘러보지만, 어느 곳도 같은 곳이 없으니 설령 무엇을 보았다고 하더라도 나는 결국 아무 것도 본 것이 없게 되는 것이며 무엇을 느꼈다고 하더라도 몸을 돌리는 순간 이미 그것은 내 것이 아닐 것이었다. 아니 그것은 이미 내 몸속에 고스란히 녹아들어 나는 어떤 이물감도 느끼지 못하는 처음과 다른 내가 되어 있을지도 모를 일이겠다.

삼척시 중경묘

여름·

1-5

  그리하여 어쩌면 산마루는 그렇게 여러 걸음들을 한곳으로 모아주는 것에 지나지 않는 것일지도 모를 일이겠다. 그 모인 걸음들은 그곳에서 다시 산 아래 마을을 향해 내려가거나 혹은 더 높은 어느 산마루를 향해 오르거나 그렇게 제각각 걸음을 옮기는 것일 테지만, 그곳 산마루가 있어서 나는 때때로 그 산마루 턱밑까지 더딘 걸음을 옮겨보기도 하는 것이다.

송강리 고마리

민간인출입통제선에 들다

산불조합에서 주관하는 산불 난 곳에 식목하는 일을 청하는 이면에는 민통선(민간인출입통제선)에 들어가고 싶다는 소망이 은근하게 내재되어 있었으며, 그리하여 줄곧 다음날의 작업장에 대해 궁금해 하곤 하였다. 하지만 작업장은 당일 아침에나 알 수 있는 일이어서 나는 출근길 승합차의 행방에 촉각을 곤두세우곤 하였다.

드디어, 오늘 나는 민통선 안으로 들어갔다. 몇 겹의 검문절차를 거쳐 들어간 곳은 해군 레이더 기지가 있는 해안의 어느 부대 안이었다. 여자이고, 민간인인 내가 민통선 안의 군부대 안엘 들어갈 수 있는 방법은 없었으니, 나의 설레임은 이루 말할 수 없는 것이었다. 어른들은 내가 나무를 심으러 다니는 일을 도저히 이해할 수 없어 하면서도 이제는 그저 그대로 묵인하여 더는 질문을 하지 않으니 나 또한 아무런 답도 준비하지 않은 그 틈에는 이런, 오늘 같은 날을 기다리고 있었기 때문이었다.

동해의 최북단 해안의 곶은 모두 군부대의 초소이자 민통선이다. 이러한 곳에도 경계가 없는 산불은 남북을 넘나들어 아름드리 소나무들을 무참하게 쓰러뜨렸으니, 불길의 자유자재를 경탄하여야 할 것인지 아니면 인간들의 부자유를 한탄하여야 할 것인지 나는 알지 못하겠다.

이른 아침 산마루에서 바라보는 북녘 땅은 설산의 금강산 연봉과 낙타봉 그리고 해금강 속에 찬연히 빛나고 있었다. 그곳, 지척이 천리였다. 출입통제소에서 마주친 금강산 육로관광 건설단 차량들의 행렬을 보는 것으로 작은 위안을 삼기는 하였지만, 인간의 어리석음과 욕심이 빚어낸 어이없는 결과가 아닐 수 없음에 다만 안타까움과 서글픈 분노를 느끼지 않을 수 없었다.

낮은 산머리에서 내려다보는 해안 절벽에는 옥빛의 파도가 출렁거리고 있었으며, 먼 곳 하늘과 맞닿은 수평선은 봄빛으로 잔잔하였으니, 나는 잠시 박상우의 『말무리 반도』를 떠올렸다. 고성 통일전망대에서는 아주 가깝게 보이지만, 나무를 심던 곳에서 바라보는 해금강은 늘 같은 자리에서 보던 것과는 또 다른 느낌이었으며 낙타봉은 참으로 기묘하게도 고비사막을 힘겹게 걸어가는 대상들의 행렬과 겹치면서 그리하여 나는 바다를 향하여 걸음을 옮기는 낙타의 무리들에게 경배하였다.

나무를 심는 와중에 만난 연분홍빛의 '처녀치마'는 처음 만나는 꽃이었다. 전에는 보았어도 이름을 몰랐었고, 이름을 안 다음에는 만날 길이 없었다. 하지만 그 꽃의 이름을 아는 어른은 없었다. 다만, 꽃나물이라고 부르니 나는 내 할머니 세대들을 그리워할 수밖에 없었다. 텔레비전의 드라마가 인생의 교과서가 된 6, 70대의 농촌 아낙들은 절반은 옛사람이고, 절반은 압축 근대화의 산물이니 그 꽃이름을 모르는 것이 어쩌면 당연한 것인지도 모를 일이었다.

해질 무렵의 건봉산 줄기와 금강산 봉우리들은 이내 속에 서로 겹쳐 남과 북의 철조망을 너머 그곳에 있었으니, 내 걸음으로는 한걸음도 더 갈 수 없는 곳에 퍼지르고 앉아서 과자를 우적우적 씹으면서 못 다한 아쉬움을 달랠 수밖에 없었다. 이 과자는 민통선 안에 위치한 해안 초소 피엑스에 납품하러 들어갔다 나오는 트럭을 세워놓고, 한 어른이 사정을 설명하고 나서 만원어치 음료와 과자를 사서 나눠준 것이었다.

'말이야' 아저씨

6월 5일부터 시작한 '수간주사' 놓는 일이 어느새 일주일을 넘기고 있다. 5월말쯤 이웃집 아저씨가 수간주사 놓는 일을 하지 않겠느냐고 물어왔을 때까지도 이 일이 내게까지 차례가 올 것이라고는 믿지 않았다. 작년에도 내심 이 일을 해보고 싶었지만, 마을에 할당된 인원이 여자 1명이었던 관계로 내게까지 차례가 오지 않았기 때문이었다. 이번에도 6월 4일 저녁에서야 최종 연락이 왔다. 5일 아침 일할 준비를 해서 6시 40분까지 집 앞에 나와 있으라고 했다. 점심 도시락과 얼린 물, 모자 그리고 수건 등이 기본 준비물이었다.

첫날, 조금 긴장하고, 조금 설레는 맘으로 승합차를 타고, 간성읍 어천리로 향했다. 일을 시작할 장소엘 도착하니 작년 식목을 함께 했던 어른들이 대부분이었지만, 처음 보는 어른들도 있었다. 이곳 일꾼 20여명의 연령 분포는 4, 50대가 네댓 명 정도이고, 나머지는 모두 6, 70대의 노인들이니 내가 가장 어린 나이였고, 그리고 혼인을 하지 않은 사람 또한 나 혼자뿐이었다. 일은 2인 1조이거나 혹은 3인 1조인데, 남자들은 드릴로 소나무에 구멍을 뚫고, 여자들은 뚫어놓은 구멍에 살충제를 주사하는 일을 한다. 나는 동네 아주머니와 이웃마을 아저씨와 3인 1조가 되었다. 2인 1조가 많아서 의아해 하고 있었다. 하지만 3인 1조였던 까닭이 밝혀지는 데는 채 한나절이 걸리지 않았다.

'우리 대장'은 본인에 의하면 74살이고, 경북 의성이 고향이며 어린 시절 '할아버지 돈'인 소 두 마리를 훔쳐 가지고 집을 나왔으며 대구 팔공산 전투에도 참여했다. 그리고 주변 어른들의 이야기를 종합하면, 그는 오랫동안 머슴을 살았고, 산판일을 하며 떠돌아다니는 게

주요 직업이었다. 나는 매일 똑같은 이야기를 반복해서 들어야 했다. 그의 말투로 옮기자면,
"우리 할머니는 말이야, 아들이 세 명인데, 모두 고등교육을 받았지. 내가 읍사무소에 가서 혼인신고를 하려고 했는데 말이야, 할머니의 아들들이 와서 못하게 난리를 치는 바람에 지금은 그냥 살고 있어. 내가 아들이 없고, 그런 생각을 하면 인생이 참으로 허망해지는데 말이야."

이런 식이었다. 우리대장인 '말이야' 아저씨는 합천 해인사 등의 사찰에서 오랫동안 처사 노릇을 하다가 늘그막에 할머니를 만나 살림을 시작했다는 것이다. 아주머니들의 말씀에 의하면 아저씨의 나이 또한, '나이롱 나이'가 틀림없다는 것이다. 키는 꼭 대추씨만하고, 눈은 반들반들, 피부는 까무잡잡, 걸음은 잔걸음에 남이 하는 말은 절대로 듣지 않으며 툭하면 다른 아저씨들과 말씨름을 벌이는 게 일이다. 아침 해장술로 시작해서 저녁 일이 끝날 때까지 소주를 마신다. 아주머니 왈, "아저씨는 왜 할머니 아들뿐이우?" 아저씨 왈, "나는 말이야, 추수를 못했어. 그러니 아들이 없지. 내가 말이야, 할머니는 한 이십 명이 되었는데, 추수를 못했어."

또, '말이야' 아저씨는 일머리 없기로는 둘째가라면 서러워할 정도로 좌충우돌이어서 이, 삼일 동안은 머리끝까지 화가 치밀기도 했다. 요즘은 미리 아저씨의 발걸음을 예측하는 재미도 없지 않다. 누구도 그의 말에 대꾸하지 않는 것이 차츰 불편해졌다. 그의 눈치보기는 타의 추종을 불허하고 일을 감독하고 지휘하는 '반장' 아저씨만이 그에게 주의를 주고 일을 일러주지만 그때뿐이고 내 짝인 동네 아주머니와도 심심찮게 마찰을 일으키곤 했다.

그런데, 엊그제 하루는 쉴참에 아저씨와 나란히 앉게 되었다. 내 짝인 아주머니는 아저씨의 쉴 새 없이 '지껄이는' 소리가 듣기 싫어서 멀찍이 다른 팀이 있는 곳으로 가서 쉬고 있는

중이었다. 천수경에 대해 혼잣말을 하듯 나직나직 말을 건네 오고 있었다. 그런데, 그 말이 마치 부처님 말씀처럼 들리기도 했던 것이어서 울울창창한 솔숲에 무릎을 가드라뜨리고 있던 나는 그게 솔바람 소리인지, 말이야 아저씨의 목소리였는지 구분을 하지 못하는 기이한 상태에 빠져들었다.

  그렇지만 말이야 아저씨가 아직도 건봉사엘 다녀오질 못해서 언젠가 꼭 한 번 다녀오고 싶다는 소망을 피력하는 대목에 이르러서는 말의 간절함에도 불구하고 결국 나는 그의 말을 불신하고 말았다. 어쩌면 처음부터 일머리 없음에 분통을 터뜨리던 내 울화가 아직 다 삭지 않았기 때문일 것이었다. 그리고 선거 이야기 끝이면 "배운 놈들은 다 도둑놈들이란 말이야. 홍길동을 봐" 하는데, 왜 그쯤에서 홍길동이 나오는 것인지 나로서는 요령부득이었다. 요즘 나는 말이야 아저씨의 삶의 이력을 역추적하는 일에 새로운 재미를 붙이고 있다.

제주도 협재해수욕장

여름·
138

수간주사

오늘은 정말 더운 날이었다. '우리 대장' 과 결별하고, 나는 다른 팀으로 이동했다. 도저히 더는 같이 일을 할 수 없을 것 같았고, 내가 자리를 이동하겠다고 했을 때, 반장아저씨는 그렇게 하라고 했고, 더는 군말하지 않았다. 그리고 나서 우리 대장은 내 짝꿍이었던 아주머니와 또 한바탕 소란스럽게 말싸움을 벌였다. 세상에는 소통하지 못하는 사람들이 정말로 있구나 했다. 술로 얼큰해진 우리대장은 '아버지' 라고 부르지 않는 할머니의 아들들에 대해 끊임없이 불평을 늘어놓았다. 그런 그가 어쩐지 조금은 인간답다는 생각을 했다.

나흘 가까이 웃비 혹은 는개로 날씨가 찌뿌드드하고, 을씨년스러웠다. 작달비가 내리던 지난 12일, 오전만 일을 하고 오후에는 일을 '깼다.' 오후 일을 깨던 날, 어른들은—주로 아주머니들—일을 해야 한다고, 반장아저씨를 졸랐다. 새벽밥 먹고 나와서 고작 오전만 일을 하고 돌아갈 수는 없다는 것이었다. 하지만 산림조합에서 나온 직원은 사고 등의 여러 가지 이유를 들면서 일을 그만하게 했다. 그런데 어른들의 원성이 이만저만이 아니었다. 이유는 오전만 일을 했을 경우, 하루 품삯의 반만 받기 때문이었다.

그도 그럴 것이 나 같은 경우도 아침 5시 50분쯤 일어나서 도시락 싸고 간단하게 요기하고 일할 준비를 해서 6시 40분에 집을 나서 저녁 6시나 6시 30분쯤 집으로 돌아온다. 그렇게 12시간 가까이 시간을 투자하고 받는 품삯이 여자는 하루 3만원이고, 남자는 5만원이다. 그 야말로 '저임금 중노동' 이다. 그리하여 이번에도 반장아저씨를 통해 임금 인상을 요구했지만, 어렵다는 답변을 들었을 뿐이었다. 건축현장에서 여자인부들이 받는 품삯은 점심과 두

는개 : 안개보다는 조금 굵고 이슬비보다는 가는 비.

끼 새참을 제공받고 3만5천원이고 일의 강도는 훨씬 약하다. 이곳에서도 새참을 주지만, 두 끼 새참으로 300원짜리 빵 두 개와 음료수 두 개를 준다. 그리하여 어른들은 내년에는 동맹 결의하여 일을 하지 않기로 입들을 모으고 있다.

 2급 독성 농약을 다루기 때문에 예전에는 일이 끝나면 공동으로 샤워를 할 수 있게 했다지만, 지금은 다만 이야기로만 전해올 뿐이고, 갈수록 소모품—방수복, 휴지, 비닐봉투, 고무장갑—지급이 야박하다고 어른들은 아우성이다. 방수복은 얇기도 하고 또한 속아베기(간벌)를 한 숲속을 다니다보면, 나무 그루터기나 나뭇가지에 걸려 쉽게 찢어지지만, 어른들은 그것을 수선해서 입는다. 물론, 조금 찢어졌다고 버리는 것보다 수선해서 입는 것을 탓하는 것은 아니지만, 이미 예산이 배당되어 있을 텐데, 그 예산의 행방이 다만 궁금할 뿐이다. 또한 기계를 맨 남자들 뒤를 따라 다니기 때문에 여자들은 기계에서 뿜어져 나오는 매연을 맡아야 하고, 기계의 소음으로 귀가 멍멍하다. 그리고 풀독과 옻이 올라 고생하는 어른들도 많이 있고, 풀독과 옻이 올랐을 때의 가려움은 말로 다 할 수 없다.

 지난 토요일, 아침부터 는개로 산이 자욱했지만, 일을 강행했다. 비가 내리는 숲속에서 일을 하고 싶지 않았지만, 내가 빠지면 같이 일을 하는 짝꿍에게 피해가 가기 때문에 꾸욱 참고 집을 나섰다. 숲으로 들어서기도 전에 칙칙 방수복이 종아리에 감기고, 모자 위로는 쉴 새 없이 물방울이 떨어져 내렸다. 이른 새벽까지 소나기가 내렸고, 빗발이 가늘어지긴 했지만 꾸준하게 는개가 내리고 있었기 때문이었다. 속아 베어 쌓아놓은 나뭇가지들은 미끄덩거리고, 키 높게 자란 잡목의 나뭇잎들은 눈앞을 가렸다.

 겨우 오전을 보내고, 축축한 땅에 앉아서 점심을 먹던 나는 집으로 돌아가고 싶은 굴뚝같은 마음을 숨기느라고 자꾸 하늘을 올려다보았다. 하지만, 어른들은 묵묵 밥을 먹었고, 하루 일을 깰까봐 전전긍긍, 심지어는 소나기가 오더라도 일을 다 해야 한다고 큰소리로 '떠들기도' 했다. 다행인지, 불행인지 이슬비보다 빗발이 가는 는개만 내릴 뿐, 구름은 산허리에 요지부동으로 머물러 있었다. 아, 그러다가 드디어 점심을 먹고 한참을(오후 2시) 하고 났을 때, 쫘악 쫘악 작달비가 쏟아지기 시작했다. 그때, 환호하던 내 심정이란! 반장 아저씨는 '호각'을 불어 일을 중단시켰다. 일하던 자리에 나뭇가지를 걸어놓고 모두 산을 내려왔다.

산 아래서 기다리고 있던 직원도 일을 그만 하자고 했다. 그리고 덧붙이기를 일요일은 쉰다고 하자 어른들이 술렁거리기 시작했다. 그 전전날, 직원은 일이 바빠서 이번 일요일부터는 일을 한다는 말을 흘렸고, 어른들은 오후 일을 깬다고 해도 일요일에 일을 할 수 있는 것을 다행으로 여기고 있던 참이었으니, 그야말로 어른들에게는 청천벽력이었던 것이다.

그러자, 반장아저씨까지 합세해서 하루 일을 채우자고 선동했고, 모두들 벗어놓았던 기계와 약통을 다시 짊어지고 소나기가 쏟아지는 숲속을 향해 걸음을 옮겼다. 그때의 내 마음은 여러 갈래로 흩어지고 있었다. 나로서는 정말 일하고 싶지 않았지만, 쉴 참에 듣는 어른들의 생활, 특히 아주머니들의 생활은 그야말로 '철인'을 연상케 하는 것이었고, 그리하여 종종 나는 무릎이 꺾이곤 했다. 어쩔 수 없는 나는 묵묵히 앞서 가는 어른들의 발걸음 쫓을 수밖에 없었다.

송강리

여름.

300원짜리 새참

오늘 새참으로 나온 300원짜리 빵은 기존의 것과 맛과 모양이 달랐다. 그렇더라도 300원짜리 빵이 맛이 있으면 얼마나 있을 것이며 모양이 다르면 얼마나 다를 것인가. 아침마다 계란만한 크기의 빵 두 개와 음료 두 개를 받아서 배낭에 넣을 때마다 묘한 서글픔이 일곤 한다. 음료도 일을 시작하던 초기에는 두유와 스콜-지라는 음료 두 가지였다. 지금은 스콜-지 하나로 통일되었다. 나는 두유를 선호하지만, 두유를 싫어하는 어른들이 많아서 그렇게 되었다.

300원짜리 빵을 받아들 때의 비애감은 나 혼자만의 것은 아닌 모양이어서 지난번 하루는 새참을 먹을 수 없었다. 이유인 즉슨, 매일 퇴근길에 산림조합에서 운영하는 매장에 들러 빵을 받아오던 어른들이 그날, 빵을 내어주는 매장 직원에게 좀 나은 것으로 줄 수 없겠느냐고, 농반진반 말을 건넸다는 것이다. 그런데 그 말을 받은 매장 직원이 못마땅한 표정으로 어른들 말씀으로 '아무 것이나 먹으면 어때서', 그런 표정으로 말을 곱게 받지 않았다는 것이다. 그러니 빵을 받으러 갔던 이웃마을 이장 아저씨가 가만히 있을 리가 없었던 것이다. "야, 이 쌍녀려 간나 새끼들아, 니들이나 처먹어라!" 하며 빵 오십 개를 매장 안에다 던져 버렸다는 것이었다. 아, 빵 오십 개가 날아가는 매장 안의 풍경이라니!

기실 이 생색내기 새참에 목숨 거는 어른들은 없다. 아주머니들은 새참으로 부침개나 감자떡을 비롯한 찰떡이나 시루떡 그리고 삶은 달걀 등을 비롯하여 오징어가 많이 나는 날은 새끼오징어를 데쳐 가지고 오기도 한다. 이 새끼 오징어는 '똥' 채로 삶아 그 맛이 별미였다.

그리고 각자 사탕이며 초콜릿, 커피와 미수가루 등을 상비해서 가지고 다녔다. 어쩌면 새참이 부실하기 때문에라도 그렇게 되었던 것일 게다. 여러 사람이 각자 다른 것을 준비해서 나눠 먹기 때문에 여러 가지를 맛볼 수도 있다. 순번제는 아니지만 대강 눈짐작으로 그리고 매일 얻어먹을 수만은 없어서 며칠에 한 번씩 먹을 것을 준비한다.

그리고 아저씨들은 돌아가면서 소주를 사온다. 소주를 사올 때 집에서 안주를 함께 만들어 가지고 오는 경우도 많아서 꼭, 빵으로 새참을 먹지 않아도 되기는 하지만, 문제는 사람 먹는 것을 너무 허술하게 대접한다는 데 있었다. 어른들 말씀처럼 '중앙에서 어떤 놈들이 다 잘라 처먹고, 그 찌끄러기 가지고 일을 하려고 하니, 맨날 요모양이라는 것'이다. 어제는 더욱 기가 막힌 일이 있었다.

반장아저씨가 붉으락푸르락 휴대폰에다 대고 소리를 지르고 있었다. 사람들은 어안이 벙벙해서 반장의 얼굴을 주시했다. 통화를 끝낸 반장 왈, 오늘 아침부터 7시부터 일을 시작하고, 그리고 그 품삯으로 3000원을 준다는 것이었다. 그러니까 하루 한 시간 일찍 나와서 일하고, 여자는 하루 33,000원을, 남자는 55,000원을 준다는 것이다. 새벽밥을 해야 하는 아주머니들이 벌떼처럼 일어나 참새처럼 '짹짹' 거리기 시작했다.

나 역시 그렇게는 할 수 없다고 딱 잘라 말을 했다. 아침 시간 한 시간은 천금과도 바꿀 수 없는 것이고, 일을 못하면 못해도 그렇게는 할 수 없었다. 어떤 아저씨는 '근로기준법' 까지 들먹이면서 못하겠다고, '발딱 나가 자빠졌'지만, 사람들의 표정은 여러 가지였고, 특히 농토가 없고, 날품으로 생계를 유지하는 사람들의 얼굴은 복잡해 보였다. 그리고 작은 목소리로 "다른 팀(우리 팀 외에 10개의 팀이 있다고 한다)이 하면 우리도 그렇게 해야지 뭐" 그랬다.

결국은 결론 없이, 아니 은연중 분위기는 다른 팀이 하면, 어쩔 수 없이 우리도 해야 한다는 쪽으로 기울어진 채로 퇴근을 했다. 나는 아침 5시에 일어나서 하루 33,000원을 받고 일을 하고 싶지는 않았으며 책 한 권 덜 사서 보면 그만이라는 안이한 생각을 하면서 일찍 잠자리에 들었다. 그렇지만 생각보다 몸이 먼저 눈을 떠서 시계를 보니 새벽 5시였다. 누워서 책을 몇 쪽 읽고 있는데, 전화벨이 울렸다. 사돈어른이다. 예전대로 일을 한다는 짤막한 통보였다.

  안도하며 또 한편으로는 이상한 자괴감을 느끼면서 출근을 했고 그리고 퇴근시간 무렵, 다시 한 시간 연장문제가 공동의 논의도 없이 일방으로 통고되었다. 아침에 30분 일찍 시작하고, 저녁에 30분 연장하여 6시에 마친다는 것이었다. 불만 가득한 어른들이 이에 대응하는 방식은 종전대로 출근을 하고, 저녁에는 대충 시간을 맞춘다는 것.

  온 나라가 월드컵 4강에 진출했다고, 공휴일을 지정하고, 축제를 한다고 들썩이는 그 이면에는 한 시간 내내 산속을 헤집고 다니며 겨우 3000원을 받는 사람들이 있다. 애들 과자 값도 안 되는 그, 돈, 3000원을.

송강리 동자꽃

순덕이 연애이야기

　어른들과 함께 일을 하면서 가장 관심을 가진 것은 어른들의 감추어진 속내를 듣는 것이었다. 상대방을 인정하고 시작하는 '대화'라는 것은 불가능하고, 나 또한 그럴 만한 처지에 있지도 않았기 때문에 나는 줄곧 입을 다물고 있었다. 그런데, 어른들은 쉴참, 그 20분, 그 잠깐의 침묵을 견디지 못하는 까닭인지 아니면 입 다물고 있는 내가 심심해 보여서인지, 쉽사리 자신들의 이야기를(나 같으면 하지 않았을 그런 이야기까지) 들려주었다.

　어느 날 오후, 그날은 영문도 모르는 채 오후를 통째로 어느 한적한 골짜기에 숨어 들어가 놀게, 쉬게 되었다. 한 두어 시간쯤 낮잠을 즐긴 어른들은 더는 잠을 이루지 못하고 삼삼오오 몰려 앉아 술을 마시거나 잡담을 하였다. 나와 함께 짝을 이루어 일을 했던 아주머니가 드디어, 이야기를 시작하였다.

　이 분은 간성이 본래 고향이라 나는 일을 시작한 첫날에도 간성의 50년대와 60년대 풍경에 대해서 많은 이야기를 들었고, 언젠가 내 소설에서 아주 중요하게 쓰일 만한 자료 가치도 높아서 맘이 풍성해 희희낙락하고 있던 터였다. 또한, 이 분은 환갑을 넘긴 나이에도 여름이면 반바지에 민소매 차림으로 샌들을 신고 다니며, 뛰어갈 때 보면 영락없는 16살 먹은 여학생 같아서 언제나 신기한 눈으로 그 분을 보고는 했었다.

　시집오기 전 친구들과 '몰려다니면서' 여름이면 '수영복 입고, 해수욕한' 일을 자랑스러운 기억으로 간직하고 있었다. 전쟁이 끝나고, 어수선한 50년대 말이라고 하지만, 젊은 처자들이 몰려다니면서 바닷가에서 해수욕을 한다는 것은 그리 흔한 일이 아니었을 것이라고 하였다. 그리고 속초로 〈벤허〉 보러 갔다가 집으로 돌아오는 차가 없어서 '여관'에서 하룻밤 묵은 일화를 전하면서, 지금도 텔레비전에서 방영하는 영화를 자주 본다는 것과 텔레비전 일일 연속극을 녹화 방송하는 바람에 조금 지겨워할 때도 있었다. 마지막 결정판은 뭐니 뭐니 하여도 친구인 '순덕이' 연애사건이었다.

순덕은 약혼을 한 상태에서 다른 남자, 경찰관인 유부남과 연애를 하게 되었고, 약혼한 사람과 우여곡절 끝에(우여곡절은 생략) 혼인을 하게 되었다. 그렇지만 그 일로 평생 '사람대접' 받지 못하고, 여태껏 살고 있다는 것이었다. 그러면서 한숨처럼, 차라리 그 경찰관과 혼인을 하였더라면 삶이, 인생이 바뀌었을 텐데, 그때는 왜 그런 '용기'가 없었는지 모르겠다고 하였다. 사랑하는 사람과 죽더라도, 아니 헤어지는 한이 있더라도 한번 살아나 보았더라면, 삶이 그토록 고단하지 않았겠지, 하였다. 그러면서 내게, "아가씨는 무슨 일이 있더라도 사랑하는 사람과 혼인하라"고 신신당부를 하였다. 아니면 차라리 죽더라도 혼자 살라고, 마치 유언을 남기듯 비장하게 말을 끝맺었다.

본인은 개방적인 어촌에서 살다가 폐쇄적인 산촌으로 시집을 와서 겪은 '자유 없음'으로 인해 몇 차례 이혼의 위기를 겪기도 하였다. 그러다가 "어느새, 할머니가 됐어" 하며 '하얗게' 웃었다. 큰딸은 이혼을 하였고, 사십이 다된 큰아들과 작은아들은 아직 미장가이고, 이웃으로 시집간 둘째딸이 가끔씩 손녀들을 맡긴다. 그렇지만 단호하게 "나는 할머니 소리 듣는 거 싫어!" 한다.

기억은 언제나 그곳에 그렇게 머물러 있는 것인가? 턱을 받치고 이야기를 듣는 나는, 머리가 복잡해졌다. 어른들은 어른들일뿐이라는 생각을 못 버리고 있었지만, 이럴 때는 그 분홍빛 아련한 기억과 그 눈가에 어룽어룽하는 눈물빛 그림자가 새삼스레 가슴을 훑고 지나간다.

사는 것을 '귀찮아!' 하면서도, 알코올 중독으로 누워 있는 남편의 저녁밥상과 텃밭에 제초제 칠 걱정을 하는 그 분의 염색한 머리카락은 어느새 저녁 빛으로 물들어 가고, 반장의 호각 소리에 맞춰 주섬주섬 주변을 정리하면서 나는 자꾸 "내 친구 순덕이가" 왜, 그 분의 얼굴과 겹쳐지는 것일까.

송강리 능소화

황씨 아저씨

 무애자연한 사람은 어떠한 사람일까? 나는 황씨, 황아저씨를 보면서 그러한 사람이 걸림이 없는 사람이 아닐까 하는 생각을 했다. 그는 도대체 화를 낼 것 같지 않은, 마치 하회 양반탈 같은 얼굴인데, 그가 하는 이야기를 듣고 있으면 절로 웃음이 났다. 그는 쉴참이면 주위를 떠들썩하게 웃게 만들곤 했는데, 그렇다고 하여 음담패설을 한다거나 우스개 소리를 하는 것도 아니었다. 그가 하는 이야기를 옮기면 대강 다음과 같다.
 내가 결혼하고 나서 아(아기)를 가진 집사람을 두고 복령을 캐러 산에 들어가서 두 달 있다가 왔거든. 그런데, 집에 와서 보니 집사람이 만삭이더라구. 그래서 지금도 집사람한테 내가 꼼짝을 못해. 미쳤지, 신혼인데. 두 달씩이나 집사람을 그것도 첫아를 가진 사람을 두고 산 속에 들어가 있었으니. (구렁이 잡다 놓친 이야기를 하다가)
 황철나무 껍데기를 세로로 벗기면 나무가 안 죽어. 가로로 몽땅 벗기면 죽지만. 그러니까 그 나무껍데기를 세로로 벗겨서 가마솥에 삶다가 왕창 물을 줄이면 엿이 된다구. 그러면 이것을 밀가루나 감자가루를 묻혀 환을 지어먹으면, 허리 아픈 데는 그만이라구. 또, 생당쑥(인진쑥)과 익모초를 뜯어다 이것도 가마솥에다 삶아, 그래서 환을 지어먹으면 여자들, 부인병에는 그만이라구. 내가 우리 딸내미들하고 집사람, 왜 여자들은 누구나 그런 병이 있잖아, 한테 해 먹였는데, 아주 깨끗해. 느릅나무 껍데기는 위장병에 그만이고, 뽕나무도 좋지. (쉴참에 황철나무 껍데기를 벗기는 것을 보다가)
 쥐고기, 그거 맛있어. 뱀도 먹어봤는데, 괜찮더라구. 너구리도 된장 풀고 끓이면 그것도

맛있어. (개를 한 마리 잡자는 이야기를 하다가)

   등의 이야기가 끝이 없는데, 어느 한 날은 숲에서 꿩이 한 마리 날아올랐다. 바로 이 황아저씨 앞에서 였다. 어른들은 직감적으로 그곳에 알둥지 있다는 것을 알고 세 사람이 동시에 달려갔다. 그때 이 황아저씨가 한 손에 움켜쥔 꿩알은 여덟 개였다. 이 꿩알을 줍자마자 날달걀처럼 깨서 즉석에서 후루룩 마셔버렸다. 나머지 몇 개는 옆 사람들에게 나눠주고. 이 꿩 둥지에는 열 개가 넘는 꿩알이 들어 있었다.

   또 한 날은 주먹만한 새끼 토끼를 발견했다. 그 토끼새끼가 참 이쁘다면서도 차마 주머니 속에 넣지 못하고, 제 집에 다시 넣어주었다. 그런 반면, 배암은 보기만 하면 죽기 살기로 쫓아가며 잡아 올리는데, 까치독사와 유혈목이 등을 잡았다. 이것은 반장이 맡아두었다가 퇴근길에 읍내 약초방에 팔아서 아저씨들 술값으로 썼다.

   일하는 와중에 대나무 숲에서 휴대폰을 잃어버렸다. 그것도 나중에 누가 전화기 좀 쓰자고 하니, 일하다가 잃어버렸다고 하여 알게 되었다. 또, 어제는 말벌집을 건드리는 바람에 벌에 쏘여서 온몸에 두드러기가 돋아 병원까지 다녀왔다. 그러면서도 점심을 먹고, 일을 끝까지 마쳤다. 옆에서 보던 내가 "아저씨, 집에 가서 쉬세요" 하였더니, 이 아저씨 왈, "그깟 벌 좀 쏘인 것을 가지고 뭘" 하셨다.

   4시면 일어나서 아내의 잠을 깨우지 않으려고 밥솥에 전기코드를 꽂아놓고, 밭에 나가 일을 하다 돌아와서, 아침 먹고 6시 반에 출근을 한다. 함께 일한 지 열흘이 넘었는데, 아직도 나는 황아저씨가 얼굴 붉히는 것을 한 번도 못 보았다.

   술도 잘 마시고, 무엇이든 가리지 않고 먹는다. 말을 끝내고 본인의 말에 함께 웃을 때는 얼굴은 양반탈이 되고, 목은 자라목이 되면서 어깨를 조금 추슬러 올리는데, 다부진 몸집과

───
  유혈목이 : 꽃뱀.

잘 어울리며, 이것저것 마구 먹어도 그것이 욕심 사납게 보이질 않는다.

거진읍 거진항

여름·
152

'울게 하소서'

　울컥, 울컥, 울음이 솟구쳤다. 하지만 울 수 없는 나는 치받쳐 오르는 속울음을 꾹꾹 삼키면서, 이를 앙다물면서, 눈초리에 흘러내린 눈물을 남몰래 닦으면서, 어른들 앞서 산길을 올랐다. 점심을 먹기는 하였지만 무슨 맛으로 먹었는지 몰랐다. 점심을 먹을 때면 나는 늘 "소풍 온 것 같아요" 하면서 밥을 먹곤 했다.

　칡줄 제거 작업은 오늘 아흐레로 끝이었고, 2차 칡줄 제거 작업은 7월말이나 8월초에 있을 것이라고 하였지만, 그 일을 누가 하게 될는지는 아무도 몰랐으므로 내겐 없는 일이나 마찬가지였고, 어른들 또한 그러했다. 그랬으므로 어른들은 시원섭섭한 표정이었고, 오늘 작업량은 악착같이 하면 한참(1시간)거리도 되지 않았으므로 다들 화전놀이라도 나온 듯 들떠 있었다.

　어제 남편의 기제사를 모시느라고 일조차 나오지 않은 후배의 어머니는 출근 승합차에서 내리자마자 떡이며 문어무침, 부침개 등속과 함께 술을 내놓으며 어른들에게 권했다. 문어무침을 본 어른들은 "야, 아무개가 잘 먹었겠다야" 하면서 고인을 잠시 떠올렸고, 고인을 알지 못하는 나는 다만 부침개 등을 몇 개 집어먹을 뿐이었다.

　후배의 어머니는 18년 째 중풍으로 누워 있는 시어머니의 똥오줌을 받아내고 있었다. 가끔은 너무 힘이 들어서 "어머이, 우리 약 먹고 같이 죽읍시다" 한다고 하셨다. 노인은 정신이 오락가락하지만 식사만큼은 없어서 자시지 못할 정도로 잘 하시니 그 배설량 또한 만만치 않을 것임은 명약관화하다. 그 일은 또 그렇다고 쳐도 있는 재산 다 들어먹고, 이제는 생활보호

대상자다.

  후배의 아버지가 살아생전, 중장비 업을 하는 큰사위의 빚보증을 섰다. 아이엠에프가 닥치면서 큰사위가 들머리판을 내고, 그 빚 수억 원은 전적으로 보증인인 장인의 재산 압류로 이어졌고, 후배의 어머니에게는 달랑 오막살이 집 한 채와 밭 한 뙈기만 남았다. 또한 그전부터 팔을 하나 잃은 큰아들은 사업을 한답시고 야금야금 논밭전지를 팔아 올렸고, 작은아들은 오토바이 사고로 가슴에 묻었다.

  그리하여 빚더미 위에 올라앉은 큰딸은 이혼을 하였고, 먼 곳에 사는 큰아들의 원대한 사업은 구멍가게로 주저앉았으며 작은딸은 친정으로 돌아와 먼 거리, 주말부부로 살고 있었다. 막내딸 또한 남편의 바람으로 아이들을 '버리고' 집을 떠나 새 삶을 살고 있었다.

  작은 키에 아주 어여뻤을 얼굴은 새까맣게 탔고, 굵은 주름살 속의 커다란 눈망울이 번쩍, 하는 후배의 어머니는 일이라면 금자, 그니보다 한 수 위라고 해야 할 정도인데, 환갑 진갑 다 지난 이가 예초기를 짊어 매고 밭둑의 풀을 깎았다. 이번 칡줄 제거 작업을 하는 것도 처음 제안을 받았을 때 할까 말까를 망설이고 있었으나 후배의 어머니가 "야, 같이 하자. 내가 앞에서 낫질할 테니까, 너는 뒤에서 약이나 쳐라" 그래서 시작하게 된 것이었다. 물론 그 뒤 작업방식이 바뀌기는 하였지만.

  함께 일하는 어른들은 나를 두고 간혹 기특하다거나 혹은 안차롭다는 말로 립 서비스를 하곤 하였지만, 후배의 어머니는 한 번도 내게 그런 말씀을 하신 적이 없었다. 그렇더라도 내가 엉치등뼈를 찧었을 때는 "야, 내 뒤에서 약이나 쳐라" 하며, 앞장서서 덤불숲을 헤치며 길을 냈다.

  오늘은 작업을 하여야 할 곳이 많지 않았으므로 순서 없이 일을 하였다. 걸음을 많이 걷는

※ 들머리판 : 있는 대로 다 들어먹고 끝장내는 판. / 안차롭다 : '안쓰럽다'의 강원도 북쪽 사투리.

것을 꺼리는 어른들 대신 너풀너풀 돌아다니던 나는 둑 아래로 내려서서 칡줄을 자르느라고 어른들과 거리가 생겼다. 그런데 먼 곳에 계시던 후배의 어머니가 손을 감싸 쥐고 오시더니 "야, 쑥 좀 찧어라" 하신다. 그래서 보니 휴지로 감싼 손엔 이미 붉은 피가 시뻘겋게 배었고, 어머니의 까만 얼굴은 더욱 새까맸다.

  가슴은 쿵쾅거리고, 그 흔하던 쑥은 왜 쉽게 눈에 띄지 않는 것일까. 벌렁거리는 가슴으로 두리번거리던 나는 쑥잎을 훑어서 마침 잘라낸 나무 밑둥에 놓고 낫자루로 찧기 시작하였다. 여기저기 흩어져 있던 어른들 사이에 잠시 술렁임이 일었다 사라졌고, 대단찮게 생각한 어른들은 다시 제 일에 여념이 없었는데, 마침 옆에 있던 아주머니가 돌아보더니 다가왔다.

  아주머니가 찧은 쑥을 붙이는데 옆에서 보니 상처가 깊었다. 병원으로 가야 할 것 같았지만, 오늘 따라 반장은 차량 수리를 위해 잠시 일터를 비웠고, 담당 직원에게는 연락할 방법이 없었다. 병원에 가서야 한다는 내 말에 어머니는 '마이신' 이나 사다 먹으면 된다, 그러신다. 때마침 쉴참이 되었고 작업 잔량을 확인하고 돌아가는 담당직원의 지프를 불러 세웠다. 어머니는 그만두라고 하였지만 그만둘 일이 아니었다.

  산 아래서 담당직원이 올라오는 동안 어머니는 "야, 떡이나 한쪽 먹은 다음에 이야기해라" 하신다. 영문 모르고 싱글벙글 올라온 담당직원에게 멜빵가방에 있는 떡 등을 꺼내주는 내 맘은 일각이 여삼추 같았다. 그러는 동안에도 어머니는 한마디도, 입도 "쩍" 하지 않으신다. 병원으로 가신 후배의 어머니는 낫에 찍힌 오른손을 열다섯 바늘 가량 꿰맸고, 붕대를 감은 손으로 점심시간 무렵, 다시 현장에 나타났다. 어른들 일부는 어제 영감 제사 지냈는데, 좀 돌봐주지 않는다고 하였고, 또 일부는 봄철부터 여직 일을 했으니 좀 쉬라는 것일 게라고 했다.

어머니는 봄철부터 남의 집 논밭일은 물론이고, 수해복구 제방둑 쌓는 곳에서 돌 나르는 일도 하였으며 그 일을 마치자마자 쉬지 않고 수간주사 일을 시작했다. 힘줄이 잘리고 일주일은 매일 통원치료를 하여야 한다고 했지만 어머니는 다시 감자 캘 일, 깨 모종할 근심으로 주름 깊은 얼굴이 더욱 더 새까매졌다.

그녀, 귀녀

 그녀의 이름은 귀녀, 전귀녀이다. 귀녀, 하게 되면 귀한 여자로 읽히는 것이 통례이겠지만 귀녀, 그녀를 가만히 보고 있노라면 귀신같은 혹은 미친 사람 같은 의미로 읽히기도 할 것 같다. 그런 그녀를 유심히 보게 된 것은 그녀의 화장발 때문이었는데 이곳에서는 아무도, 아니 누구도 육십이 넘은 아주머니가 화장, 그것도 산에 일을 하러 나오면서 빨간 립스틱 같은 것을 바르지 않기 때문이었다.

 눈만 보면 옴팡진 눈에 노란빛이 많은 갈색의 눈알이 번들거리며 이상한 소용돌이를 만드는데 거기에다 술이라도 한잔 마신 뒤에는 더욱 더 그 눈알의 소용돌이가 빨라지곤 하였다. 그녀의 멜빵가방에는 거의, 항상, 이흡들이 소주가 들어있었는데, 대부분 그녀의 짝꿍하고만 나눠 마시곤 하였다. 그녀의 짝꿍은 순댓집 아저씨인데, 동갑이라고 하여서 그녀의 특별한 고임을 받았다.

 그렇지만 그녀의 걸음걸이를 보면 네 활개를 치며 어찌나 빨리 걷는지 옆의 사람들이 엄두를 내지 못할 상황이며 마을 주변을 지나치다 과일나무, 이를테면 자두나 풋복상을 만나게 되면 그녀의 손길은 번개처럼 빨라져 순식간에 멜빵가방 가득 과일을 채워 넣곤 하였다. 그렇지만 더덕을 캐거나 취나물을 뜯는 데는 영 젬병이어서 냄새는 나는데 어디에 있는지 모르겠다고 하소연을 하곤 하였다.

 점심 도시락 반찬을 일주일가량 똑같은 열무김치를 싸온 적도 있었는데, 자신의 도시락 반찬은 한 옆으로 밀어 놓고, 자신의 입맛에 맞는 도토리묵이라든가, 돼지고기 두부찌개 등

🍃 고임을 받다 : 특별히 귀여움과 사랑을 받다.

에 연신 수저를 꽂기에 바쁜 대신 '해채이(언청이) 콩가루 주워 먹듯' 사방에 밥알이건 나물 등속을 흘리기 일쑤였다. 또한 그녀의 멜빵가방을 늘 쥐쥐하게 젖어 있었는데, 그것은 보온 커피 병의 뚜껑이 열려있기 다반사이기 때문에 그러하였다. 그리하여 뒤쫓아 가면서 그녀의 주의를 환기시키면 해죽 웃으면서 이게 왜 이렇게 됐제야, 하며 쥐쥐하게 젖은 가방은 그냥 두고 보온 물병의 뚜껑만 닫곤 하였다.

술을 마시는 그녀를 두고 다른 아주머니들이 왈가왈부하면 노란 눈을 번뜩이며 당신들이 언제 나 술 받아 줬어? 하며 표독스러운 표정으로 달려드는데, 아주머니들은 이 상황을 즐기느라고 매번 같은 말을 반복하곤 하였다. 이런 그녀도 딱 한나절 금주를 한 적이 있었는데, 이유인즉, 카드빚으로 6천만 원쯤 날린 막내아들이 이번에는 떠억하니 승용차를 몰고 나타난 바람에 그리 되었다.

간혹 주위의 '거지발싸개' 같은 홀아비들이거나 아낙 있는 것들이거나 가리지 않고 자신을 찝쩍거린다면서, 감히, 나를, 흥! 스스로 흥분하면서 자신을 짝사랑하였던, 어떤 잘난 '중위'의 이야기를 하였는데, 결론은 그렇게 잘난 중위까지 거부한 자신을 찝쩍거린다는 것이었다. 또한 그 잘난 중위가 자신의 혼인 선물로 세숫비누를 선물하였는데, 그만 그 중위가 쉰도 넘기지 못하고 세상을 떠났을 때는 마음이 짠하였노라고, 살포시 한숨을 쉬었다.

하루는 네 활개를 치며 바쁘게 걷던 평소와는 달리 다소곳이 종종걸음을 걸어서 점심 먹는 자리에 앉기에 놀란 눈으로 그녀를 치어다보았더니, 바늘을 찾는 것이었다. 하여서 보니 그녀의 통 크고, 너풀거리던 몸뻬 '밑사리'가 화라지처럼 뜯어져서 그리 되었던 것인데, 이런 일은 서너 번쯤 있어서 바늘 가진 아주머니의 눈총을 샀다.

피난 갔다 돌아와서 '국민핵교'를 졸업하고 그때부터 일을 배웠다는 그녀는 일을 어려워

※ 언청이 콩가루 주워 먹듯 : 언청이는 입을 다물 수 없으므로, 입에 든 것이 자꾸 삐져나온다는 뜻.
쥐쥐하다 : '꾀죄하다'의 사투리(평안). / 화라지 : '활대'의 북한 사투리.

송강리 닭의장풀

하지는 않지만, 두서없어 보여서 일에 초보인 내 맘까지 불안케 하였는데, 쉴참에 앉아 자신이 살아온 내력을 이야기하는 것을 보면, 천생 배짱이 같다는 생각이 든다. 본인 스스로도 머리가 좋다고 하는 만큼 당시의 상황을 재현해내는 데는 비상한 재주를 가진 듯하였다.

올해는 논농사만 짓고 밭농사는 모두 남 주었는데, 이유인즉, 막내아들의 카드빚 갚는데 지쳤기 때문이라고 하였지만, 이번 승용차 할부금도 '엄마'가 물어야 할 것 같다는 것을 보면, 그녀의 막내아들 빚 갚아주기는 쉽게 끝이 날 것 같지 않다.

털보아저씨

　58년 개띠인 털보아저씨는 내가 반말도 했다가 존댓말도 했다가 하는, 말하자면 제일 많은 말을 하는 아저씨이다. 그렇다고 이 털보아저씨를 그리 탐탁하게 여기는 것은 물론 아니다. 아니지만, 기계를 고치거나 기름을 배달하는 일로 작업반에 합류하지 않는 사람은 이 털보아저씨 뿐이므로 함께 움직일 기회가 많았고, 그리하여 나는 자주 이 아저씨와 티격태격했다. 티격태격하는 이유는 다름이 아니고 날 더러 하는 말 중에 "그러니까 시집을 못 갔지"와 "왜 대학 나와서 이 일을 하느냐"고 시비를 하는 것 때문이었다. 때로는 내 걸음걸이를 문제 삼으며 나처럼 걷는 사람들 대부분이 성질이 더럽다고 하기도 하고, 또 때로는 내가 벌에 쏘여 쓰러지면 자신이 업고 병원에 갈 것이라는 소리를 하기도 하였다.
　털보아저씨는 먼 이웃동네에 살지만 우리 동네에 자신의 논이 있고 그리하여 모 심어 놓은 논에 논물을 보러 하루에 한차례 혹은 두어 차례 다니러 왔고, 어른들과는 다 잘 알고 있는 사이이기도 하여서, 나에 대한 '소문'을 가장 많이 알고 있었다. 그는 내가 글을 쓴다는 소문을 듣고는 시를 쓰느냐고 묻기도 하였는데, 이상한 것은 동네 어른들이고 이웃동네 어른들이고 글을 쓴다고 하면, 다 시를 쓰느냐고 묻는다는 것이다. 글은 곧 시詩이므로 나는 시가 아니고 소설小說이라고 다시 고쳐 말하지만 어른들은 이 말이 무슨 말인지 알 수 없어한다.
　어느 한 날은 내게 중매를 서겠다고도 하다가, 또 어느 한날은 그러니까 시집을 못 갔지? 소리를 하다가, 내게 사과를 한 적도 있었다. 그 날은 마침 심사가 사나워 있었는데, 새참을 가지고 오지 않았다. 새참을 산림조합 매장에서 가지고 오는 일도 이 털보아저씨 담당이었다. 기름을 가져오는 것도 약을 가져오는 것 또한 그의 담당인데 트럭을 운행하는 비용을 품삯과 함께 따로 받는다.

한번은 날이 더운 탓이었는지 음료수가 상한 일이 있었다. 그리하여 한 아주머니가 음료수가 상하였다는 말을 하였고, 그래서 보니 음료수 24개들이 상자 두 개 중에 한 상자의 음료수가 모두 상해 있는 것을 확인하였다. 어른들은 반품까지는 원하지 않았지만, 아무튼 음료수가 상했으니 조합에 가서 그리 말이나 하라는 언질을 주었는데, 털보 아저씨는 자신은 운반책임만 있을 뿐이라며 그런 이야기는 조합에 직접 하든지 하라며 매우 '불손한' 태도를 취했다. 결론은 자신의 책임이 아니라는 것이었다. 그리하여 아니 누가 책임을 지라고 하였느냐, 가서 이야기나 하라는 것이었지 운운, 설왕설래했다.

그런데 이번에는 태도를 백팔십도 바꿔서 조합에서 하루 소비하는 빵이 천 개가 넘는데 조합과 먼 거리에서 일을 하는 팀에서 하루분만 가져가는 것이 아니라 이틀 사흘 분을 가져간다. 그리하여 우리가 가져올 빵이 없었으며 대리점에도 없었다 운운하며 조합을 방패로 발뺌을 하는 꼴이 밉살스러워서 우리가 조합의 세세한 사정을 알아야 할 이유는 없다. 우리는 오늘 당장 오전, 오후 새참을 굶어야 한다는 것이다. 담당직원에게라도 연락하여 빵을 가지고 오라고 해라, 하는 말을 하였더니 날더러 그러니까 시집을 못 갔지? 한다. 그래, 그래서, 내가 시집을 못간 것하고, 지금 새참을 먹을 수 없는 것하고 무슨 상관이냐? 바락바락 대들었더니 미안하다야 하며 슬그머니 자리를 떴다. 그 다음부터 그는 내게 그러니까 시집도 못 갔지, 소리를 하지 않았다.

또 한 번은 K대의 아무개 교수를 아느냐고 하는데 나는 생전 이름을 들어본 적도 없는 사람이었다. 그리하여 모른다고 하였더니 글 쓴다면서 그 교수도 모르냐는 것이다. 그러면서 그 교수가 자기 사촌형이란다. 털보아저씨네 일가친척이 제법 산다는 소리를 들었지만, 그 아저씨만 보면 믿을 수 없는 노릇이었다. 그렇지만 속는 셈치고 K대 홈페이지를 찾아 이름을 입력하니 그런 교수가 있기는 있었고 고향도 여기였는데 문제는 그 교수는 희곡을 전공하는 이였다는 것이다.

털보아저씨의 말투만 보면 영락없는 생짜 무식꾼이고, 하는 짓을 보면 갈데없는 촌무지랭이 같다. 그런데 이 아저씨의 소원은 아들 하나를 두는 것이고, 앞으로 첩이라도 하나 얻어서 아들만은 꼭 하나 얻을 것이라는, '마누라' 한테도 허락을 받았다는 소리를 공공연하게 하고 돌아다녔다. 슬하에는 딸이 셋인데, 막내가 초등학교 1학년이고, 큰아이가 고등학생이다. 부인과 딸들은 속초 시내에서 살고, 털보 아저씨는 모친과 함께 촌에서 농사를 짓는다. 농사도 남의 논까지 하여 2만평이 넘는데, 논두렁의 풀 한번 제대로 깎지 않고, 기계로 모를 심고 나면, 빈자리를 누벼야 하는데 그런 일은 영 나 몰라라 한다. 그렇지만 농한기에는 막일을 해서 번 돈으로 논을 불려가고 있는 와중이라고 하였다.

그래서인지 저래서인지 쉴참에 그는 술을 많이 마시는 편이었고, 어느 날은 "야, 나 아침에 피 봤다" 한다. 그래서 "왜요?" 했더니, "입술이 터져서……고혈압이래. 논물보고 왔는데 그래서 아침밥도 못 먹었다야" 한다. 어느 한날은 산에서도 입술이 터졌고, 분수처럼 피가 솟구치는 것을 목도했다. 어른들은 다 술 때문이라며 병원에 갈 것을 종용했고, 비가 오는 날 놀러 갔다가 다시 피가 솟구치는 바람에 119구급차에 실려 병원을 다녀왔다고도 했다. 그런 다음 며칠 술을 멀리 했다. 문제는 자신이 술을 마실 때는 약가방에다 소주 됫병을 넣고 다녔으나 자신이 먹지 않을 때는 술심부름을 하지 않는다는 것이었다. 어른들은 차마 내게 술심부름을 하란 말은 못하고, 며칠을 쫄쫄 술을 굶어야 했다.

송강리 금강송

여름.

그런 아저씨지만 어느 한날은 비가 부슬부슬 오고 일을 깰 것인가 말 것인가, 반장 아저씨와 담당직원과의 통화가 길어지고 있었다. 약을 가지러 간 아저씨가 들통을 안고 그 뒤에는 아저씨와 판박이인 딸아이가 휴대용 가스레인지를 들고 함께 왔다. 그날은 날이 으실으실 추웠고, 숲은 안개비가 내려 축축하기 이를 데 없었다. 어른들은 무엇인가 궁금한 얼굴이었지만 뭔가를 기대하는 눈치는 아니었다. 그런데 그가 내려놓은 것은 돼지고기 두부찌개와 소주였다. 음식점을 하는 아내와 마침 휴일을 맞은 딸이 그것을 차에 싣고 온 것이었다. 그날 털보아저씨의 어깨가 조금 올라갔고, 추운 어른들은 달게 돼지고기 두부찌개 한 들통을 다 비웠다.

🦋 작업 중이던 어느날 저녁, 털보아저씨는 음주운전, 교통사고로 마흔여섯의 생을 마감했다.

철줄 제거 작업

　100m 출발선에 잔뜩 긴장한 폼으로 요—, 땅 하고 있는데, 누군가의 반칙으로 따앙, 따앙 두 번의 총성이 울릴 때처럼 어제는 갑작스럽게 출근이 취소, 연기됨으로 풀썩, 긴장이 허물어짐과 동시에 하루를 공짜로 얻었었다. 그리하여 읽다 덮어두었던 책도 마저 읽고, 마늘도 찧고, 낮잠도 즐겼으며 싱크대 청소도 하였다.

　새벽 4시 50분쯤 되면 가수면 상태가 되고, 5시 10분쯤 되면 자리에서 일어난다. 내 몸은 이상한 몸이라 맘을 먹기에 따라서 금방 적응을 한다. 그리하여 학교 다닐 때는 지각하는 사람들을 도저히 이해하지 못하였고 그것은 지금도 마찬가지다. 고등학교 때까지 한 번도 지각을 한 적이 없다. 그렇다고 어머니가 나서서 깨우지도 않는다. 그렇더라도 이번에는 조금 편한 잠을 자려고 자명종 시계를 가져다 놓고 시간을 맞춰 놓았는데도 자명종 시계보다 일찍 일어난다. 오전 6시 30분에 출근한다.

　나를 포함하여 20명의 사람들이 모였다. 아주머니 한 분, 아저씨 한 분만 처음 만나는 이고 나머지는 구면들이라서 그다지 불편하지 않았으며 담당 직원 또한 옛사람으로 이 사람의 일처리 방식은 원칙적이어서 나는 신뢰하지만 어른들은 그다지 이뻐하지를 않는다. 이유는 인사성이 밝지 않다는 것이다. 어른들은 너스레도 좀 떨고, 덜렁덜렁, 시원시원, 붙임성 좋은 이를 선호하는데 이는 다분히 감정 섞인 편견이며 나는 그가 인사를 하지 않는 것을 본 적이 없다.

　이번에는 내외가 다 일을 나온 쌍이 무려 네 쌍이나 되는데 전례가 없던 일로 내외가 짝을 지어 일하는 팀도 있고 내외가 흩어져서 각기 다른 이와 짝이 되어 일을 하기도 했다. 내일은 다시 작년처럼 여자 혼자 낫질도 하고 약도 주고 할 테지만 오늘은 남자가 칡줄을 자르면 여자는 뒤에서 약을 주었다. 처음 내외가 함께 나온 '화포아저씨'는 내외가 각기 흩어져서 일을 하였다. 그렇지만 아주머니가 하도 아저씨를 찾아대는 바람에 간간이 팝콘처럼 웃음이 터지곤 하였다.

화포아저씨는 처음부터 나를 조카딸이라고 불렀다. 처음에는 이 방식이 매우 어색하고 얼떨떨하였다. 떡니를 드러내고 환하게 웃는 아저씨 웃음 때문에라도 정정을 요구하지 않았다. 처음 만났을 때는 나를 시집보내려고 아주머니를 시장에 계시는 내 어머니에게 보내기까지 하여 나중에는 제발사정을 한 뒤로 이즘은 시집가라는 소리를 하지 않게 되었다. 오늘도 다만 "어이 조카딸 왔어?" 그러고는 또 떡니를 하얗게 드러내고 웃으실 뿐이었다.

반장아저씨 내외는 70대 중반이고 이 반장아저씨의 첫사랑을 단편으로 만들려고 벌써부터 제목만 지어놓고 아직 미적거리고 있다. 이번 칡줄 제거 작업이 끝나면 단편이 완성되어 있을 것이므로 이제 쓰는 일만 남아 있는 것인데 일주일 전에는 큰아들 내외의 이혼으로 여섯 살 때부터 데려다가 기른 이제 중학교 1학년인 장손을 재혼한 제 친어미에게 보내고는 눈물을 흘렸다는 이야기를 오늘 아주머니에게 들었다. 재혼한 아들의 '여자(아내)'가 남편의 아이들을 기르는 것에 동의하지 않았기 때문.

아주머니는 그리하여 그놈, 장손을 보내고 나서는 속이 짠하다, 아니 '속이 짜구와서(짜서)' 못살겠다고 또 울먹울먹한다. 그 어린놈을 데려다놓고서도 먹고 사는 것 때문에 '창난공장'에 다닌 것이 맘에 자꾸 걸려서 그렇다고 했다. 나는 쉴참에 가만히 앉아서 이들 어른들이 쏟아내는 속내를 듣는 일에 한껏 귀를 열어놓는 것으로 소임을 다하려고 한다. 이럴 때의

☙ 떡니 : 앞니 가운데에 있는, 위아래 두 개씩의 넓적한 이.

여름·

167

나는 냉정하고, 욕심 사나운 기록자일 뿐이다.

 오늘 점심은 금자 그니 그리고 순희 그니와 함께 먹었다. 집에서 만든 무장아찌와 깻잎 장아찌 그리고 새끼 오징어 다리 무침, 미역자반, 고르메자반, 홍게장, 날오이 등이 점심 반찬이었다. 볕은 따가웠고, 나무그늘 아래는 시원하였으며, 바람은 '작설차 맛' 이었다.

거진읍 거진항

질투는 늙지 않는다

　화포 용집이아저씨는 십 년 넘게 산림조합의 일, 예를 들면 나무 심기, 나무 심은 곳에 예초기로 골치기 하기, 수간주사 작업할 때 천공穿孔하기, 천연림 솎아베기 등의 작업에 참가를 했음에도 언제나 혼자서 일을 나왔다. 그런데 올해는 무슨 일로 아주머니와 함께였다. 처음 있는 일이었으니 어른들이 그냥 지나갈 리 없다. 그 질문을 에돌아온 용집이아저씨의 대답은 "달아날까봐." 그래놓고는 히죽, 떡니를 드러내놓고 웃는다.
　용집이아저씨는 술을 무진장 좋아하는 까닭에, 아주머니의 간섭이 만만치 않음을 오래 전부터 전해들었기 때문에라도 처음부터 내 눈은 두 분의 행동거지를 조심스럽게 지켜보고 있었다. 순댓집 중근이아저씨와 용집이아저씨는 평소에도 둘도 없는 단짝으로, 산에서는 참으로 유치원 꼬마악동들처럼 어울려서 와자와자 장난질을 하는데, 보고만 있어도 절로 웃음이 난다. 중근이아저씨가 용집이아저씨보다 한살 어린데, 중근이아저씨는 꼬박꼬박 형님이라고 용집이아저씨를 부르고, 용집이아저씨는 중근아, 중근아! 쉴참이면 불러서 중근이아저씨 좋아하는 약주를 나눠 마신다.
　중근이아저씨의 전언에 따르면, 일을 끝내고 읍내 어디 허름한 상호도 없는 '과부집'에서 목이라도 한 잔 축일라치면 어떻게 알았는지, 화포아주머니가 득달같이 술집으로 찾아온다는 것이었다. 화포와 거진 읍내는 아무리 천천히 걸어도 삼십 분이 걸리지 않는 지근거리였다. 남자들이 술 마시는데 여자들이 찾아오는 것은 아무리해도 이해가 되지 않는, 그야말로 남자 얼굴에 'X칠'을 하는 것이라며 간혹 불만을 터뜨리곤 하였다. 그랬는데, 내외분이 함께 일을 나왔으니 모두 어리둥절할밖에.

　화포아주머니는 중근이아저씨와 일을 하게 되었고, 용집이아저씨는 이 팀에 처음 나온 거진 읍내의 젊은 아주머니와 짝꿍이 되었는데, 사단은 이 젊은 아주머니와 용집이아저씨의 죽이 너무도 잘 맞는 데서 비롯되었다. 이 젊은 아주머니는 첫날부터 무작하게 욕을 해대서 나는 어안이 벙벙하였는데, 이튿날부터는 조심하는 눈치이기는 해도, "씨팔녀러간나들!"이라고 딸들을 호칭하는 것을 보면, 뱃사람 그대로다.

　그런데 이 젊은 아주머니의 일솜씨는 매우 형편없고, 건성건성 일을 하며, 조금 어려우면 힘들다고 앙앙거리면서 하루해를 다 보낸다. 이 아주머니의 배낭은 먹을 것으로 가득하며 이것은 짝꿍인 용집이아저씨와 반장아저씨 등에게 뇌물로 제공된다. 소주, 막걸리, 오징어, 명태 등의 안주와 얼린 커피, 얼린 물 등이다. 그런데 언제나 이 술이 말썽으로, 쉴참에 한 잔 두 잔 하다가 얼근하여지면 용집이아저씨는 그때부터 떡니를 내놓고 웃기 시작하는데, 화포아주머니가 가만히 있을 리 없다. 중근이아저씨가 낫으로 칡줄을 끊어놓고 앞서서 가건 말건, 용집이아저씨와 젊은 아주머니의 동태를 살피면서 용집이아저씨에게 눈짓을 하며 주의를 주는데, 누가 보건 말건 상관없다.

　어제는 이동거리가 멀어서 다음 작업장으로 가는 동안 동네 구멍가게에서 '소주와 하드'를 샀다. 그 바람에 술들이 조금 더 얼큰해졌다. 일을 끝내고 자동차로 이동하는 큰길에서 용집이아저씨가 젊은 아주머니의 어깨를 감싸는 사태가 벌어지고 말았다. 뒤쫓아 오던 화포아주머니 그 자리에 딱 멈춰 서서는 눈을 부라리며 "당장 이혼이야!" 한다. 그러거나 말거나 용집이아저씨는 "야야, 우리 영화 찍는다" 그러면서 하얀 떡니를 드러내놓고 웃는데, 지금도 용집이아저씨를 "쪽쪽 빨고 싶다는" 화포아주머니는 기절 직전이다.

용집이아저씨 내외의 삼형제는 모두 출가하여 할아버지 할머니가 된 지 이미 오래이며 19살에 혼인한 화포아주머니는 환/진갑을 넘겼는데도, 함께 승합차를 타고 귀가하는 한 시간 내내 이혼타령이었다. 젊은 아주머니와 한자리에 앉아 있었는데도 아랑곳없었다. 출퇴근 시간이면 맨 앞자리에 앉아 자거나 딴 생각을 하며 오는 나는 드디어, "아, 질투는 늙지도 않아" 하고 읊조릴 수밖에 없었다.

그리하여도 오늘, 용집이아저씨 처가 근처에서 작업을 하였는데, 용집이아저씨 점심시간에 중근이아저씨와 짝을 지어 20분 거리에 있는 처가엘 다녀왔다. 장모(화포아주머니를 열다섯에 낳았단다)에게 안부인사 전하러(속내야 약주 한 잔 얻어 자실려고 했건 말았건). 그리하여 화포아주머니 어제 일은 어찌 되었건 히죽, 각시탈처럼 웃으며 그러면서 또 한마디 덧붙인다. "둘만 가지 말고, 나도 데려가지 그랬어?"

송강리 수쿠렁

여름.
172

육고점 주갑이아저씨

주갑이아저씨는 내 짝꿍이다. 이번 팀을 이룬 아저씨들은 전부 주업이 농업인데, 주갑이아저씨는 읍내에서 정육점까지 겸업이고, 순댓집 중근이아저씨는 아주머니가 읍내 시장에서 순대, 떡볶이 등을 팔고 있어서 순댓집이 택호가 되어버린 경우이며 중근이아저씨도 농사 겸업이다. 이 두 분은 내 이웃마을이 고향인데, 읍내로 이사를 하여서도 농사와 장사, 그리고 날품팔이를 동시다발, 겸업한다.

주갑이아저씨는 '칼잡이' 답게 왼손의 엄지, 검지, 중지가 두 마디씩 없다. 그리하여 때로 낫질을 하는 손길이 영 불편해 보이기도 하지만, 일솜씨는 매우 꼼꼼하다. 쉴참에 정육점의 내막에 대해 질문을 할라치면 자세하게 설명해 준다. 이를테면, 소를 사는 경우엔, 우사에 가서 소를 정하고, 가격을 흥정하고, 이렇게 정해진 소가 도축장으로 운반되면, 도축장에서는 소를 잡아서 각까지 뜨고, 뼈까지 발라서 가게로 배달해준다고 한다. 그리하여 가게에선 고기의 기름만 발라내면 되고, 이 기름은 모두 버린단다. 예전에는 각만 떠서 배달이 되었던 터라, 소를 잡는 날이면 분주하고, 힘이 무척 많이 들었다고 한다. 거진 읍내에는 17개에 달하는 정육점이 있는데, 명절에 소 반 마리도 잡지 못하는 집이 있다고 귀띔한다.

주갑이아저씨는 유일하게 아내에게 존댓말을 쓰는 사람이다. 아저씨들 태반은 "어이", "야"라고 부인을 부르는데, 최악은 부인을 "야"라고 부를 때가 아닌가 싶다. 내 부모는 이날까지 "여보, 당신" 대신에 "자기"라고 부르는 터라, 이것도 남들이 들으면 이상할 터이지만, 이 "야"는 도무지 이해가 안 된다. 그러므로 주갑이아저씨는 단연 돋보인다. 가게 일 때문에

여름·

173

전화통화를 할 때 옆에서 들으면, 재미있다. 또한 주갑이아저씨는 아주머니들에게서 선망 어린 시선을 받기도 하는데, 그것은 다름 아닌 한때 병이 깊었던 부인의 치병에 얽힌 일화 때문이다.

아저씨는 부인의 병이 깊었을 때, 매일 속초에서 팥죽을 사다 날랐다고 한다. 아주머니가 팥죽을 무진장 좋아하기 때문이었는데, 아저씨는 먹고 싶은 것도 못 먹고 죽으면 불쌍할 것 같았기 때문이라며, 무심하게 웃는다. 아주머니는 지금은 완쾌되어 가게 일을 하신다. 어느 날은 주갑이아저씨가 무언가를 가지고 왔다. 다들 막고기 술안주려니 했는데, 그것은 다름 아닌 소불알이었다. 삶은 소불알을 처음 보았다. 이날 아저씨는 새벽 4시에 일어나서 그것을 삶았단다. 그렇지 않아도 피곤할 터인데, 이런 것까지 안사람에게 부탁할 수 없어서, 내가 했다며 대수롭지 않아 한다. 쇠가죽을 삶으면 그것이 아교가 되고, 이 아교가 접착제가 되는 것은 모두 아는 일일 터.

순댓집 아저씨는 손수 도시락을 싸가지고 오는데, 아주머니가 새벽에 수영장엘 다니기 때문이라고, 대수로워하지 않는 것과는 대조적이다. 순댓집 아주머니는, 보기엔 영락없는 관음보살 상이다. 그러한데도 영감님 도시락 따위는 안중에도 없는데, 이유는 아저씨의 약주가 과하기 때문이란다. 그래도 그렇지, 아주머니들은 끌끌 혀를 찬다. 순댓집 아저씨의 도시락 반찬은 어제 가지고 왔던 것을 오늘 그대로 가져오기도 한다.

주갑이아저씨는 내게 직접, 시집가라는 소리는 하지 않고, 당신의 둘째 아들이 서른 몇 살인데, 아직 미장가라고, 말썽한번 없이 착하게 자랐는데, 직장도—모 방송국에 근무—그만하면 괜찮은 것 같은데, 어째서 장가를 가지 않는 것인지, 지난 설에는 올해 안으로 장가를 가지 않으면 부자의 연을 끊겠다고 엄포를 놓았다면서, 슬쩍 내 얼굴을 건너다본다.

"때가 되면 다 가게 될 겁니다. 보세요, 저기 금자 아주머니네 큰아드님 올해 장가들지 않았습니까? 마흔 세 살인데." 그러면서 나는 끼룩거리며 웃는다. 아저씨는 입맛이 쓴지 더 이상 긴 말 하지 않는 대신, "물 있으면 물 좀 주게나" 하신다. 그런 뒤로는 두 번 다시 시집, 장가 운운하지 않으셨다.

송강리 보풀

송강리 며느리배꼽

가을

하조대 금강송

가을·
178

첫가을, 화진포

알지 못할 슬픔이 목울대를 치받고 올라왔고, 가만히 화진포로 가는 버스를 탔다. 여름이 다 갔다는 어떤 안도와 함께 이제 곧바로 한겨울의 눈더미 속으로 진입할 것이란 아찔한 사실이 걸음을 무겁게도 했으나 당장은 시퍼렇게 높은 하늘과 볼을 스치는 건들바람으로 가슴 한켠이 먹먹하면서도 맑아졌다. 노란 딱지꽃과 주황빛의 나리꽃과 같은 여름의 꽃들이 가뭇없이 사라지고 없는 자리에 보랏빛 쑥부쟁이와 도대체 너무도 작아서 꽃모양을 알아볼 수 없는 돌콩과 연노란 빛깔의 왕고들빼기와 같은 가을의 꽃들이 저만큼 만개하고 있었다.

화포리 찻골 입구 도로 옆은 도로 확장 공사를 하느라고 기스락을 잘라내고 소나무들을 파내고 있어 놀란흙이 더욱 도드라졌다. 지난밤 유난스레 소쩍새가 울었다. 버덩을 건너온 그 울음소리에 맘이 이끌려 오래도록 서성거리며 귀를 기울였다. 자동차에 치여 죽은 메추라기를 본 것도, 영문을 알 수 없는 제비의 죽음도 모두 도로에서의 일이었다. 개구리와 배암은 다반사였다. 무슨 까닭으로 소쩍새의 다리가 자동차에 치였을 것이란 상상이 덧입혀졌는지 알 수 없었다.

올벼들은 누렇게 고개 숙이고 있었으며 늦은 벼들은 이제 패암을 시작했다. 호수의 물빛은 하늘빛을 닮아서 더할 수 없이 푸르렀고, 그 빛깔은 길섶의 달개비 꽃잎과 진배없이 닮았다. 화진포호수에 당도할 때마다 뇌리를 장악하는 이미지는 어느 해 꽝꽝 얼어붙어 있던 호수에서 빙어 낚시를 하던 시절로 고정되었고, 그런 이미지를 강화시킨 것은 영화〈파이란〉의 어떤 장면 때문이었다. 그런 까닭에 호수 위를 성큼성큼 걸어 들어가도 결코 물속으로 빠져

※ 패암 : 곡식의 이삭이 패어 나오는 일. 또는 그 이삭.

들 것 같지 않았다. 낚시금지 지역임에도 가슴께까지 물이 차오른 호수 한가운데서 낚시를 하는 사람은 누구였을까.

다른 곳에 한눈을 팔면서도 걸음은 조바심으로 금강소나무를 향해 있었다. 화진포를 찾는 까닭은 오로지 금강소나무들 때문이라고 해도 지나치지 않을 만큼 오래 늙어 아름다운 화진포의 금강소나무들은 어떤 위안이었다. 지쳐서 걸음이 흐트러져 종잡을 수 없을 때, 무엇을 해야 하는지 알면서도 뭉그적거리고 있을 때, 어떤 일로 결창이 터질듯 할 때, 소나무들은 그 곳에 있었다. 바장거리며 안달하는 나를 묵연양구에 가만히 머리에 손 올려 쓰다듬어주시던 할머니 같았다.

오전 10시의 화진포호숫가는 그늘과 햇볕의 거리가 깊고 멀었으며 날씨는 웅신했다. 설핏 배어나온 이마와 겨드랑이의 땀은 선들선들 불어온 건들바람이 한꺼번에 말렸다. 화들짝, 숭어가 뛰어 올랐으며 오리들은 물살을 헤가르며 호심을 향해 앞 다투며 달아났다. 지르되게 핀 해당화 꽃잎은 여태도 그 향기가 짙었다. 물봉선이, 부처꽃이, 새삼꽃이 피어 있었다. 어느 해 한여름 산책 중에 불러주던/부르던 노랫소리가 가만히 들려왔다.

자전거를 탄 남자를 찻골에서도 만나고, 이기붕 별장 앞에서도 만났다. 같은 사람이었다면 그의 자전거 페달 속도는 너무 빨랐다. 바람을 가르며 바람을 통과하고 있었는지는 모르겠으나 자전거 안장에서는 돌콩의 보랏빛 어린 꽃들과 새삼덩굴의 은현한 꽃들은 볼 수 없을 것이기 때문이었다. 길섶 한 곳에서는 자미화, 그 붉은 배롱나무 꽃이 한창이었다. 호숫가를 한 바퀴 산책하는 동안 슬픔의 그림자는 물밑 깊숙이 가라앉아 잊혀 졌고, 시나브로 걸음은 가벼워졌으며 어느 사이 해당화 꽃잎과 눈 맞추며 놀고 있었다.

활수한 산제비나비가 저 먼저 길을 더듬으며 달맞이꽃에도 한참 앉았다가 애기똥풀에도

꽃 결창(이) 터지다 : 내장이 터진다는 뜻으로, 욕으로 하는 말. / 바장거리다 : 부질없이 짧은 거리를 자꾸 오락가락 거닐다.
묵연양구에 : 한동안 잠잠히 있다가. / 웅신하다 : 웅숭깊게 덥다.

잠시 들렀다가 그러면서 걸음 앞에 오래도록 날더니 이윽고 숲속으로 사라졌다. 숭어가 뛰어오른 자리의 잔물결은 순간 흩어져 고요했으며 건들바람은 왜바람처럼 방향이 없었으나 그쯤은 아무렇지도 않았다. 다만 이 가을이 조금 더 오래 머물렀으면 하는 바람 하나를 징거두었을 따름이었다.

🍂 왜바람 : 방향이 없이 이리저리 함부로 부는 바람.

칠월 보름 혹은 늦은 백중

눈결에 언뜻 무슨 기운에 사로잡혀 뒷걸음질을 쳤다. 둔덕진 곳에 이르러서야 앞산 능선 위에 살짝 걸친 것이 달, 보름달인 것을 알았다. 그러고 보니 오늘은 윤閏 칠월 보름이었다. 윤달에는 하늘과 땅의 신들도 쉬는 '썩은 달'이라고 했으나, 윤달이 없으면 또한 태양력과 걸음을 맞출 수 없어 오뉴월에 눈이 내리고 동지섣달에 더위로 고통을 받을 것이라고 했다. 아무려나 윤달이든 아니든 오늘이 칠월 보름인 것만 걸음을 사로잡았다. 호흡을 고르며 가만히 섰다.

초어스름이면 가슴이 미어지는 한편 정온해졌다. 아비의 저녁상 설거지를 마치는 대로 진둥한둥 산책을 나서야만 이 어스름을 고스란히 만끽할 수 있을 만큼 어느 사이 어둠은 빨리 내렸다. 냇물을 거스르며 오르던 길을 바꿔 오늘은 들판을 가로질러 물길을 따라 함께 걸었다. 갈대와 억새가 꽃을 피우고 있었으며 새삼과 환삼덩굴 그리고 강아지풀과 돼지풀, 수크렁이 아우성이었다. 며느리밑씻개 또한 막 만개하고 있었고, 그 한옆에는 보랏빛 쑥부쟁이와 개미취의 꽃이 듬성듬성 피고 있었다. 수로와 봇도랑에는 보랏빛 물봉선이 한창이었다.

들에는 새를 쫓기 위한 허수아비가 등장했다. 어릴 때는 새막을 짓고 깡통을 두드려대면서 훠어이~ 훠어이 (참)새를 쫓았고, 그것은 아이들이 해야 하는, 이를테면 쇠꼴을 먹이는 일과 함께 주요한 일이었으나 이제는 어떤 아이들도 새를 쫓는 일을 하지 않았다. 대신 번쩍이는 비닐 끈이 내걸리거나 댓가지에 비닐봉지를 찢어서 매단 짝퉁 허수아비가 세워졌으며 간혹 사람의 옷가지를 입힌 허수아비가 없지 않았다. 올벼들이 익고 있는 까닭이었다.

　진둥한둥 : 매우 급하거나 바빠서 몹시 서두르는 모양.

짚신나물의 노란 꽃을 사진기에 담으려고 했던 애초의 계획은 온데간데없어졌다. 싸리와 새삼 그리고 키 높게 자란 쑥 대궁에 이끌려서 들어선 냇둑은 수풀로 뒤엉켜 있었고, 거기에 거미줄이 사방으로 늘여져 있어 여간 성가신 게 아니었으며 더불어 누군가 난들의 한적한 곳을 이유로 심어놓은 호박덩굴까지 가세했다. 어느 사이 청둥호박으로 늙은 호박도 있었고, 이제 막 달린 꼭지 덜 떨어진 애호박도 있었다. 호박잎 몇 닢 딸까 잠시 망설이다 거미줄이 얼굴을 뒤덮는 통에 뜨끔 놀라서 수풀을 헤치며 냇둑을 벗어났다. 미친년처럼 웃어댔다.

유난스레 건봉산 산등성이에만 검은 구름들이 몰려 있었다. 산 밑으로 가려던 걸음을 다시 바꿨다. 패암이 시작된 논의 벼들을 깔아뭉개고, 흙을 퍼내는 굴삭기가 산 밑 논둑 위로 도드라졌던 탓이었다. 벼를 심기는 왜 심었으며 심었으면 추수나 하고 흙을 팔아먹든지, 산을 들어먹든지 하지, 부아가 치밀었다. 알뜰하게 들머리판을 내는 것밖에는 달리 방법이 없었다. 팔려가는 소나무를, 놀란흙들을 보고 있노라면 내 오장이 파 먹히는 것처럼 아팠으나 속수무책이었다.

진둥걸음을 황소걸음으로 바꿨다. 길섶의 죽어가는 벚나무를 치어다보면서 망설이다 내쳐 걸었다. 그 걸음 가운데 보름달을 본 것이었다. 오래지 않은 옛날, 칠월백중이면 불가에서는 영가천도제를 지냈으며 지금도 영가천도는 성행하고 있었으나 민가에서 행해지던 백중놀이는 우리 마을에서는 까마득하게 자취를 감추고 말았다. 무당은 백중굿을 하였다. 남녀노소가 어울려 음식장만하고 잔치를 벌이는 한바탕의 축제로 농번기의 고단함을 달래는 한편 가을걷이를 위한 막바지 숨고르기를 하였던, 또한 햇곡식을 신들에게 천신하는 재齋를 지내기도 했던 고래로부터 시작된 이 백중의 풍습이 이젠 형식조차 찾을 길 없게 되었다.

감자떡도 하고 밀전병, 애호박전도 부치고 갖은 나물도 무쳐 먹으며 나와 우리, 그리고 머슴을 위로하였다고 했으나 '머슴'이 사라진 탓이었을까. 아니 그렇더라도 그 모든 '일꾼'은 여태도 등등하게 살아있지 않던가. 그런 생각을 발끝에서 오물거리는 사이 둥근 보름달은 산등성이 위로 붉게 솟아올랐다. 바람조차 미동하지 않았다. 기도하는 심정으로 가만히 숨죽였다. 처음처럼 크고 환한 달이 떠올랐다.

앞산 밑으로 다가갈수록 달을 볼 수 없었으나 걸음은 맘을 떠나 제풀에 서두르며 앞산을 향해 가고 있었다.

화진포 해당화

그예 막차를 놓치다

떡볶이와 김밥을 먹으려고 가끔 들르는 분식집이 있다. 거진 읍내가 아닌 간성 읍내이고 버스를 타면서까지 그곳에 가는 이유는 다른 게 아니었다. 분식집 주인은 내 연배 정도로 보이고, 손 없이 한갓질 때면 식탁에 앉아 시집/책을 읽고 있는 것을 여러 번 목격했다. 이와 같은 인상은 다분히 피상적일 것이고, 그곳을 드나들기 시작한 지 수 년이 지났건만 나에 대해 도통 아는 척 하지 않는 것이 걸음을 이끈 주된 이유였다. 기껏 날씨 정도의 안부를 나눌 뿐이었다. 즉석에서 만들어내는 김밥과 떡볶이의 맛이 유별하지 않은 데도 굳이 그곳을 찾는 까닭은 이와 같은 주인의 적절한 무관심 때문이다. 무슨 동아리나 어떤 동무의 관계가 아닌 다음에는 그만큼의 관심이 내겐 알맞다. 어떤 소문만으로 나를 아는 체 하는 데 진저리가 난 까닭이었다.

지나쳐 가던 승용차가 깜빡이등을 넣고 저만치서 섰다. 박주가리를 사진기에 담은 다음이었다. '구판장' 앞이었기 때문에 아무런 생각 없이 지망지망 그 곁을 스쳐 지나려던 찰나였다. 차 창문으로 고개를 내민 남자는 언젠가 함께 '교육'을 받으러 갔던 인연을 들먹거리면서 차에 타라는 것이었다. 언제였는지 기억조차 가물가물하였으나 왜 걸어 다니느냐고 묻지 않은 것만도 고마울 지경이었다. 사람들이 순간순간 왜 사느냐고 물으면서 살지 않는 것과 마찬가지로 걷는 일에 매번 무슨 뾰족한 이유가 꼬리표처럼 붙는 것은 아니었다. 걷는 일이 곧 삶인 사람도 있는 것이다.

화진포 찻골로 가는 버스를 탔다. 갈바람 속에 있는 화진포 호수가 보고 싶었을 뿐 별다른 이유는 없었다. 바람이 이렇듯 서늘해지면 자주 어떤 자괴심과 함께 낙망에 시달리곤 한다. 낮게 가라앉아 마침내 우물 속 동굴처럼 어웅해지면서 캄캄하도록 텅 비어버린다. 그 허허로움이 길로 이끌기도 한다. 신발 코숭이엔 흙먼지가 뿌옇다. 휘우듬한 굽잇길을 돌아서자 문득 허허넓은 화진포 호수가 장쾌하고, 상처 입은 금강소나무들은 마지막처럼 푸르다. 어떤 것의 모가지를 지그시 눌러 저만치 걷어차 내고 싶었던 분노 따위는 아무렇지도 않게 잊어버렸다.

늙고 오래된 것들에서 아름다움을 느끼는 나는 아무래도 보수주의자이다. 금강소나무 아래 묶어놓은 개집만 아니라면 그곳에서 논 삶듯 오래 머물면서 나무들과 함께 있고 싶었으나 그럴 수 없었다. 그 대신 사진을 몇 장 찍었으나 그것으로 달래질 아쉬움이 아니었다. 곁에 있어도 그립다는 말은 아마도 그러한 지경을 이르는 말일 것이었다. 나무들 사이로 보이는 호수 수면 아래는 노인산이 들어와 앉아 있었다. 노인이 되어서도 갈 수 없어서 붙여졌다는 산 이름이었다. 산의 정수리에는 산불감시탑이 우뚝했다. 안목은 명개 먼지만큼도 없는 작태였다. 콘크리트 덩어리를 이고 있는 산마루를 마주보는 순간 숨이 탁 막혔다.

등 떠밀리듯 걸음을 옮겼다. 아쉽고 그리울 만큼의 거리를 넘어서서 어떤 불화를 자초하고 싶지 않았다. 습기를 거둬들인 바람은 이미 까칠했다. 저녁운동에 나선 노파는 사진을 찍는 내게 무얼 찍느냐며 지나쳐갔고, 사람 소리를 들었는지 낚시금지구역에서 낚시를 하던 한 남자는 서둘러서 고기 그물망을 집어 들고 호숫가에서 나오더니 급하게 자동차를 타고 내뺐다. 사진기를 들고 서서 자동차 번호판을 사뭇 유심히 위협적으로 살피는 내가 못마땅하고 두려웠을 것이었다. 벌금이 오천만원 이하라고 했다.

한여름에도 산책을 하던 중 마을 다리께에서 고기를 구워먹는 사람들의 자동차 번호판과

🍂 허허넓다 : 텅 비어 거추장스러운 것이 없이 넓다.

가을

그들의 모습을 사진기로 찍었다. 우리 마을의 냇가는 상수원보호구역으로 어떤 행위도 할 수 없었는데, 읍내 어느 마을에서 피서들을 온 모양이었다. 사진을 찍고서는 아무 말도 하지 않고 그 자리를 떴다. 다음 날 시장에 나가신 어머니한테 전화가 왔다. 쓰레기 죄다 줍고 뒷정리를 깨끗하게 했으니 '신고'는 하지 말아달라며 어떤 아주머니들이 찾아와서 간곡히 부탁을 했고, 한 아주머니는 어머니와 같은 계모임의 계원이라고 덧붙였다.

같은 계원이라는 소리만 하지 않았어도 잠자코 있었을 텐데, 벌컥 어머니에게 화를 내며 전화를 끊었다. 애초 사진을 찍은 것은 신고를 하겠다는 의도가 아니었다. 어른들도 이제는 어지간히 계몽이 된 탓인지, 상수원보호구역에서 피서를 하면 안 된다는 것 정도는 알고 있었고, 문제는 알면서도 지키지 않는다는 것이었다. 사진을 찍은 이유는 누군가 보고 있으니 돌아가실 때 쓰레기는 이곳에 버리지 말고 가져가시라는 무언의 압력에 다름 아니었다. 또 누군가 모르는 사람들이 반두로 고기를 잡고 있으면 쫓아가서 잡은 것만 가지고 당장 돌아가시라고 이른다. 들은 숭 만 숭 못 본 체 하면 사진을 찍으면서 다시 한 번 주의를 준다. 그러면 대부분 그대로 돌아들 간다.

세상인심이 각박해진 것은 틀림없다. 그렇지만 그렇게 하지 않으면 치어들을 방류하면서까지 내를 살리고자 하는 우리 마을의 노력이 헛되는 데 있었다. 그들은 어쩌다가 한 번이겠지만 마을의 내는 그렇게 여러 사람들에게 시달리면서 초토화되는 까닭이었다. '먹을 만큼'이라는 말은 이제 옛말이 되었다. 어린 물고기와 먹지 않는 물고기를 살려 놓아주던 배려는 이제 없다.

소의 혀처럼 거칠어서 이름 붙였다는 '쇠서나물'을 제주섬 다랑쉬 오름에서 만나고는 처음 만났다. 꽃 모양과 빛깔은 왕고들빼기의 꽃과 닮았지만 꽃의 수술과 암술, 그리고 줄기와

송강리 금강송

가을.

이파리가 서로 달랐다. 이럴 때는 단번에 섬과 육지의 거리감이 소멸한다. '골등골나물' 은 얼핏 뚝깔과 닮았으나 꽃의 색깔과 꽃이 달리는 차례도 다르고, 과도 같지 않다. 그런데 아무리 입으로 되뇌어 봐도 이름이 혀에 감기지 않는다. 대체 (골)등골나물이란 무엇인가.

　한 자전거에 두 사람이 타고서는 쌔앵 먼지바람을 일으키며 달려갔다. 언제 한번 호숫가에서 자전거를 타야지 하면서도 아직 그 꿈을 이루지 못했다. 먼지 때문에 돌아섰다가 눈을 뜨니 길섶 해당화 나무들 사이로 붉은 꽃들이 설핏 설핏 모습을 드러냈다. 꽃 진 자리 열매 맺는 일도 한참 전의 일이었으나 여태도 꽃들을 피우고 있었고, 한편 이울며 열매 맺고 있었다. 그렇더라도 한여름의 꽃들처럼 싱싱하지 못했다. 건들바람에 치였는지 꽃잎에 숭숭 구멍이 뚫리고 한편 찢어지고, 벌레까지 먹은 상흔이 선명했다. 과일이든 생선이든 머드러기를 선호하는 것과 같이 꽃잎들 또한 끼끗하고 석연한 것을 애착하는 탓으로 미간이 째푸려졌다.

　뉘엿뉘엿 해가 지고 있었다. 막차 시간을 염려하여 시간을 살폈다. 빠르게 걸어 나가면 막차 시간에 댈 수 있을 듯했다. 화진포 콘도 입구에 다다라서야 비로소 어떤 예감이 날카롭게 스치고 지나쳤다. 해가 이울고 있는 것과 동시에 호수의 수면 위로 고기들이 뛰어올랐다. 어떤 군무와 닮았다. 하얀 백로가 빛을 등지며 높게 날아올랐다. 물빛은 은비늘로 바뀌었으며 산의 기스락은 이내에 묻히면서 되살아났고, 산그늘은 더욱 짙어지면서 어두워갔다.

　속절없이 해가 진 뒤 가던 길도 잊고 가만히 나무의자를 찾아 앉았다. 그에 막차를 놓치고 말았다.

화진포 금강송

대팻집나무 그리고 연장

날사이 벼 모개는 새뜻한 노란빛깔로 변해 있었다. 땅거미가 내리는 틈 사이로 재바르게 스며들었다. 시장 다녀온 어미의 밥상을 차리면 놓고 꽁지에 불붙은 강아지처럼 설거지는 돌아와서 한다는 소리를 길게 빼면서 냇가 둑으로 올라섰다. 막혔던 가슴이 비로소 열렸다. 오늘 따라 아비는 밤나무 밭에서 늦게 돌아왔다. 몇 그루 밤나무들 사이에 올밤나무가 있었고, 그걸 줍는 일이 막바지였던 탓이라고, 그러면서 밥솥에 앉혔던 깎은 찐밤을 드시느라고 전에 없이 식사시간이 길어졌다.

헌책방에서 새책과 다를 바 없는 책을 거진 반값에 사들여놓고서는 책더미에 묻혀 있느라고, 그 사이 태풍의 영향으로 비바람이 쉴 사이 없이 불어대는 것을 방패로 산책길에 나서지 않았다. 속리산 산행의 후유증도 핑계 삼으면서 책 먼지 속에서 뒹굴거렸다. 불과 사나흘이었지만 달장근의 시간처럼 오래인 듯했다. 머릿속이 마치 만화속의 검은 수세미처럼 엉킨 듯 기운이 상기되어 좁은 가슴이 터질 것만 같았다. 직업적인 학인學人이 되지 않은 것은 두고두고 생각해도 잘한 일이었다.

해가 진 뒤의 어스레한 풍경은 아무리 봐도 질리지 않으면서 늘 새로웠고, 또한 어떤 안타까움이었다. 여러 권의 책들 속에는 전우익 선생의 책이 있었고, 선생의 나무에 대한 글들을 읽으면서 새삼스레 나무들을 다시 생각하는 계기가 되고 있었다. 지난번 속리산 산행에서 난 생처음 '대팻집나무'를 만났다. '대패'도 잘 모르게 된 시절에 대팻집나무라니, 들여다보고 또 들여다봤다. 대패의 집, 다시 말하자면 대팻날을 끼우는 나무토막으로, 곧 그 쓰임새가 이

※ 모개 : 곡식의 이삭이 달린 부분. / 재바르다 : 동작 따위가 재고 빠르다. '재빠르다'보다 여린 느낌을 준다.
　달장근 : 지나간 날짜가 거의 한 달이 가까이 됨. 또는 그런 기간.

가을·

름이 된 경우였다.

　전우익 선생은 일본의 어느 목수의 글을 소개하는 자리에서 '연장'이 사라지는 것에 대한 안타까움을 더불어 토로하고 있었다. 연장 하나가 사라지는 것은 바로 그 연장이 사용되던 세계가 사라지는 것과 다름없는 것으로, 그만큼 인간의 세계도 단순화되어가는 게 아닌가 하는 우려를 전하고 있었다. 어릴 적의 집을 떠올려 봐도 안채와 따로 지어진 헛간에는 연장들이 나무 시렁에 줄줄이 걸려 있거나 가지런히 놓여 있었다. 지금도 손으로 무얼 만드는 일을 즐기는 아비 탓에 연장통이 완전히 사라지는 않았지만, 전같이 다양하지 않았다. 집안에 목수 쥐대기가 있음에도 그러했다.

　대팻날을 숫돌에 갈면 마치 낫날이나 칼날처럼 그 서슬이 사뭇 짱짱했었다. 목수, 나무를 만지는 사람이 나무를 모르면서 나무를 다듬고, 연장이 없으면서도 집을 짓는 세상이 된 것이었다. 마치 말을 다루는 작가들이 말을 모르면서 말을 사용하는 것과 닮았다. 세쇄하게 필요에 따라 만들어지고, 사용되었던 연장들은 단번에 끝내거나 마무리할 수 있는 거대한 전기/기계로 대체되고 말았다.

　손의 단순한 확장에 지나지 않던 소소한 연장들이 대형화되면서 손의 미세한 감각을 잃어버렸고, 반대로 전체를 살피던 통찰력은 어느 특정한 부분으로 좁혀지면서 안목까지 낮아지는 사태에 직면하고 말았다. 그러면서 전체를 총괄하고 통찰하던 힘도 함께 잃어버렸다. 산업자본주의사회와 함께 시작된 대량생산에 따른 분업화의 결과였다.

　큰 나무 곁을 지나갈 때면 걸음을 멈추고, 머리를 조아리며 손을 모았다. 길섶의 돌멩이 하나, 풀 한 포기도 허수로이 여기지 않았다. 이젠 옛말이었다. 한편의 어른들은 농약이 없으면 절대 농사짓지 못하는 줄 굳게 믿어 의심치 않았다. 비료, 농약의 과다 살포가 인간과 자

🍂 쥐대기 : 전문가가 아니어서 솜씨가 서투른 장인.　/ 세쇄하다 : 시시하고 자질구레하다.

연에 어떤 영향을 미치는지 따위는 알 바 아니었고, 오늘의 벼 작황만 좋으면 그만인 세상이 되고 말았다.

손아귀에 힘을 주는 낫질로 논둑의 풀들을 깎는 것이 아니라, 기름을 넣어야 움직일 수 있는 '예초기'를 짊어 메고서 논둑의 풀들을 깎거나 제초제를 뿌려 빨갛게 풀들을 말려서 죽였다. 그러면서도 또 한편의 어른들은 여태도 (들)깨꽃이 피면 숲에 버섯이 난다고 했으며 그리하여 날짜를 헤아리는 것이 아니라, (들)깨꽃이 피기를 기다리고 있었다.

볏가을을 앞둔 벼 모개들이 낱알을 익히느라고, 그 기운이 들길까지 뻗쳐 우꾼우꾼했다. 황금들판은 그것대로 또 어떤 아름다움이었지만, 그렇더라도 오롯이 벼만을 키우기 위해 논바닥에서 죽어간 식물들, 예를 들면 보풀, 물달개비, 가래꽃, 마름, 물부추 등의 식물들을 가만히 떠올렸다. 어떤 하나를 위해 무수한 무엇들을 희생해야 한다면, 과연 그것이 좋은 세상일까.

우꾼우꾼하다 : 어떤 기운이 일시에 세게 자꾸 일어나다.

덕유산

가을.
195

버섯 따고, 다래 먹고

 기다리고 기다렸으나 어느 날짜를 못 박은 것은 아니었다. 날이 맑았으면 하였고, 너무 늦은 시간이 아니었으면 하는 것 정도였다. 날씨는 내 능력 밖의 일이었으니 하늘의 기미를 살필 뿐이었으며, 시간의 이르고 늦은 것은 내 움직임에 달린 것이니 크게 신경 쓸 일은 아니었다. 그렇더라도 숲으로 가는 일이 잠자리에서 일어나자마자 선바람으로 냉큼 나설 수 있는 일은 또 아니었다. 간편한 옷차림에 신발과 모자, 그리고 장갑, 무엇보다 배낭과 비료포대로 만든 다래끼를 준비하고, 거기에 음료수와 새참거리를 챙겨야 했다. 번거롭고 성가신 일이었다. 어느 때는 이 모든 것이 귀찮아서 신발만 바꿔 신고 마을 앞 숲정이로 들어설 때도 있었지만, 앞산(학봉산)을 그렇게 갈 수는 없었다.

 작년보다 버섯이 늦게 돋아났기도 했지만, 버섯의 양도 적다는 게 숲을 다녀온 어른들의 말씀이었다. 그렇더라도 어떤 상태인지 직접 확인하고 싶었다. 능이를 찾아가는 길이 아니었으니 가까운 학봉산이면 될 듯싶었다. 해가 중천인 아침나절에 집을 나섰다. 승직골로 향했던 것은 작년에 그곳에서 밤버섯과 싸리버섯을 땄기 때문이었다. 버섯은 대체로 나던 곳에서 다시 돋았다. 숲의 언저리에서 산비장이를 만났고, 바람 때문에 사진 찍는 일이 쉽지 않았다.

 계류를 건너 뛰어 숲으로 들어섰다. 붉은 무당버섯이 눈에 들어왔다. 통칭 '똥/잡버섯'으로 불리는 무당버섯은 이를테면 어떤 기준이었다. 무당버섯이 돋으면 다른 버섯들 예를 들면, 싸리버섯, 밤버섯이 어딘가에 돋았다고 확신했고, 그때부터 발걸음은 가벼워졌다. 메숲진 숲으로 들어서자, 어떤 안도감 뒤에 알 수 없는 어떤 두려움이 눈결만큼 드리웠다 사라졌

❦ 다래끼: 아가리가 좁고 바닥이 넓은 바구니. 대, 싸리, 칡덩굴 따위로 만든다.

다. 그럴 때는 잠시 호흡을 조절하며 가만 섰다가 움직이는 것이 좋았다.

앞서간 발자국이 있었다. 방금 전에 찍힌 것이었으며 장화 자국으로 크기가 작았으니 여자일 가능성이 컸다. 남자들은 숲정이로 싸리버섯 따위를 따러 오는 일이 드물었으나 이즘에는 그렇지도 않았다. 읍내에서 버섯을 따러 오는 사람들이 적지 않은 탓이었다. 숲에서 동선이 같은 사람을 만나는 일은 되도록 피해야 했다. 나물이나 버섯을 따러 들어갔을 때는 더욱 그러했다. 버섯을 따기도 전에 이맛살부터 찌푸려졌다. 그런 까닭에 올해 처음 밤버섯을 만났으나 그 기쁨도 잠시뿐이었다.

애초의 가려던 길을 바꿨다. 앞선 발자국은 끊어졌다 이어졌다, 다시 만나곤 했다. 밤버섯 몇 개, 싸리버섯 몇 덩이를 따서 다래끼에 넣고서는 진둥한둥 무엇에 쫓기는 사람처럼 등성이 자욱길을 걷다, 다시 메숲진 참나무 숲으로 들어섰다. 덤부렁듬쑥한 숲의 나뭇가지들을 헤치다 우뚝 멈췄다. 이웃의 할머니였다. 키가 작은 그 분은 나를 보지 못했고, 소리도 듣지 못했는지 엎드려 버섯을 따고 있었다. 등에 맨 자루가 제법 묵직해보였고, 다래끼에는 싸리버섯이 그득했다.

"젊은 사람이 혼자 다니면 무섭지도 않아?"

"아주머니도 혼자 오셨잖아요."

"나는 늙었잖아? 근데 그 꽃 사진은 왜 찍어?"

"……(왜냐면 말이지요)……"

왜 찍느냐면 말이지요, 참 무어라고 썩 대답할 말이 없었다. 다른 누군가가 또 숲에 있다는 귀띔도 해주셨다. 글쎄, 왜 꽃 사진을 찍는 것인가. 그러면서 다시 엎드려서 네귀쓴풀 사진을 찍었고, 그 분은 다시 싸리버섯을 따면서 서로 헤어졌다.

몇 개의 등성이를 허위단심 넘었다. 그 분은 숲에서든, 들에서든 일에서는 상일꾼으로 소문난 분이었으니, 근처 숲의 버섯들이 온전할 리 없었다. 등허리가 휘주근하게 젖어들었다. 푸나무서리를 헤쳐가면서 미친년처럼 키들키들 웃어댔다. 어디인지 짐작조차 할 수 없었다. 여기가 거기 같고, 저기가 여기 같았다. 키 높은 푸나무들로 인해 사방분간이 안 되었다. 한참을 헤집고 나와서야 간신히 노루귀 꽃 사진 찍던 계류에 닿았다. 몇 번을 그렇게 비탈을 치고 올라가서 다시 등성이로 가로질러 비탈로 내려섰다.

학봉산 발구길에 이르렀고, 길섶 무덤가에 네귀쓴풀, 도라지꽃, 쑥부쟁이들과 마주쳤다. 배낭과 다래끼를 풀어놓고, 잠시 선들선들한 가을바람에 목을 내놓고 섰다. 마을과 노인산이, 화진포호수와 동해가, 이웃마을과 거진 읍내가 한눈에 들어왔다. 가슴을 관통하는 바람은 발끝까지 서늘하면서도 아릿하였고, 그러면서 아슴아슴 황홀하여 등천을 할 것 같았다. 무엇도 그립지 않았고, 어떤 것도 아쉽지 않았다. 무덤가 어느 날 곰처럼 올라가서 잣을 땄던 잣나무를 힐끗 치어다본 뒤 꽃들의 기념사진을 찍었다.

다리는 짐짓 파근하였으나 배낭 속을 살피니 버섯을 삶으면 한 사발 가량 될 듯했다. 두어 사발쯤은 되어야 섭섭하지 않을 듯했고, 그리하여 산의 허구리를 돌아들었다. 숲바닥이 깜깜하게 메말랐다. 이쯤 되면 집으로 돌아가고 싶어져야 했을 것이나 별스럽게 더 머물고 싶었고, 그리하여 다시 비탈을 치고 올라섰다. 밤버섯이 하나 둘씩 눈에 띄었고, 잘 부수러지는 좀나무싸리버섯, 산호초 같은 붉은싸리버섯, 그리고 다박싸리버섯이 듬성듬성 돋아 있었다. 그렇게 하나 둘씩 버섯들을 따면서 내려오다 보니 어, 작년에 앉은자리에서 백 개도 넘는 밤버섯을 땄던 바로 그곳이었다.

열 개 남짓한 버섯들을 땄고, 주변을 살피니 이미 썩은 것들이 태반이었으나 작년만큼 돋

🍄 허구리 : 허리 좌우의 갈비뼈 아래 잘쏙한 부분.

지는 않은 것 같았다. 해거리를 하는 과일처럼 버섯도 해거리를 하는지 한 해 많이 나면 다음 해 적게 나곤 했다. 아쉬움과 기쁨이 즐거움과 낙망이 교차하는 가운데, 하늘은 점점 더 깜깜해져 갔다. 집까지 빨리 걸어도 한 시간이 넘게 걸릴 듯했고, 가다 사진이라도 찍게 되면 어찌될는지 알 수 없었다. 대체 몇 시인지 가늠할 수 없을 만큼 구름이 짙었다. 별뉘조차 볼 수 없었다. 버섯이 두어 사발은 될 듯하니 아쉬울 것도 더 머물 이유도 없었다.

등성이를 타고 내려가다 보니, 바위 위 깎아지른 벼랑이었다. 물소리를 따라 찾아온 길이 그만 절벽 끝이었다. 에둘러가기 싫어서 머뭇머뭇, 살살 바위를 탈까 말까 망설이다가 까마귀 소리가 시끄러웠던 것을 떠올리고는 얼마쯤 도서서 다시 비탈을 거슬러 올라갔다. 이번에는 돼지 올무를 만났다. 연거푸 두 개가 나뭇가지로 위장을 하여 등성이길 한가운데 없는 듯 둥그렇게 놓여 있었다. 발로 걷어찰까, 아니면 손으로 옮겨서 한쪽으로 밀어놓을까, 찰나에 생각들이 엇바뀌었으나 그대로 두었다.

멧돼지는 영물이어서 사람냄새가 스친 곳에 다시 오는 경우가 드물다고 들었던 때문이기도 했다. 피해를 호소하는 어른들 목소리는 귓등으로 들은 셈이었으나 결과는 예측할 수 없게 되었다. 멧돼지가 올무에 걸리지 않았으면 좋겠고, 또한 멧돼지가 농작물을 덮치는 일이 없었으면 더욱 좋겠다고 바랐다. 등성이를 내려서서 계류 가까이에 있는 옛길, 희미한 자욱길을 찾아냈으며 그곳에서 다래덩굴과 만나게 되었다.

올봄 다래꽃이 만개하여 가을에는 다래 좀 먹을 수 있겠구나 했었다. 그런데 아무래도 다래가 매달린 위치가 너무 높았다. 마침 죽은 소나무 줄기가 다래넝쿨에 걸쳐 가로로 누워 있었다. 배낭과 다래끼를 내려놓고, 사진기까지 벗어놓고서 소나무 위로 조심조심 올라섰다. 구름다리처럼 소나무 줄기가 휘춘휘춘한다. 더위잡을 마땅한 것도 없고, 가슴은 두근 반 세

───
🍂 휘춘휘춘 : 얇은 널빤지나 긴 나무 따위가 휘어지며 탄력성 있게 자꾸 흔들리는 모양. / 더위잡다 : 높은 곳에 오르려고 무엇을 끌어 잡다.

가
을

199

송강리 참취 꽃

가을.

근 반, 오금이 저렸다. 결국, 뒤로 물러나 소나무 줄기에서 뛰어내리고 말았다. 그렇다고 다래를 포기할 수는 없었다.

  이렇게 저렇게 다래나무 줄기를 잡아당기고, 늘이고 해서 마침내 익은 다래를 하나 따서 혓바닥에 올려놓고, 이로 깨물었다. 시고 달콤하면서도 텁텁하고 상큼한 맛이 입 안 가득 고였다. 눈이 감겼다. 몇 개는 덜 여물어서 먹을 수 없었다. 목젖이 떨어지도록 다래를 치어다 봐도 별 뾰족한 수가 없었다. 낫을, 톱을 상상했다. 눈앞에서 약을 올리듯, 자린고비 고등어 자반처럼 대롱대롱 매달려 있을 뿐이었다. 다래는 먼 듯 가까이 있었고, 집은 아무래도 너무 멀리 있었다.

큰산의 첫가을

작디작은 계류였다. 큰물이 지면 물이 흘러 내가 되고, 비가 없으면 마른 내가 되는 숲 바닥이었다. 무심코 지나치려던 걸음을 잡아채는 열매가 있었다. 까마중 열매인가 하여 다시 보니 이미 단풍든 머루나무 덩굴이었다. 내 키 정도 높이로 덩굴을 이뤘고, 까맣게 영근 머루 열매가 오종종 매달렸다. 천신할 겨를도 없이 먼저 한 알을 따서 입에 넣었다. 무르익은 열매는 새콤달콤, 눈이 감겼다. 술을 담그겠다는 생각으로 두 알을 먹고서는 비닐봉지에 따서 담았다. 어느 날 재탕한 머루술을 먼데서 온 이에게 내놓고서는 두고두고 편치 않았다.

어릴 때 우리들은 건봉산을 '큰산'이라고 불렀다. 큰산 외에 다른 이름이 있는 줄도 알지 못했던 것인데, 어느 날 돌아보니 '건봉산'이라고, 다소 낯선 이름으로 부르고 있었다. 아마도 도시에서 학교를 다닌 뒤의 일이었을 것이었다. 학봉산은 '앞산'이었고, 건봉산은 '큰산'이었다. 앞산에 달떴네. 어, 큰산 까치봉에 눈이 왔네. 아, 큰산에 사냥 갔다고? 그랬었다. 범접하지 못할 어떤 신성과 외경이 하루아침에 묵사발처럼 깨어져 이제는 남루한 외투처럼 허름해진 한편 익숙해지고 친밀해졌다.

무슨 신명이 지폈는지 이른 아침 집을 나섰다. 자루배낭을 짊어 매고, 다래끼를 옆구리에 차고 사뭇 발걸음도 가볍게 큰산을 향해 나아갔다. 사진기는 두고 갔다. 꽃들에게 정신이 팔리면 버섯이고, 무엇이고 다 뒷전이었던 경우가 빈번하였고, 그리고 오늘은 첫날이니, 어느 날은 첫날이 아니었을까마는, 눈으로만 꽃들과 인사를 나누고자 한 까닭이었다. 산기스락까지 한 시간 가량 걷는 동안 산비장이, 보랏빛 구절초, 잔대꽃, 뚝깔 등과 인사를 나눴다.

숲의 어름에 있는 문이골 계류에 엎드려 목을 축이고는 방향을 정했다. 아직 철이 이르다고 했지만, 어느 해 한 자리에서 열 개 가량의 송이를 땄던 곳을 어림짐작하여 등성이를 향하여 올랐다. 메숲진 참나무 숲에는 어떤 버섯의 흔적도 없었고, 다만 앞서간 발자국이 있을 뿐이었다. 어느 해 깨금버섯(뽕나무버섯)을 자루로 따던 곳이었다. 흔한 무당버섯조차 없었다. 숲 바닥이 까맣게 메말랐다. 물이 흘러야 할 계류도 허옇게 바닥을 드러났다. 숲 바닥은 무젖어 축축해야 했고, 공기는 서늘하면서 싱둥해야 했다.

얼뜬 표정으로 등성이에 올라 다시 허구리를 돌아들었으나 마찬가지였다. 밤버섯 꼬투리를 하나 만났으나, 이미 말라가고 있었다. 밤버섯이든, 싸리버섯이든, 능이든, 송이든 대체로 줄을 지어 나기 마련이었고, 흙바탕이 좋은 곳의 버섯들은 두말 할 필요 없이 버섯의 대가 튼실하고, 갓도 두터웠다. 비비 말라비틀어진 밤버섯은 볼썽사나웠으니 딸 수 없었다. 어른들이 '송이풀'이라고 부르는 며느리밥풀꽃이 듬성듬성 피어 있었다. 이 꽃이 핀 곳이면 송이도 함께 난다고 믿어 의심치 않았으나 나는 확인하지 못하였다.

왜 이렇게 버섯이 없나? 수백 번은 되묻고, 되물었다. 귀가 따갑고 귀찮아서라도 숲이 무슨 말이라도 하였을 것이겠으나 숲의 말을 알아들을 수 없는 나는 또다시, 왜 이렇게 버섯이 없나? 또 물었다. 그러면서 솔수펑이에 들어섰고, 소나무 둥치 아래 솔가리 위로 거뭇한 어떤 것이 눈에 들어왔다. 솔수펑이에 잘 나는 솔버섯이거나 뭐 다른 버섯이겠거니 하면서도 허리를 깊이 숙이고 들여다봤다. 하, 송이버섯이었다. 그것도 두 개씩이나. 놀람과 기쁨, 한순간 어떤 희열로 가득해졌다. 먼저 합장하여 누구에게랄 것도 없이 감사인사를 드렸다. 그런 뒤에 대를 다칠세라 손을 깊이 넣어 버섯을 땄다. 따서 들고서는 냄새 맡는 것도 잊지 않았다.

십 리만에 한 번씩 싸리버섯을 만났다. 등성이와 계류를 갈마들며 숲을 헤매고 다녔으나

🍄 싱둥하다 : 성성하게 생기가 있다.

가을.

도대체 버섯은 어디에 숨었는지, 머리카락조차 보여주지 않았다. 보물찾기도 이보다는 어렵지 않을 것이었다. 맞문한 걸음을 핑계 삼아 맞춤한 너럭바위를 찾아 등성이로 올라섰다. 다 벗어놓고 앞이 훤하게 열린 너럭바위 위 솔바람 속에 가만히 앉았다. 그윽한 바람결에 옥시글대던 머릿속은 비로소 잔자누룩해졌다.

　대체로 송이는 솔수펑이에, 능이는 계류 비탈에서 돋았다. 그러므로 두 가지 중 하나를 정하고 찾아 나서야 하지만, 나는 솔수펑이에도 들렀다, 계류로도 내려섰다 갈지자로 때로는 곧은목으로 숲을 종횡무진 헤매고 다녔다. 처음 보는 꽃과 버섯, 나무에 한눈을 팔다보면 어느 곳을 정하는 것도 우스운 일이었고, 정한 곳을 곧장 찾아갈 재간도 없었다. 식용버섯을 만나면 좋았고, 없어도 그만이었다. 눈길 가는 곳마다 새라새로웠으니 아쉬울 것도 없었다.

　'개능이버섯' 이 눈에 뜨인 것은 어느 골짜기 계류 옆에서였다. 개능이는 먹지도 못했을 뿐만 아니라 능이버섯을 만나지 못한 눈을 현혹하기 십상인지라 그런 때에 눈에 띄면 발길에 걸어 채이기 일쑤였다. 걷어차도 뿌리가 단단해서 쉽게 뽑히지도 않았다. 그렇더라도 그것은 또한 어떤 징조이기도 했다. 숙였던 허리를 펴고 좌우 비탈을 둘러보다 왼편 비탈 한 곳에서 눈길이 멈췄다. 개능이겠지, 그러면서도 확인하고 싶었다. 비탈이 강해서 계류를 바로 건너뛸 수 없었으나 그렇다고 에돌기에도 석연치 않았다. 한발 한발 계류 아래로 내려섰고, 건너편에 닿을 수 있었다. 이제 막 돋아난 애기능이들이었다. 갓이 내 손바닥만 했다. 그런 까닭에 향이 짙지는 않았지만 단단하면서 색이 고왔다.

　송이버섯도 만났고, 애기 능이도 딴 때문이었을까. 해 그림자가 길어진 줄을 까마득하게 모르고 있었다. 허기를 느낀 것도 그때였다. 샌드위치를 먹으면서 다리쉼을 하였다. 옛날 무덤들 위로는 소나무가 아름드리로 자랐다. 솔체꽃은 여린 듯 장하게, 흔치 않게 피었다. 지르

🍂 옥시글대다 : 여럿이 한데 모여 몹시 들끓다. / 잔자누룩하다 : 소란하거나 시끄럽지 아니하고 진정되어 잔잔하다.
　새라새롭다 : 새롭고 새롭다, 여러 가지로 새롭다는 뜻의 복한어.

되게 핀 도라지꽃을 보면서는 어느 날 도라지를 캐러와야지, 벼르기도 했다. 어디선가 노랫소리가 들렸다. 건너편 골짜기였고, 동네 청년의 목소리였다. 산(민통선)에서 목청껏 노래 부르는 것에 몇 번 주의를 줬으나 그때뿐이었다. 아무래도 집으로 돌아가는 것이 좋겠다 싶어서 주위를 살피니 너무 멀리 왔다. 목장인 사유지를 통하면 쉽게 돌아올 수 있는 길을 두고 돌고 돌아서 마을로 내려왔다. 말 한마디 하는 것이 싫어서였다.

그러는 사이 발치에서 고개를 빳빳하게 치켜들고 혀를 날름거리는 배암을 두 마리, 한 마리 만났다. 볼 때마다 적의 없이 불편하였으니 배암도 나를 만나면 그러할 것이었다. 몇 개의 등성이를 넘는 동안 덤부렁듬쑥한 골짜기에서는 키 높게 매달려서 여태도 애를 태우는 머루, 다래덩굴을 만났다. 까마득하게 높다랗게 매달려서 이제는 생심조차 낼 수 없었다. 둥기둥기 아이 어르듯 자루배낭을 짊어 매고서 다시 문이골 계류에 닿았다. 거진 읍내와 환하게 열린 동해를 어떤 그리움처럼 이슥히 바라보았고, 냉천저수지도 다시 바라볼 수 있었으며 묘적동천을 어림짐작하면서 어느 해 봄날 등에 업고 온 기왓장을 떠올리기도 했다. 높디높은 하늘과 맑고 시린 계류가 흐르는 청신한 숲속에서 어느 누구도 만나고 싶지 않았고, 누구와도 아무 말 하고 싶지 않았던 바를 고스란히 지킬 수 있었다.

큰산의 바람은 소슬하여 엷은 슬픔을 몰고 왔고, 꽃들은 여리고 고와서 애달팠으며 햇빛은 맑고 투명하여서 시렸고, 솔수평이의 소나무들은 장하고 늠연하였다. 입산한 사람들의 첫 발자국이 빗물에 씻기고 흙밭으로 덮이면서 사라진 자리의 숲은 나날이 새라새로우면서 또 그렇게 늙어가고 있었다. 여름의 불같던 초록의 기세가 누꿈해진 큰산의 첫가을이었다.

누꿈하다 : 전염병이나 해충 따위의 퍼지는 기세가 매우 심하다가 조금 누그러져 약해지다.

버섯이 화제다

교미를 하던 꽃뱀(유혈목이)들이 혼비백산 흩어졌다. 눈결에 어림짐작하여도 예닐곱 마리는 될 듯했다. 계류에서 막 숲 바닥으로 올라섰을 때의 일이었다. 두어 발짝 앞에 검불덤불 실타래뭉치처럼 뒤엉켜있던 놈들이 내 발자국소리에 놀라 흩어지는 것과 동시에 나도 모르게 "엄마야!" 소리쳤다. 앞산은 큰산보다 배암이 유독 많이 눈에 띄기는 했지만, 오늘 같은 일은 처음이었다. 배암들이 흩어지는 것과 동시에 나는 그 곁을 수십 발짝 떨어져 걸어온 뒤에서야 키득키득, 미안스럽고 한편 우스웠다. 하필이면 길머리에서 난교를 벌일 일은 또 무엇이란 말인가.

등에는 작은 배낭을 맸고, 가슴에는 깨금버섯(뽕나무버섯)이 가득 담긴 비료포대 다래끼를 아이처럼 안고 집으로 돌아오는 길이었다. 놀란 얼김에 다래끼를 떨어뜨리는 지경은 아니었으되 목덜미는 섬쩍지근했다. '86년 산불로 인하여 소나무가 거의 없는 반면 조림한 잣나무 군락과 넓은잎나무들이 극상림을 이룬 앞산은 꽃과 잡버섯들이 많은 대신 배암들이 가끔 눈에 띄었다. 이즘이 교미 철이었고, 어느 해 숲에서 일할 때는 배암들이 나뭇가지를 타고 날아다니는 바람에 기겁을 하곤 했었다. 땅꾼들이 사라지고 흔히 없다보니 배암들 천지였다. 숲에서 일할 때 어른들은 눈에 띄는 족족 배암을 잡아 약초상에 팔아서 소주값에 보태곤 했다. 한 마리에 만 원도 받고, 오천 원도 받았다.

큰산, 건봉산은 포탄사격 중이어서 들어갈 수 없었다. 대대리에서 건봉산 오십령 비탈을 표적 삼아 꽝, 꽝 대포알을 쏘아댔다. 앞산 숲에 있으면 발사 소리와 함께 머리 위로 대포알이 날아가는 소리, 그런 뒤 산비탈에 떨어지며 대포알 터지는 소리가 우레처럼 들리곤 했다. 표적을 빗나간 대포알로 인해 귀가 먹었던 노파는 몇 해 전에 작고했으나, 사고의 위험은 아직 그대로였다. 옛날과 다른 점이 있다면 이른 아침 동네 이장이 사격 예고방송을 한다는 것 정도였다.

동네 어른들께도 여쭙고, 앞집 '떡삼춘'에게도 물었다. 왜 버섯이 없느냐고? 어른들은 한결같이 모르겠다고 대답하는 끝에 비가 와야 한다고도 했고, 이대로 그냥 버섯철이 끝날 수도 있다고도 했다. 한편, 한 번도 마을을 떠난 적 없는 나이 마흔에 가까운 떡삼춘은 아직 철이 아니라고 했다. 떡삼춘은 돌아가신 아버지에게 물려받은 송이밭과 스스로 개척한 송이밭을 가지고 있었으니, 아무래도 그의 말에 귀를 줬다. 작년에는 떡삼춘 덕에 송이와 능이버섯을 실컷 맛보았다.

앞산 피나무통골로 해서 앞산 산마루 아래쪽으로 썩 다붙어 골과 마루를 오르내리며 어느 해 깨금버섯을 따던 곳을 찾아들었다. 다시 또 만난 다래덩굴은 이젠 악몽이었다. 십 수 미터가 넘는 참나무 우듬지까지 덩굴을 뻗어 올린 뒤에 맺은 다래열매들은 차라리 악랄무쌍했다. 무르익어 떨어진 열매 두어 개를 주워 먹은 게 고작이었다. 메숲진 참나무 숲에서는 툭, 툭 도토리들이 떨어져 내렸다. 도토리 떨어지는 사품에 화들짝 놀라, 어떤 깨달음도 없이 뒤를 돌아다보곤 했다. 가을 다람쥐들 저 홀로 분주했다.

밤버섯도 싸리버섯도 흔하지 않은 숲에 깨금버섯은 지천이었다. 깨금버섯은 죽은 넓은잎나무 그루터기, 줄기 가리지 않고 더부룩하게 모여서 돋는 까닭으로 밭을 만나면 손쉽게 한 자루쯤 딸 수 있었고, 오늘이 그런 날이었다. 우리들은 깨금버섯이라고 부르지만, 버섯도감에는 '뽕나무버섯'과 '뽕나무버섯부치'라고 되어 있다. 막 돋아난 깨금버섯은 갈빛으로 노

🍂 사품: 어떤 동작이나 일이 진행되는 바람이나 겨를.

덕유산

가을.

랗고, 통통한 것이 탐스럽기 그지없으나 이 버섯의 맹점은 삶으면 시커멓게 변색이 되고, 또한 미끌미끌해지는 데 있다. 그런 까닭에 열렬한 환영은 없다. 그렇더라도 들기름에 볶아서 먹거나 된장찌개에 넣어 먹으면 시중에 유통되고 있는 새송이버섯, 느타리버섯, 팽이버섯에 비할 바 아니다.

어느 사이 동물의 '흘레'는 '교미'라고 쓰고 있었고, 사람 사이의 '씹'은 '섹스', '성교', '교접', '성행위' 등으로 쓰지 않으면 야만스럽거나 또는 비속하고 저열하거나 아니면 교양머리 없는 인간으로 치부되고 있었다. 똥이 거름이 아닌 더럽고 불결한 것이라고 교육되어진 근대 교육의 순간과 맥을 같이하는 것은 아닐까. 기술문명, 서구화 혹은 교양이 무엇보다 우월하다는 허위의 너울 쓴 것은 또한 아닐까. '좆심'을 굳이 '정력'이라고 표기하는 것과 닮았으며 안방에 뒷간을 들여놓고 사는 것과도 다르지 않다.

산행을 하면서도 쉬는 참에 바닥에 손수건을 깔고 앉는 무리들이 있다. 열에 아홉, 그들은 '씹'이라는 단어가 발화되는 순간, 얼굴이 벌겋게 상기되어 상종 못할 인간을 만났다는 듯 고개를 돌리면서 헛기침을 할 것이다. 그러면서 집으로 돌아가는 길에 들른 '마트'에서는 '친환경' 인증마크가 붙은 상품을 골라서 쇼핑카트에 넣을 것이다. 땅에 발 딛고 걷지 않고도 살게 되면서부터 그리 된 것은 아닐까. 콘크리트 축사에서도 살 수 있게끔 진화, 적응한 식용 한우들처럼 우리들도 이미 그렇게 몸이 바뀐 것은 아닐까.

보랏빛 투구꽃이, 흰눈처럼 희디흰 촛대승마가, 연푸르스름한 꿩의비름이 푸나무서리에 피었다. 바람이 버섯을 데려오는 날을 손꼽아 기다리는 사이, 도토리각정이 떨어져 흩어지는 숲속은 허우룩하도록 텅 비어가고 있다.

딴생각을 하다

    옹고지국(추어탕과 같은 방식으로 끓이지만, 민물고기인 '옹고지'가 주종을 이루는 까닭에 옹고지국이라고 부른다) 냄비를 들고 이웃의 친척집 어른에게 가다가 신작로 길바닥에서 돌부리에 걸려 냄비와 함께 나엎어지곤 했다. 이유는 양손으로 양은냄비를 들고서 길 앞을 살피면서 걸어가는 것이 아니라 경복궁 구경에 나선 시골 촌로들처럼 두리번두리번 한눈을 팔다가 그리 되는 경우가 태반이었다. 나엎어지는 것으로 치면 마을에서 타의 추종을 불허했다. 어린 시절 생긴 무릎의 상흔은 여태도 희미하게 남아있다. 심부름을 보낸 할머니와 어머니는 이구동성 덜퉁해서 그런 것이라고, 나중에는 할머니께서 손수 냄비를 들고 이웃의 친척 어른들에게 다녀오시곤 했다.

    무슨 생각을 했던 것일까? 숨이 까맣게 막히고, 속이 뉘엿뉘엿 토할 것 같았다. 아픔은 형언할 수 없었다. 양손과 오른쪽 허벅지가 부젓가락에 덴 것처럼 화끈거렸다. 무엇보다 속이 메슥거려서 움직일 수가 없었다. 안경이 무사한 것은 천만다행이었다. 기신기신 계류 위 숲바닥으로 올라서서 숨을 고르면서 가만히 앉았다. 아파서 죽는 것이 아니라 놀라서 죽을 수도 있겠구나 했다.

    징검돌 하나만 디디면 건널 수 있는 작디작은 계류였고, 마른 내였다. 바윗돌이 가운데 놓여있었고, 그 바윗돌을 딛는 순간 천길 낭떠러지기로 떨어지는 듯 악연했다. 공재 윤두서의 그림, 〈진단타려도〉의 희이선생의 모습과 다름없었을 것이었다. 고통으로 웃을 수도 없었다. 허벅지가 시커멓게 멍들고 까진 것쯤이야 참을 수 있었으나 발자국을 뗄 때마다 통증으로 욱

    덜퉁하다 : 성질이나 행동 따위가 찬찬하고 깐깐하지 못하다.

신거리는 통에 걸음이 여의찮았다.

앞이 환하게 트인 솔숲 너럭바위에 앉아서 빵도 먹고 복숭아도 먹고 커피도 마시면서 한참을 놀고 난 뒤였다. 하늘은 더할 수 없이 드맑았고, 바람은 잔잔하면서도 은연히 갈잎들을 흔들면서 부는 듯 마는 듯 그렇게, 서늘했다. 어떤 말이 목에 가시처럼 걸려서 내내 되풀이하여 그 말을 풀었다 조였다, 흩어놓았다 그러면서 다시 수습하느라고 기실 어느 것도 귓등이었다. 한편, 숲 어귀에서 버섯을 따러가는 이웃집 아주머니를 만날 때부터, 아니 숲에 갈 준비를 하면서 나도 모르게 오늘은 조심해야겠다, 그런 생각을 했다.

무엇인지 모르게 조급했고, 그리하여 페트병에 커피를 넣다가 조금 흘렸고, 마침내 버섯을 꼭 '버섭'이라고 발음하는 이웃집 아주머니를 만나고 말았다. 징크스는 반드시 사후재구성에 지나지 않았다. 그렇더라도 부주의가 용납되는 것은 아니었다. 빈 다래끼에, 정리된 배낭을 가든하게 짊어졌던 터라 어떻게 아무렇지도 않은 그런 곳에서 넘어질 수 있었는지, 알 수 없었다. 그때 무슨 생각을 하긴 했더랬다.

숲에 들어갈 때 되도록이면 어머니와도 동행하지 않는 것은 갖은 생각들을 주물럭거리고 또 그러면서 혼자서 놀고 싶었기 때문이었다. 언거번거 문장을 만들기도 하고, 꽃들과 눈 맞추면서 기웃거리기도 하고, 당단풍나무와 시닥나무는 대체 무엇이 다른가, 아니면 졸참나무와 상수리나무의 이파리는 어떻게 다른가, 그런 생각을 비 맞은 중 염불 외듯 머릿속으로 웅얼거리기도 하면서 나무들을 들여다보고 살피는 맛은 가을저녁의 선들바람과 비견할 만했다.

나엎어지기 전까지 아마도 혼자 소꿉놀이하는 아이처럼 누군가 내게 무슨 말인가 했고, 나는 즉각 아니다, 로 반박하려는 참이었으며 그렇게 대답을 하려는 순간, 눈앞에서 별들이

가든하다 : 물건이나 차림새 따위가 다루거나 움직이기에 가볍고 간편하다. / 언거번거 : 말이 번잡하고 수다스러운 모양.
비 맞은 중 염불 외듯 : 남이 알아듣지 못할 정도로 낮은 소리로 불평 섞인 말을 중얼거림을 비유적으로 이르는 말.

왔다 갔다 하게 된 것이었다. 메숲진 숲에 오래도록 앉아 있는 것은 속 답답한 일이었으므로 일어나서 등성이를 찾아 올랐다. 걷다 보니 그런대로 걸을 만했다. 다시 편한 비탈로 내려섰다. 저만큼 황금빛 깨금버섯이 무두룩무두룩 돋아 있었다. 집으로 곧 돌아가겠다던 생각은 새까맣게 잊고 말았다.

화진포

가을.

오래 머무르는 것은 없다

 간잔지런하던 빗줄기가 방향도 없는 돌풍으로, 노드리듯 퍼붓는 폭우로 순식간에 바뀌었다. 산책 나섰던 걸음이 거진 반 집에 도착할 즈음이었다. 우산살이 부러질 듯 비바람은 방향을 알 수 없게 휘몰아쳤고, 졸지에 더할 나위 없이 온몸이 쫄딱 젖고 말았다. 매시근하던 몸에 오싹 한기가 들었다. 서둘러 걷느라고 걸어도 걸음은 제자리걸음이었다. 그렇게 하루 밤낮을 방향 없는 비바람이 몰아쳤고, 변하지 않은 것은 아무 것도 없었다. 세상이 뒤엎어지는 것은 한순간이었다. 전깃줄이 우는 소리, 나뭇가지가 부러지는 소리, 앞집 개가 짖는 소리들 따위는 오직 사납게 뒤번지는 빗소리에 가려 사라졌다. 세세연년 영생할 것 같았다.

 유·무선 전화기에 불이 날 듯 했던 것은 빗줄기가 어느만큼 너누룩해진 끝이었다. 무슨 속보가 어떻게 텔레비전 화면에 자막 처리되었는지는 알 수 없었으나, 아무 일 없느냐는 안부 전화들이었다. 텔레비전을 보지 않으니 외려 내가 무슨 일인가 궁금해졌다. 태풍의 눈은 본디 고요한 법이었다. 수시로 울어대는 전화벨소리에 나중에는 슬그머니 찜부럭이 나려고 했다. 밖은 여전한 왜바람속일 뿐 별다른 이상 징후를 알아차릴 수 없었다. 2002년 태풍 루사를 한번 겪은 뒤로는 어지간만한 큰물에는 동요하지 않았다.

 다른 사람의 생손보다 내 발바닥의 티눈이 더 아픈 법으로 당장 아무런 피해가 없으니 밖에 나가 살펴볼 염을 내지 않았다. 전깃불이 들어오는 걸로 미루어 어디 전신주가 넘어가지도 않은 것 같았고, 전화도 멀쩡하였으며 집 뒤의 나무들도 아무 일 없었다. 창밖을 내다보며 방안 풍수처럼 전화마다 아무 일 없노라고 극구 안심을 시키며 전화를 끊곤 했다. 김장밭의

▶ 너누룩하다 : 요란하고 사납던 날씨나 떠들썩하던 상황이 좀 수그러져 잠잠하다.
　찜부럭 : 몸이나 마음이 괴로울 때 걸핏하면 짜증을 내는 짓. / 어지간하다 : '어지간하다'를 강조하여 이르는 북한 말.

무, 배추, 미처 추수하지 못한 논의 벼이삭은 생각 밖이었다. 아프던 몸이 얼마만큼 누꿈해진 것을 핑계 삼아 어두컴컴해진 저녁 산책길에 나섰다. 짙은 구름이 드리운 하늘은 바람 한 점 없이 음음적막했다.

　둑에 이르러서도 당장은 냇물의 수량이 풍부해져서 그 물소리가 아득히 웅숭깊어진 것만 그렇게 좋을 수 없었다. 콧노래라도 흥얼거릴 참이었다. 물을 탐하면서도 눅진한 습기는 못 견뎌하고 물속으로 들어가는 것을 꺼리면서도 어웅한 굴 속 같은 물소리는 환장토록 즐거웠다. 마치 술에는 뜨거움과 차가움이, 알 수 없는 어떤 아릿한 슬픔이 그리고 사람들과 나누는 헤아릴 수 없는 흥겨움이 있어 애호하는 것과 같았다. 양팔을 한껏 벌리고서는 가볍게 걸으려는 찰나였다. 논바닥에 가득 괸 물이 얼핏 눈길을 사로잡았고, 양팔을 떨어뜨리고서는 둑과 논이 맞닿은 어름에 쌓여 있는 것들을 곰곰 살폈다. 볏짚 무더기들이었다.

　물소리를 귓등으로 밀어내고 벼 베기를 하지 않은 논들을 살폈다. 어둑하여 미처 눈에 띄지 않았던 벼들이 거의 다 바닥으로 쓸그러져 있었다. 벼를 베려고 귀잡이를 하여놓았던 논들이었다. 농부 된 심정으로 동동 안타까웠다. 벼 베기 하지 않은 논치고 성한 곳이 없었다. 오동나무를 비롯한 낙엽 한 잎 남지 않은 가로수들 또한 태반이었다. 큰 수로 거섶에는 쓰레기며 지저깨비들이 몰려 쌓여 있었다. 반면 흙투성이였던 길은 말끔하게 청소되었고, 수로마다 물소리는 깊어졌다. 한편은 환해졌고, 또 다른 한편은 어두워졌다. 그렇더라도 이 풍경 오래 머물러 있지는 않을 것이었다.

　동해 해안가 마을의 피해 소식은 암담했다. 간간이 들리던 너울 피해에 덧입혀진 폭우의 참상은 할 말을 잊게 했다. 모래언덕을 까부수고 옹벽과 방파제를 만든 것도 피해를 부추긴 한 원인이었을 것이었다. 원인 규명과 재발 방지 같은 입에 발린 소리 그만하고, 당장은 피해

　귀잡이 : 트랙터 같은 것으로 논밭을 갈 때 모서리 부분의 갈리지 아니하고 남은 생땅.
　거섶 : 흐르는 물이 둑에 스쳐서 개개지 못하도록 둑가에 말뚝을 늘여 박고 가로로 결은 나뭇가지.

송강리 고마리

를 입은 어민들을 위로하는 것이 순서일 것이었다. 물길도 길을 돌려놓으면 본래 흐르던 제 길을 찾으려고 한다는 것을 태풍 루사 때 두 눈으로 단단히 보았다. 완악頑惡한 짐승 같았다. 모든 화해가 미봉이듯 인위人爲는 자연自然을 이겨낼 수 없다.

 설악산 대청봉에 첫눈 내렸다는 소식을 들은 바 있었지만, 나무들 나목이 되어 이미 한겨울 속이었다. 그러고 보니 손도 시려왔다. 둥둥 논바닥 떠다니는 볏짚 속에 어느 사이 큰산이 들어와 앉았다. 봄날 모내기 직전의 써레질 끝난 봄논의 풍경과 크게 다름없었다. 끝과 시작은 그렇게 처음처럼 맞닿아 있었다.

가을, 치악산 숲에서

　문득 길이 끊기고, 천길 단애 끝에 이마 위의 사마귀처럼 옹색하고 아슬하게 붙어 있는 절간을, 마음을 꿈꾸기를 예사로 하는 나는, 비로봉과 상원사 갈림길에서 내친걸음으로 상원사 방향으로 몸을 움직여 작지만 위압적으로 길을 열며, 길을 감추는 일주문의 안내에 기대여서 처음으로 치악산 상원사 경내로 몸을 앞세우며 마음을 끌고 들어섰다.
　'신림'을 자동차로 지나쳐온 나는 온몸을 해체하여 귀로는 청정한 물소리를 발끝으로는 땅의 기운을 눈으로는 참나무 숲이 바람에 쓸리며 내는 빗소리를 만났다. 생량머리의 바람결을 뼛속까지 스미도록 깊은 호흡을 하면서 구불구불한 자드락길을 걸어 올랐다. 산길의 대체는 휘어지고 늘어지고 때로는 급박하게 여울지는 계류 같기 일쑤이지만, 치악산 남대봉으로, 상원사로 향하는 산길은 무심하고 무심하게 안으로 안에서 알 듯 모를 듯 높이를 키우면서 넓어지고 깊어졌다.
　고르게 잘 늙어온 숲은 위태롭지도 위험하지도 위협하지도 않는다. 숲 어딘가에 천길 단애를 숨기고 있더라도 한쪽 틈 어디에는 다람쥐 소로를 내어놓기 마련이니 길 없음을 탓하는 것은 두 발 가진 인간뿐일 것이었다. 봄, 여름, 가을을 숲으로, 숲에서 짐승의 길을 따라 곧잘 하루해를 보내는 나는 차라리 인간이 낸 다섯 자 너비의 길이 싱겁기까지 하였지만, 인간의 발길에 채이며 흙이 밀리고 밀려서 궁여지책 나무로 계단을 놓은 길은 숨이 찼다.
　그토록 잘 닦인 산길에 '스탁' 이라고 하는 등산용 지팡이로 탁, 탁 땅을 찍으면서 오르고 내리는 인간종들을 바라보는 내 눈길에는 때 아닌 분노로 이글거렸지만, 어차피 그들과 내가

───
🌱 생량머리 : 초가을로 접어들어 서늘해질 무렵.

걷는 궁극의 길이 서로 다를 수밖에 없을 것이라는 위안으로 간신히 그들에게 길을 비켜주며 호흡을 가라앉혔다. 그러면서도 육체가 쇠하여 가는 늙은이들이라면 차라리 연민의 정이라도 보탤 일이었을 테지만, 육체로는 건강하다 못해 육식의 기름기가 줄줄 흐르는 몸뚱어리를 위한 당장의 편안으로 이용되는 그 스틱의 날카로운 끝이 마침내는 그들의 가슴팍을 찌르게 될 것이라는 저주의 주술에서 자유롭지 못하였다.

숲의 초입에서 만난 계류는 상원사 경내까지 따라왔다. 경내 감로수 앞에서 몸을 돌리는 순간 아, 나는 숨이 멎었다. 무리를 지어 유영하는 고래의 등 같은, 굽이치는 능선의 물결이 남으로 향하고 있었다. 소실점을 지워가며 걷는 아득한 걸음이었다. 기쁜 마음으로 감로수 한 모금을 감로수로 마시며 산 아래부터 들고 온 자갈 한 봉다리를 요사체 앞에 올려놓고 단숨에 훌쩍 대웅전으로 스며들었다. 야박하게 정나미 떨어질 정도로 딱 삼배만 예배하고 서둘러 문 밖으로 물러났다.

국가 지정의 보물도, 국보도 없고, 절간의 창간연대조차 은폐되어 사라졌으며 다만 조선조 역대 왕들의 기도처였다는 허명으로 오늘날 사세확장의 꿈으로 이어지는, 더는 어디로든 뻗어나갈 수 없는 너럭바위 위의 대웅전 앞이 차라리 편하여서 잠시 손바닥만한 경내를 서성거리다가 너럭바위에 해바라기를 하기 위해 무릎을 감아 안고 앉았다. 역사도 잊고, 중생도 멀리 두고, 내 아상도 던져버리고 넘어설 수 있으면 벼랑 끝에서도 홀로 독락(獨樂)할 수 있게 될까. 아니 '뜰 앞의 잣나무'를 보듯 있는 그대로 볼 수 있게 되는 것일까.

뜨락의 3층석탑 두 기는 신라 말에서 고려 초의 양식을 보이는, 잘 만들었다고 할 수는 없지만 2층 기단으로 키는 멀쑥하여 싱겁고, 소박했다. 그 두 탑 사이에 어디선가 가져다 놓은 '광배'가 황홀하여 이렇게 저렇게 들여다보면서 시리고 푸른, 푸르고 가슴 저린 하늘을 두리번거리면서 함께 떠난 일행을 차츰 기다렸다. 화강암으로 만든 광배는 돌로 만든 것인지, 찰흙으로 빚은 것인지 분별할 수 없을 지경으로 부드럽고, 찬란하며, 절제되었다.

후배 내외와 함께 출발하였으나 숲에서는 한 번도 같은 시공간을 점유하지 않았으며 그들 또한 내게 굳이 함께 오르고 내리는 일을 은근하게라도 강요하지 않았지만 상원사 위쪽의 꼭짓점인 남대봉을 기약 없이 남겨 두고 그들과 어우러져 다시 숲 밖으로 나갈 생각이 슬그머니 자리 한 귀퉁이를 차지했다. 졸며 깨며 따사로운 햇살에 네 활개를 펴고 잠이라도 실컷, 하는 생각에 화들짝 놀라 눈을 뜨니 한 떼의 등반객들이 점심을 먹느라고 요란시끌, 경내는 일순 시골 장터, 국밥집으로 돌변하였다. 성聖의 경계가 무참했다.

아무래도 후배 내외와 동행은 요원할 듯하여 경내를 가볍게 벗어나 아랫길로 내달리듯 걸었다. 해 그림자는 길어지고, 숲 그늘은 깊어졌다. 투둑, 툭 바람결이 스칠 때마다 도토리 떨어지는 소리가 귓가를 놀라게 하여 걸음을 멈칫거릴 뿐, 나는 아무런 깨달음도 얻지 못한 채 잘 차려 입은 옷으로 산길 한가운데를 차지하고 앉아 숨을 고르는 사람들을 차라리 어이없어 하면서 아래로 아래로 걸어 내려갔다. 어느만큼 산 아래로 내려오자, 한순간 후배의 하얀 모자가 가뭇가뭇 눈앞에 나타났다 사라졌다.

"아무개!"

그의 이름을 부른 순간 꿩도, 배암도, 광배도, 오대산 월정사를 본사로 둔 상원사도, 가을이면 산빛이 더욱 붉어 적악산赤岳山이었다던 산 이름도, 일망무제로 내달리던 산맥도, 어리석음에 대한 분노도, 녹우綠雨처럼 쏟아지는 바람소리도 먼데를 향하던 그리움의 숨결도 홀연, 계류의 물소리처럼 하얗게 무화되어 숲이었으되 숲 밖이었고, 숲 밖이었으되 또한 숲 속이었다.

송강리 강아지풀

즐거움

　일주일 가까이 큰산, 건봉산을 출입하고 있다. 아침 7시 전에 집을 나서 점심 무렵 집으로 돌아온다. 건봉산은 민통선인 까닭에 군부대 초소를 통해 들어가려면 군부대에서 발행한 '영농출입증'을 제시해야 한다. 크게 쓸모없으리란 생각으로 또 어디에도 주민등록번호를 남기는 것을 달가워하지 않는 까닭으로 출입증을 만들지 않았다. 출입증이 없는 탓에 초소를 통과하지 않는 대신 '뒷문', 이를테면 문이골 등의 산 기스락을 통해서 건봉산으로 들어간다. 산을 나올 때도 초소를 통과하지 않고 부대의 울타리를 멀리 두고 '민통선'을 넘는다. 부대 안에서 놀고 있는 또는 보초를 서고 있는 초병들도 크게 개의치 않는다. 버섯도 한철인 까닭이다. 이따금 부대 울타리 옆 개울을 가로지른 아슬아슬한 구름다리 수로의 난간을 건너기도 한다.

　건봉산은 헤아릴 수 없는 많은 골짜기와 등마루를 품었다. 예를 들면 문이골, 덕골, 밤나무골, 청솔배기등, 처녀바위, 여승터, 묘적, 노루목, 한기안 등이다. 이것은 우리 마을을 기준할 때이고, 이웃마을을 중심으로 할 때는 또 다른 골과 마루들이 있다. 그 가운데 내가 주로 들어가는 골과 마루는 덕골과 밤나무골 그리고 청솔배기등이다. 이들 골짜기는 깊으면서도 안온하고 기세등등하면서도 또한 부드러운 등마루를 가졌다. 등마루에 올라 동쪽을 바라보면 건봉산 어디쯤에서 발원한 배암 같은 개울을 따라 마을과 마을이 이어지고 그 뿌다구니 끝에 거진항이 들어앉았으며 마침내 가을하늘과 같은 새파란 동해의 바닷물이 바투 다가온다.

화진포 박꽃

가을.

그 등마루에 앉아서 간단히 아침 요기를 한다. 이른 아침에 듣는 솔바람소리도 뜻밖에 깊다. 하루가 다르게 변해가는 가을 산빛은 해독할 수 없어 쓸쓸하고, 울적하다. 도토리깍정이 떨어지는 소리, 갈겅갈겅 흘러가는 계류의 물소리, 산새 울음소리, 솔가리 떨어져 내리는 소리, 어느 것 하나 허투루 듣지 않고 놓치지 않으려고 애를 쓸 뿐, 어떤 깨달음도 없다. 먼데 이울어가는 산빛을 보면서도 아둔한 뚱딴지처럼 우적우적 뱃속을 채울 뿐이다.

주로 관심하는 버섯은 능이버섯과 송이버섯이고, 밤버섯과 싸리버섯 또, 느타리버섯이나 노루궁뎅이버섯 등은 딸림버섯이다. 이들 버섯은 있으면 좋고 없어도 그만이다. 그렇지만 능이버섯이나 송이버섯을 한 송이도 만나지 못하면 괜히 맥이 빠져서 시르멍해진다. 능이버섯은 주로 마사토가 섞이고 부엽토가 잘 발달한 참나무 숲에서 자생한다. 운이 좋으면 한자리에서 한 자루(대략 30송이 정도)를 따기도 한다. 내 경우는 한 곳에서 능이버섯을 십여 송이까지 따 봤다.

버섯을 만나지 못해도 즐거움이 없는 것은 아니다. 머루나 다래 혹은 산밤은 색다른 즐거움이다. 머루는 서리가 내린 뒤 따서 술을 담그면 좋고, 나무에서 따서 금방 먹을 때는 알맞게 익은 다래만한 것이 없다. 옥빛의 말랑말랑한 다래는 마치 꽈리를 불듯 혀로 터뜨려서 먹으면, 침부터 꿀꺽, 목젖이 떨어진다. 도토리만한 산밤은 길을 오고갈 때 이로 벗겨서 와작와작 깨물어 먹으면 고소하면서도 목도 마르지 않다. 오늘은 아주 오래된 머루덩굴을 만나서 머루를 한바가지 가량 땄는데(다 딸 수 없었다, 너무 높은 곳에 있어서), 참나무를 타고 올라간 줄기 때문에 참나무줄기 중간까지 더위잡고 올라가 원숭이처럼 가지를 붙잡고 늘어져 한 알 두알 따먹기도 하고 따서 다래끼에 담기도 했다. 머루술은 웬만한 포도주보다 맛있다.

이제는 먹는 이야기 그만두고, 숲의 꽃들을 보자. 가을 숲에서 만나는 쑥부쟁이, 구절초

(흰색, 분홍색도 있지만), 물봉선, 솔체, 애기며느리밥풀꽃, 투구꽃, 배초향, 잔대 등은 대부분 보라색 계열이다. 노란색의 참배암차즈기, 마타리와 흰색의 눈빛승마, 참취꽃도 있기는 하지만. 그중 으뜸은 흰색의 바위 구절초. 낮게 무리 지어 손톱만한 크기로 피워 올린 꽃은 차라리 애처롭고 애틋하다. 또 옛 전사들의 투구 같은 보랏빛 투구꽃은 단단해 보이면서도 처연하다. 어쩐지 가을 숲의 꽃들은 애잔하다. 쇠잔한 저녁 빛이라도 깃들라치면 더욱 그렇다.

오늘은 가장 오래고 길게 가을 숲속에 머물다 돌아왔다.

송강리 코스모스

송강리 구절초

가을.

술

　이제 막 딴 송이버섯에 매실주 한잔이면 충분히 즐겁다. 송이버섯을 먹는 방법은 여러 가지다. 예를 들면 얇게 저며서 초고추장을 찍어먹는 것이 그 하나이고, 그 둘은 기름을 두르지 않고 프라이팬에 살짝 구워서 들기름에 소금, 후추를 넣은 기름장에 찍어 먹는 것이고, 그 세 번째는 무나물에 넣어서 먹는 것이다. 무나물은 시원한 맛이 일품이지만 제사상 물린 음식 같아서 그다지 당기지는 않는다. 가장 간편한 것은 얇게 저민 송이를 초고추장에 찍어 먹는 것이다. 송이버섯의 향이 고스란하다. 송이버섯을 요리할 때(요리라고 하기에는 뭣하지만), 주의할 것은 버섯을 물로 씻지 않아야 한다.

　버섯 때문에 요즘 산림조합에서 일하러 나오라고 하는 것도 미뤄두고 아침마다 숲으로 향한다. 버섯을 시장에 내다 팔아서 책을 사는 일은 두 번째이거나 세 번째일 것이며 그 처음은 단연, 버섯을 만날 때의 황홀함이다. 이 황홀함은 오래 헤어져 있던 연인을 만날 때라도 그럴 수 있을까 싶을 만큼 저절로 고맙고, 어찌해볼 도리 없이 기쁜 마음이 북받친다. 습습한 바람이 발가락을 간질거리는 것처럼 즐겁다. 거기에 어른들에게 알음알음 전해들은 버섯 자생지의 상태를 살펴보려는 의도도 있다. 마을의 어른들은 4, 50년 넘게 숲을 들고나신 분들이라 송이거나 능이버섯의 자생지를 누구보다 잘 알았다. 능이나 송이는 한번 돋았던 곳에서 다음 해에도 또 돋았다. 그리하여 능이나 송이를 따고 나서는 그 자리를 헤치지 않고 잘 다독거려 주어야 한다. 멧돼지가 바닥을 마구 파헤쳐놓은 솔밭은 송이를 다시 보기 어렵다.

　능이버섯은 향버섯이라고도 불리는데 삶아 데치면 먹물 같은 시커먼 물이 나오기 때문에 처음 대하는 사람은 기겁한다. 그렇더라도 일능이이송이-能珥二松珥라는 이름값을 톡톡히 하는 듯 능이는 삶아서 배 등을 넣고 숙회를 만들어 먹으면 매우 감칠맛 있다. 삶아서 쇠고기 넣고 볶아도 좋고, 무나물에 넣어도 맛깔스럽다. 날것으로 삼겹살과 같이 구워 먹어도 맛이 좋다. 큰 것은 어마하게 크다. 버섯 하나의 무게가 무려 1kg이 넘는 것도 있다. 음식도 먹어 본 사람이 먹는다고 이 버섯은 먹어보지 않은 사람은 지레 손을 거두게 하는 결벽이 있다. 민간에서는 한겨울 감기에 걸렸을 때 이 버섯을 달여 그 다린 물을 약으로 먹는다.

   이렇게 귀하고 고마운 버섯들을 따서 집으로 돌아올 때 걸음은 명랑할 수밖에 없고, 내다 팔 것 중에 좋은 것을 골라 숙회거나 혹은 날것으로 맛을 본다. 그럴 때 빠질 수 없는 것이 술이다. 과일 등의 먹을거리는 좋은 것을 먹어야 한다는 내 나름의 지론을 어머니도 어쩌지 못하는 까닭에 싱싱하고 길찬 버섯만을 골라서 먹는다. 이럴 때 빠질 수 없는 것이 술이다. 술꾼은 못 되는 까닭에 내가 담근 술을 어쩌다 일 년에 서너 번쯤 마시는 게 고작이다. 적게 마시지만 술의 재료는 물론 좋은 것을 택한다.

   오늘은 어제 딴 머루로 술을 담갔다. 지금 내 눈앞에는 오갈피술, 삼지구엽초술, 더덕술, 솔방울술, 그리고 전해줄 사람의 이름표가 붙은 아무개 더덕술과 또 아무개 더덕술을 비롯하여 오늘 담근 머루술 등이 있다. 냉장고에는 지난해 담근 매실주가 여태도 남았다. 이 중에 내가 먹는 술은 십분의 일도 되지 않는다. 담근 술을 좋아하지 않으면서도 술을 담그는 이유는 별 것 아니다. 술이 익어가는 것을 지켜보는 즐거움과 더불어 술을 나눠줄 때의 기쁨 때문이다. 엊그제도 빨간더덕을 한 뿌리 캤고, 다른 더덕을 더 캐면 보태서 술을 담그려고 준비 중이다. 빨간더덕은 귀하다.

   어제 머루를 딸 때 처음으로 어머니가 옆에 계셨다. 이 머루로 술을 담그런다, 하였더니 어머니께서 그저 '책 아니면 술'이라면서도 더는 아무 말씀도 덧붙이지 않으셨다. 연말쯤이면 이 머루술과 더불어 오갈피열매술을 개봉할 수 있을 것이다. 위에 열거한 술 가운데 몇 가지는 지금도 개봉이 가능하지만 눈으로만 마실 뿐이다. 전에 담가 본 술에는 아카시잎, 진달래, 인동초, 잣, 칡, 당귀, 매자, 다래, 머루, 산딸기 등이 있었으며 그중 으뜸은 산수유열매술이었다. 더덕이나 당귀술도 더할 나위 없이 좋다. 그 가운데 조그만 커피 병에다 실험 삼아 담갔던 산수유 열매의 술맛은 여태도 입 안에 감칠맛이 돌았다.

오늘은 JK 김동욱의 노래를 들으면서 얇게 저민 송이버섯과 더불어서 매실주 한잔을 마셨다. 내일부터는 가을 숲으로 일하러 간다. 일하고 받은 화폐로 소주도 사고, 책도 살 것이며 그리고 무엇보다 먼데 있는 그리운 사람들을 만나러 갈 것이다.

금자, 그니

　금자, 그니는 서른여섯에 혼자 됐다. 빚 때문에 음독자살한 남편은 1녀3남을 남기고 떠났다. 그 1녀는 내 초등학교 동창이다. 초등학교 때 전학을 한 나는 그와 직접적인 연락 없이 살았지만 서로 어떻게 살고 있는지는 대강 들어서 알고 있었다. 그렇지만 그의 어머니가 서른여섯에 혼자된 것은 알지 못했는데, 어느 날, 누군가 바람난 여인네 이야기를 하던 끝에 금자, 그니는 자신이 서른여섯에 혼자된 이야기를 했다. 1녀3남을 거두면서 30년을 혼자 살아왔으며 4남매를 모두 고등학교까지 졸업을 시켰다. 그니의 아쉬움은 '더 큰 공부'를 시키지 못한 것이며, 마흔이 넘은 맏이를 비롯하여 막내까지 3형제가 모두 미장가인 것이 가장 큰 안타까움이라고 했다. 지금도 그니는 중장비를 다루는 3형제와 함께 살고 있으며 3형제의 빨래와 밥짓기, 그리고 농사일로 아침이 바쁘다고 하면서, 웃었다.

　그니의 겉모습은 허리 없이 펑퍼짐하고 넙데데한 엉덩짝과 약간은 구부정한 허리 때문에라도 흙과 더불어 살아온 생을 어렵지 않게 짐작할 수 있을 뿐만 아니라, 손가락 마디의 툭툭 불거진 관절들과 여름 땡볕에 대책 없이 노출되어 생긴 자글자글, 굴곡 심한 얼굴의 주름살과 팔자걸음(농사일 많이 한 농촌 여인네들의 걸음 모양새를 가만히 지켜보라. 그들의 걸음걸이는 하나 같이 팔자걸음임을 알 수 있을 것이다.)으로 걷는 걸음모양새로 그니의 삶이 평탄치 않았음을 어림짐작할 수는 있었으나 삶의 속살까지는 알 수 없었다.

　이즘 그니는 얼굴에 자외선차단 크림을 바르고 출근을 했다. 시커먼 얼굴과 자글자글한 주름살 때문에 '애가 마른다'고 여러 번 토로했다. 실제로 나는 그니의 나이가 칠십은 넘은 줄로 짐작했다.

　남자 어른들과 따로 떨어져서 칡줄 제거 작업을 하는 요즘 쉴참이면 그니는 종종 소주를 마시고는 흥얼흥얼 소리를 했다. 그 소리가락을 듣다보면 그니의 신명도 만만치 않았겠구나 겉짐작이 들었다. 그니는 90년대 어느 해 농촌 마을에 광풍처럼 춤바람이 휘몰아쳤을 때도 춤 한번 배울 염을 내지 못했다고 했다. 자신 때문에 동서들 손가락질 받을까봐 염려한 때문이라고 했다. 그런 까닭인지 점심참, 그 짧은 시간에 커다란 엉덩짝을 흔들며 둥둥 춤을 추는 그니가, 나는 슬펐다.

　그니는 낫질이면 낫질, 곡갱이질이면 곡갱이질, 어리보기 남자들은 흉내조차 낼 수 없을 정도로 잡을손이 아주 매서웠지만, 한꺼번에 여러 가지 약을 먹었다. 190/100인 혈압으로 인하여 '혈압약' 그리고 요통으로 인한 '허리약' 또, 풀독으로 생긴 가려움 때문에 먹는 약이었다. 아들들은 이 사실을 모른다고, 알 면 큰일이라고 손사래를 치며 입단속을 했다. 그래서라도 나는 농 반 진 반, 아무개한테 이를 거예요, 그랬지만 죽었다 깨도 그니의 출가한 딸과 아들들에게 그 말만은 하지 못할 것이었다.

　이제는 형편이 웬만해져서 그니가 막일을 하지 않아도 되었지만, 자식들 더 큰 공부를 시키지 못한 어떤 죄스러움 때문에, 또 사는 것이라도 지금보다 더 낫게 살기를 바라는 마음으로 단돈 몇 푼이라도 더 보태주고 싶어서 삯일을 하는 것이라고 했다. 그니가 짊어지고 다니는 멜빵가방에는 미수가루, 커피, 부침개 따위가 들어있으며 이것을 반드시 여러 사람과 함께 나눠 먹었다. 그러면서도 잠시도 손을 쉬지 않았다. 작업을 하는 와중에도 취나물을 뜯거나 더덕을 캤으며 이즘은 또 제피 잎을 땄다. 그니는 성한 손을 놀리는 이유를 도무지 알 수 없어 했다. 그러면서 남편 없이 살아온 세월에 후회는 없었다고, 아니 아이들 거둬 먹이고 사느라고 남편 '같은 것' 생각할 틈이 없었다고 했다. 금자, 그니는.

송강리 갈대

"내 생각은 그래"

"내 생각은 그래"라고 말을 끝맺는 추언 씨의 아내 정자 씨가 있다. 추언 씨는 까무잡잡한 얼굴에 키는 대추씨만 하고, 정자 씨는 드럼통만한 허우대에 꼭 왜장녀였다. 슬하에는 9남매를 두었고, 추언 씨는 전쟁고아로 고향은 황해도, 철원 근방에서 가족들과 헤어졌다. 혼자되어 머슴살이부터 시작한 까닭에 아이는 생기는 대로 모두 낳았다. 추언 씨는 올해 진갑을 맞았고, 막내아들은 고등학교에 다녔다. 그 위에 여덟 아이들은 모두 의무교육만 혹은 중등교육만 마친 채 집을 떠났다.

지금 살고 있는 집도 말 그대로 초가삼간 15평쯤 되었고, 초가지붕이 양철지붕으로 바뀌었을 뿐, 집의 구조는 그대로였다. 어느 해인가, 아들이 교통사망사고를 냈고, 합의를 위해 쫓아온 피해자 가족은 그들이 사는 집을 보고는 두말 못하고 되돌아섰다. 그렇지만 그때 추언 씨의 통장에는 천만 원쯤 있었다고 정자 씨는 고백했다.

정자 씨는 겨울이면 읍내 덕장에서 얼린 명태를 손질하였고, 가을이면 산에서 버섯 등을 땄으며 여름이면 논밭에서 김을 맸고, 봄이면 산나물을 뜯어다 살림에 보탰다. 추언 씨 또한 일이라면, 돈벌이라면 닥치는 대로 하여 돈을 모았다. 그런 돈이건만 통장에 어느 정도 돈이 쌓일 만하면 큰놈 아니면 작은놈이 사고를 쳤다. 그렇더라도 그 집의 집기들은 아이들이 하나씩 사서 보내준 것들이었다.

술을 좋아하는, 그렇지만 노름이건 계집질이건 돈이 무서워서 못하는 추언 씨는 어느 날 오토바이 사고로 얼굴이 다 까졌고, 정자 씨는 경운기 뒷좌석에 앉아 읍내 장을 보러가다가

왜장녀 : 몸이 크고 부끄럼이 없는 여자.

그만 손바닥을 크게 다쳤다. 대못만한 철사가 장가락과 무명지 사이를 아래에서 위로 꿰뚫고 나왔다. 그랬지만 정자 씨는 '비싼' 마이신을 사다 먹는 것으로 병원 치료를 대신하고 말았다.

  정자 씨는 여자 어른들 중에 나이가 가장 어린 오십대 후반이며, 커다란 덩치와는 다르게 오물오물 음식을 먹으며, 말은 느릿느릿 굼벵이가 저리가라이고, 여자 어른들과 잘 섞이지 않았다. 한번은 정자 씨가 천마를 무지하게 많이 캐서 다른 아주머니가 술 담게 하나만 달라고 하니까, 없다고 딱 잡아떼는 것을 목격했다. 그날 나는 정자 씨에게 두어 개의 천마를 캐어주었고, 정자 씨는 허리가방에 불룩하게 든 천마를 내게 자랑까지 하였었다.

  점심시간이 되면 유독 정자 씨의 도시락이 눈길을 끌었다. 그것은 다름 아닌 도시락보자기 때문이었다. 다른 이들은 검은 혹은 하얀 비닐봉지에 도시락을 싸가지고 오는 반면, 정자 씨만 연둣빛 양단 밥보자기로 도시락을 싸왔다. 보자기의 솔기를 하얀 무명실로 호았고, 그 바늘땀이 흐트러짐 없이 매끌랐다.

  다른 어른들과는 이야기를 잘 하지 않아도 어쩌다 쉴참에 나를 만나게 되면, 정자 씨는 이런저런 이야기를 했다. 대개는 남들 특히, 반장이나 화폐 혹은 이해관계에 얽힌 이웃을 흉보는 것이었다. 그런데 이야기를 가만히 듣다보면, 그것은 사실(nonfiction)이 아니었고, 정자 씨가 기승전결을 만들어서 하는 이야기(fiction)임을 알아차릴 수 있었다. 그것은 다름 아닌 그 문장, 이야기 끝에 붙이는, "내 생각은 그래" 때문이었다.

  그리하여 나는 쉴참이면 때때로 멀리 혼자 앉아 있는 정자 씨를 찾아 옆에 가서 앉는다. 그러면 정자 씨는 작은 입을 오물오물하면서 혼자서 먹는 커피를 꺼내주거나, 아니면 부침개를 내밀었다. 성의를 보아 하나 정도 먹었고, 정자 씨의 허리가방에 무엇이 들어 있는지 궁금해 하면, 살짝 지퍼를 열고 속을 보여주기도 하고, 안 보여 주기도 했다. 이런 정자씨도 가끔은 집에서 담근 인동꽃술을 이홉드리 소주병에 담아오기도 하고, 커피를 어른들에게 나눠주기도 한다. 이즘 정자 씨의 주된 화제는 막내아들이었다. 어제는 막내아들이 튀김닭과 막걸리를 사다 '즈이 아버이'에게 드렸다고 흐뭇해했다.

읍내 피시방에 다닐 때 가끔 본 적이 있는 정자 씨의 막내아들은 정자 씨의 말처럼 그리 곰살궂게 생긴 것 같지 않아서 간혹 정자 씨의 이야기에 고개를 갸웃거리기도 하지만, 또 한편 정자 씨의 꼼꼼한 도시락보자기를 보면 정자 씨의 이야기가 사실인 듯 여겨지기도 했다. 정자 씨는 이웃 마을, '옹기점마을'이라는 곳에 살았다.

딱히 할 이야기가 없을 때는 정자 씨의 손바닥을 가리키면서 "아직도 약 드세요?" 하면, "이젠 안 먹어. 봐, 이 이쁜 손이 이렇게 망가졌어. 내 이쁜 손이." 하며 또 희밋이 웃는데, 정자 씨의 그 손은 아무리 봐도 이쁘다고 할 수 없는, 솥뚜껑처럼 두툼하고, 크기만 할뿐이지만, 나 역시 "그래요, 이쁜 손이네요." 맞장구를 칠 수밖에 없다. 그러면 정자 씨는 그 작은 입으로 "그렇지!" 하며 또, 히물히물 웃었다.

대포 소리

창밖에는 가을비가 추적추적 내린다.
쨔쨩, 쨩 요란한 대포소리 때문에 도저히 책읽기에 집중할 수가 없다.
오늘은 사전예고방송도 없이 건봉산 오십령 부근에 대포알을 쏘아대고 있다. 건봉산 오십령 부근은 내가 태어나기도 전부터 대포알을 쏘아대서 지금은 휑한 가슴처럼 하얗게 비었다. 그곳은 봄이 되어도 풀이 돋지 않고, 가을이 되어도 단풍 들지 않는다. 건봉산은 민통선(민간인출입통제선) 안에 있다.
초등학생이었던 우리들은 교실 창문이 덜덜거리는 그 불안한 소음 속에서 수업을 받았으며 어쩌다 그 군인들이 던져주는 별사탕이 든 건빵에 취해 헤픈 웃음을 흘리곤 했다. 우리들은 그때〈전우〉라고 하는 KBS의 반공드라마에 심취해 있었다. 우리들에게 그것은 실제상황이었다. 소대장이었던 배우 나시찬과 중대장으로 활약했던 강민호는 지금도 잊을 수 없다. 그들은 불멸의, 결코 죽지 않는 불사조들이었다. 언제나 비명을 지르며 죽어가는 것은 괴뢰군인 인민군들뿐이었다. 우리들은 소나무로 만든 목총을 어깨에 짊어 메고 수업이 끝난 대부분의 시간을 산에서 전쟁놀이를 하며 보냈다. 아니면 차범근, 이회택, 김재한이 소속된 화랑팀을 흉내 내어 축구를 하며 그들을 따라 배웠다.
애국조회시간 교장선생님이 역설하곤 했던 '총화단결'의 뜻도 모르면서 우리들은 언제나 함께 몰려다니면서 전쟁놀이, 죽고 죽이는, 죽는 쪽은 언제나 인민군들뿐이었고, 아군인 국방군은 단지 경미한 부상을 입는 정도에서 그치는, 그것도 대장이었던 춘식의 명령 한마디면

송강리 네귀쓴풀

가을.

부상자는 말끔하게 부상에서 회복되곤 하는, 벌여 놓은 굿판 같은 전쟁놀이를 죽기 살기로 했다.

마을이 수복지구였다는 것도, 휴전이 조인되고 나서도 피난 갔던 사람들이 곧바로 마을로 들어오지 못하고 일 년여를 더 기다려서야 불탄 제 집터를 찾아들 수 있었다는 것도 그때는 무슨 뜻인 줄을 몰랐다. 인민위원회 리당위원장을 지냈다던 친구의 아버지가 한 달에 한 번씩 검은 지프에 실려 어딘가를 다녀오는 것도 우리에게는 예사로운 일상이었다.

1950년대 말에 이곳으로 이주를 한 우리 할머니는 마을은 빨갱이 천지였고, 그로 인해 가끔은 등골이 서늘했다는, 그 말도 사실은 무슨 의미인지 몰랐다. 봄/가을이면 수업도 내팽개치고 주우러 다니곤 했던 삐라와, 빨갱이는 무슨 상관관계가 있는지 알지 못했다. 빨갱이와 삐라 또는 인민군 대좌였다던 아들의 아내와 단둘이 살고 있던 마지기집 할머니도 하나의 풍경일 뿐이었다. 나와는 별개의, 상관없는. 학교와 마을은 다른 별개의, 두 개의 세상이었으나 우리는 그런 것에 아랑곳없이 '때려잡자 김일성, 무찌르자 공산당'을 목청껏 외치며 애향단 깃발 아래 뭉쳐 학교로 향하곤 했다.

마을사람들이 왜 건봉산 기스락에 터를 잡은 군부대와 불화하는지도 초등학생이었던 우리들로서는 풀 수 없는 숙제거리일 뿐이었다. 마을의 청년들이 술 마시러 마을 구판장으로 내려오는 군인들을 만나면 왜 죽기살기로 패싸움을 벌이는지, 우리는 몰랐다.

들깨

　새벽 일찍 눈을 떴다. 보통 때 같으면 잠을 깨고도 이불 속에서 한 시간 정도 책을 읽은 다음 일어나서 이불을 개어 올렸겠지만, 그럴 시간이 없었다. 오늘 들깨를 떨어야 된다는 얘기를 며칠 전에 아버지한테 들었다. 일을 함께 해야 될 때면 아버지는 미리 예고를 하고 동의를 구했다. 날씨가 맑았다.

　시장에서 노점을 하는 어머니는 농사일에 무심한 편이다. 아버지가 가꾸고 수확한 것을 내다가 파는 것은 좋아하지만. 그리고 오늘은 결혼식에도 참석해야 한다는 핑계를 대고 일찌감치 시장 갈 준비를 마친 상태다.

　이럴 때 나는 아버지보다 한발 늦게 밭으로 간다. 새참 등을 가지고 간다는 것이지만, 내가 아무리 일찍 일어난다고 해도 부모보다는 늦게 일어나기 마련이어서 아버지는 내게 아침을 먹고 오라면서 먼저 나선다. 아침을 먹고 어머니가 사다 놓은 새참 봉다리를 들고서 밭으로 향했다. 바람이 부드러웠다.

　아버지는 이미 깨를 떨고 있었다. 오늘 내게 주어진 첫 번째 일은 리어카(손수레)로 깻단을 실어 나르는 것이었다. 가운데 밤나무밭을 사이로 깨밭이 떨어져 있었기 때문이었다. 아버지는 동어반복을 하지 않았다. 한 번 얘기하면 그것으로 끝이었다. 그리하여 아버지랑 일할 때면 편했다. 어머니랑 셋이면 우리는 항상 말이 많아졌다. 그러다가 어머니는 끝내 아버지와 의견 차이를 좁히지 못하고 먼저 일터에서 퇴장했다. 어머니 장기였다.

　일곱 번쯤 반복하고 나서야 깻단을 다 옮겼다. 그러고 나서 새참을 먹었다. 예전에는 아버지랑 함께 맥주를 마시곤 했지만, 지금은 부녀가 모두 금주를 하는 탓에 음료수에 빵이 전부였다. 가스버너를 넣을까 하다가 그만둔 것이 조금은 아쉬웠다. 들에서 먹는 커피도 맛있다.

음료수를 마시다 하늘을 올려다보던 나는 숨을 멈췄다. 무한천공, 그 하늘에 매가 떴다. 고공비행을 하는 매는 거의 날갯짓을 하지 않는다. 이것을 한자어로 활상滑翔이라고 한다. 그러다가 수직으로 낙하해서 먹이를 낚아챈다. 순식간이다. 오늘은 그저 빙빙 하늘을 맴돌기만 한다. 무한한 하늘이 매 한 마리로 인해 꽉 찼다. 〈아름다운 비행〉을 떠올렸다. 구름 한 점 없었다.

아버지는 내 몫으로 싸리 몽둥이와 앉은뱅이 의자를 만들어 놓았다. 아버지는 언제나 실제 일을 하는 것보다 사전 준비에 더 많은 시간을 보냈다. 깻단은 모두 칡넝쿨로 묶여 있었다. 칡넝쿨이라니. 기계를 어려워하는 아버지는―기름보일러에 점검 불만 들어와도 나를 부른다―어쩌면 진작 이렇게 산골에서 살았어야 했는데, 이십여 년을 도심에서 막일로 보내느라고 고생이 무척 심했다.

고무대야를 엎어놓고 그 위에 깻단을 놓고 몽둥이로 내려친다. 두드리는 기쁨이라니. 정말 '깨알 같은' 까만 깨알들이 우르르 쏟아진다. 진동하는 들깨 냄새!

이사한 도시에서 나를 충격 속에 몰아넣었던 것들 가운데 들기름 대신 콩기름을 사서 먹어야 했던 것과 돈을 주고 수돗물을 사먹어야 했던 것이 있었다. 그리고 사천 명이 넘던 초등학교의 학생, 사람들이었다. 그건 그야말로 물멀미 같은 현기증이었다.

깻단을 두드리는 즐거움 속에 가까운 군부대 군인들의 함성이 묻어온다. 일요일이면 그들은 축구를 했다. 일을 마칠 때까지 날씨는 구름 한 점 끼지 않고 쾌청했다. 짐 실은 리어카를 끌고 먼저 집으로 돌아왔다. 뒷정리는 아버지 몫이었다. 아, 늦은 점심은 내 몫이었구나!

송강리 코스모스

만추, 화진포

여권이 없는 아무개와 함께 올해는 기념으로 여권이나 만들어놓자, 농 반 진 반 나눴던 이야기가 떠올라 읍내 사진관엘 찾아들었다. 마을에서 금강산 관광을 추진하고 있었고, 얼마 전 만난 선배 또한 11월이 다 가기 전 금강산엘 함께 가자고 했던 끝이었다. 오랜만에 사진관에서 사진을 찍어보는 일에 어떤 설렘까지 살며시 일었으나 시장통 사진관의 문이 잠겨 있었다. 10초쯤 서서 망설이고 있던 중에 휠체어에 앉은 노모를 모시고 주인이 다가왔다.

안경을 벗어라, 귀 뒤로 머리카락을 넘겨라, 뜨악하고 생뚱맞은 상황이 연출되고 사진을 찍는데 살펴보니 아, 갓난아이 주먹만한 디지털카메라였다. 플래시가 펑, 터지는 필름카메라를 떠올렸던 터라 황망했고, 사진 원본을 포토샵으로 손질하는 것을 보고서는 급기야 어떤 낭패감이 밀려들었다. 여러 번 수정을 거친 사진은 얼룩덜룩했고, 그래도 내 얼굴을 사진관에 두고 나올 수 없어 가방을 열고 보니 이번에는 또 지갑이 없었다. 발편잠을 자고 싶어 시장통에 계신 어머니를 찾아 사진값을 얻었고, 사진관 주인에게 기어이 쓴소리를 한마디 하고서야 사진을 찾아 들었다. 여권용 사진 5매에 만원을 받았다.

어디선가 첫눈이 내렸다는 소식이 있고 보면 화진포 또한 만추 끝자락이거나 초동의 시작에 있을 것이어서 화진포로 가는 버스에 올랐다. 바람살은 사뭇 거칠었으나 의외로 기운은 봄바람처럼 풋풋하여 모자 달린 겨울점퍼가 더웠다. 금강소나무 그늘 아래에는 노란 솔가리가 쌓였다. 호수가장자리 도로는 지난번 폭우로 풀썩 무너져 내렸고, 갈대와 해당화들은 뿌리가 뽑히거나 한쪽으로 씰그러졌다. 가로등과 표지판도 호수바닥으로 처박힌 채 그대로 방치되고 있었다. 기슭에 담쌓인 쓰레기는 차마 눈 뜨고 볼 수 없는 지경이었다.

　홀레구름이 몰려들고 있었고, 순간 어떤 먹먹함으로 가슴이 뻐근해졌다. 교신용 안테나를 한껏 치켜세웠다. 내 손으로라면 끝내 사지 않았을, 그렇더라도 만나지 않았더라면 참 아쉬워했을 어떤 책을 선물 받아 읽고 있는 중이었다. 세상과 교통하는 일이 쉽지만도 그렇다고 또 어렵지만도 않은 일이라는 생각을 하면서도 마침내 세상 속에서 치열하게 살다간 사람들을 만나면 기꺼우면서도 한편 눈물겹다. 그것은 마치 철겹게, 지르되게 핀 해당화 꽃잎을 만나는 어떤 마음과 닮았다.

　뚝 떨어졌던 기온으로 남아있던 해당화 붉은 열매는 말갛게 얼어 가을볕에 더욱 빛났다. 투명하고 여린 아픔이었다. 호수 안쪽에는 겨울철새인 청머리오리들이 와 있었고, 흔히 볼 수 없는 중백로 다섯 마리는 발자국소리를 피해 반대편 기슭으로 날아가 버렸다. 흰뺨검둥오리가 있었고, 기러기는 떼를 지어 호수 위를 높게 날아 북쪽으로 사라져 갔다. 고니는 여태 오지 않았다. 아니면 어느 때 이미 통과해 갔는지도 몰랐다. 수면은 물결을 이루면서 간혹 물방울이 날아 흩어졌다. 얼음 강판에 쪼그리고 앉아 오리숨구멍을 통해 빙어를 낚고 있는 나를 보았다. 곡두였다.

　솔숲 바닥에 사선으로 비껴든 햇살은 따뜻했다. 솎아베기를 한 솔숲은 헐거운듯하면서 그득했다. 가을볕을 받은 금강송은 늠연하면서도 한층 관능적이었다. 바람이 뒤흔들고 가도 솔숲은 그곳에 있었다. 거대한 뿌리와 가벼운 바람은 어쩌면 밀어상통密語相通하고 있는지도 모를 노릇이었다. 묵은 솔가리 위로 샛노란 솔가리가 덧쌓였다. 그처럼 쌓이고 쌓인 뒤에 마침내 꽃으로 개화하는 것일 터였다. 새듯한 단청도 아름다울 테지만 시간을 견딘 뒤에 빚어내는 단청의 맛 또한 깊고 그윽한 것과 같은 것일 테다.

🌱 철겹다 : 제철에 뒤져 맞지 아니하다.

달빛 휘영청 환한 가운데, 비꽃 흩뿌린다. 어느 산마루에는 겨울눈이 난분분 흩날리고 있겠다.

화진포 강아지풀

영산홍을 심다

　영산홍은 환하였다. 문실문실 자라고 있는 젊은 조선소나무 숲에 누워 달디 단 낮잠, 단잠 속에 방금 전 솔숲 사이 천여 평의 숲에 심은 영산홍은 이미 만개하여 붉었다. 낮으면서도 깊은 산 솔숲에 산책로, 샛길을 만들면서 산책자들의 눈을 즐겁게 하기 위한, 길옆 솔숲을 솎아 베어 내고 난 뒤 솔가리를 긁어내고 남도에서 운송되어온 영산홍을 심었다.

　바람도 없는 숲에서 나무들이 울었다. 점심식사 다음 고르고 두텁게 솔가리가 내려앉은 볕이 바로 드는 곳에 팔베개를 하고 누웠다. 마지막처럼 늦가을 볕은 부드럽고 따뜻하였다. 토끼잠은 의외로 달아 꿈이 깊었다. 솔숲은 완강하여 사람의 손이 닿지 않는 숲 바닥에는 아무 것도 키우지 않았다. 송이풀만이 예외처럼 희고 붉게 필뿐이었다.

　이제 영산홍으로 하여 솔숲은 아무 것도 키우지 않는다는 통념은 바뀌게 될까. 그렇더라도 나는 허물어져가고 있는 솔숲 공동체의 기미를 이미 보아버렸다. 청미래덩굴이었다. 청미래덩굴이 자라는 곳에서는 솔가리만으로 다른 수종의 뿌리내림을 막을 방도가 없었다. 곡괭이 끝에 따라붙은 싹이 난 도토리를 만난 것도 하나의 증좌였다. 숲은 어느 사이 푸름에서 붉음으로 천이遷移되고 있었다.

　오래지 않아 흰 눈 쌓인 겨울 숲에서 푸르러 늠연한 소나무를 보는 일은 드물고 희귀한 일이 될 것이며, 어쩌면 다시 볼 수 없는 풍광으로 기억될 것이었다. 하나를 잃으면 하나를 얻는다는 것은 그러므로 상투常套이다. 무엇을 잃는다는 것은 어쩌면 아무 것도 가지지 않았던 그 태허, 처음으로 돌아간다는 것일 수도 있겠다. 솔숲이 소멸하고 난 자리 영산홍, 그 작은

가을·

무리들의 천하가 된다는 것, 그것은 또 무엇일까.

화진포

겨울

지리산 금강송

겨울.

화진포 콘도

아무 것도 없던 빈방에서 돌아와 책이며 컴퓨터 그밖에 잡스러운 것으로 가득한 내 방을 한숨 섞인 표정으로 둘러본다. 너무 많아서 무엇부터 손대야 할지 모를 이 많은 잡스러운 것들! 그러하나 그것들 하나하나는 또 제각각의 표정과 말로 나를 환대하니 나는 다만 그것들을 또다시 제자리에 두어두는 것으로 그 환대에 대한 대접을 하고 만다.

화진포가 민통선 안에 있던 시절부터 '화진포콘도'가 궁금했다. 그곳은 지금도 여전히 '군용 콘도'이긴 하지만 군인가족이면 이용이 가능하였던 터라 어찌어찌해서 드디어 그곳에서 하룻밤 묵게 되었다. 이곳이 '수복'되기 전, 말 그대로 '인공(조선민주주의인민공화국)시절'에도 원산 명사십리와 더불어 화진포는 당 간부들과 외국인을 위한 휴양소로 유명했다. 지금도 화진포호수 근처에 김일성주석의 별장이었던 화진포성이 복원되었고, 이승만대통령과 이기붕의 별장 또한 개방되어 '안보교육관'으로 쓰이고 있다.

늦은 저녁 화진포콘도로 향할 때부터 자동차 앞 유리에 빗방울이 떨어지기 시작했다. 남쪽 대구에서는 지하철 참사로 아우성이었지만, 이곳 거진항에서는 명태축제가 3일 일정으로 막이 올랐다. 일 년에 한 번 여는 축제로 외지에서 들어온 잡상인들로 북새통이어서 축제에 별무관심인 내겐 다만 소음일 뿐이었지만, 아이들과 나이 든 어른들은 축제분위기로 한껏 달떠 있었다. 그리하여 동행하기로 했던 한 가족은 아이들의 성화를 이기지 못해 축제장으로 발길을 옮기는 사태가 벌어졌다.

현관 계산대에는 '깍두기'처럼 짧게 머리를 깎고 사복을 입은 앳된 얼굴의 군인들이 지키고 있었고, 말투 역시 군용으로 깍듯하였다. 열쇠를 받아들고 이층으로 올라갔다. 계단은 좁았고, 모 텔레비전의 드라마에 사용된 장소였다는 광고전단으로 벽들은 소란스러웠으나 대체로 깔끔했다. 방은 2층의 복도 맨 끝이었으며 창문은 화진포호수를 향해 열려 있었다. 제일 먼저 눈에 들어온 것은 싱크대 주변의 냄비와 주전자 그리고 개수대 스테인리스스틸의 반짝거림이었다. 안방의 헤어드라이어는 줄까지 간격을 맞춰 감겨져 있었으며 부엌과 안방을 가로막는 사각형의 촘촘한 투명유리로 된 미닫이문 역시 먼지 한 톨, 손자국 하나 없었다. 그야말로 '군용' 임을 절감하는 순간이었다.

물건들은 오래되었으나 깔밋하게 손질되어 있어 마치 고택에 들어섰을 때와 같은 경건함조차 느껴야 할 것 같은 그러한 지경이었다. 그러면서도 한편, 이 티끌하나 없는 반짝거림 뒤에 숨어 있는 노동의 수고는 대체 누구의 몫이었을까 했다. 그렇더라도 때때로 유난스레 깔끔함에 집착하는 나는 이 청결이 반갑기 그지없었다. 밖에서 저녁밥을 배부르게 먹었던 터라 후배의 제안으로 빗방울이 흩뿌리는 솔숲을 돌아 바닷가로 산책을 나갔다. 한밤의 동해안은 민간인 출입금지구역이었으며 여름 휴가철에도 한시적으로 허가된 해수욕장에서만 밤바다를 만날 수 있었다.

파도소리는 깊었다. 잠깐 한눈을 파는 사이 보초병으로 보이는 병사들이 보무도 당당하게 걸어오는 것을 보자 겁이 많은 후배는 당장 숙소로 돌아갈 것을 제안했다. 나 역시 망설망설하는 동안 그들은 우리를 본체만체 아랑곳없이 제 갈 길로 갔다. 아는 게 병이었다. 오래된 억눌림은 이렇듯 저절로 주눅 들게 했다. '충성할인마트'는 일찍 문을 닫았고, 그 흔한 커피자동판매기조차 없었다.

빈방에 홀로 앉아 적막한 솔숲 사이로 내리는, 겨울을 배송하는 봄비 소리를 보았다. 솔숲 사이 그 너머로 어릿어릿 화진포호수가 들어왔으며 나는 호수 위로 떠오르는 해당화 붉은 꽃잎들과 솔숲 사이로 은현隱現을 반복하는 달빛을 그려보았다. 고니 떼들은 얼음을 피해 멀리 어디론가 떠났고, 나는 해당화 붉은 꽃잎들이 무리 지어 피어나면 얼마나 장관일까를 생각했다.

원산 명사십리 해당화, 지천으로 피었다던 그 꽃잎들 안녕할까. 그 그리움으로 뒹굴뒹굴 삼박사일 꼼짝없이 연애소설이나 읽었으면 좋겠다는 바람을 가져보았다. 적막하고 적막한 봄비 내리는 이른 아침의 적요와 소음 없는 세상의 낮은 평화가 소란스런 나를 한없이 낮게 만들었다.

아, 내 그리워하는 것은 언제나 솔숲 너머 먼데 있었다.

거진읍 금강송 숲

겨울·252

빙구

　혹한의 칼바람이 며칠째 기승을 부리고 있다. 눈도 오지 않고, 비도 없었다. 땅은 까슬까슬 메말랐고, 파슬파슬한 흙먼지는 대기를 흐려놓기 일쑤였다. 사방이 문인 내방은 황소바람이 막무가내 휘몰아쳐 들어와 이불을 뒤집어쓰고 엎드려 책을 읽는다. 독후감 쓰는 일에 취미를 붙였다면 아마도 12월에만 열편은 좋이 넘을 독후감을 썼을 테지만 도무지 독후감 쓰는 일에는 흥미가 없다.

　대학 1학년 때였다. 최일남의 〈누님의 겨울〉을 읽고 독후감을 써서 과제로 제출해야 했다. 열심히 그 단편소설을 읽었지만 아무 할 말이 없었다. 그리하여 내가 쓴 문장은 딱 세 글자였다. '추웠다.' 이렇게 써서 앞뒤에 표지를 붙이고 제출했더니 당장 담당교수의 호출이 있었다. 교수는 다짜고짜 소리부터 질렀다. 기만당했다고 생각했던 모양이다, 지금 돌이켜보면.

　그때는 황당하고 억울해서 엉엉 울기만 했다. 왜 내가 그렇게 밖에 쓸 수 없었는지에 대해서는 아예 들어볼 생각도 없이 먼저 소리부터 지르며 노발대발,―대학 1학년 봄이었으니 어찌 감히 교수에게 가타부타 할 수 있었겠는가―붉으락푸르락 한 시간 남짓 야단맞았다. 하지만 내용은 기억나지 않고 오직 '혼났다'는 것뿐. '저 교수랑 친해질 일은 영영 없을 것이다' 그런 것만 생각났다. 나중에 학점을 보니 D+였다. 문학개론은 전공필수였고, 그 담당교수는 지도교수이기도 했다.

　아니, 이 이야기를 하려고 책상 앞에 앉은 것은 아니었다. 어릴 때나 지금이나 노는 것을

　　빙구 : '썰매'의 방언 (강원, 평안, 함경).

무지하게 좋아하는 나는 어릴 때 방학은 온통 노는 것뿐이었다. 특히, 겨울방학에는 할 일이 지나치게 많았다. 우리 집은 조부모를 비롯해서 삼촌들까지 대식구였기 때문이었는지 한 번도 집에서는 계집애가 어쩌고저쩌고 하는 소리를 듣지 않았다. 동네 사내아이들 역시 내가 계집애여서 무엇을 할 수 없다는 소리 따위를 하지 않았다.

  한겨울, 눈은 내렸다 하면 폭설이었다. 우리는 그 눈을 처마 가까이 쌓아올려 눈 미끄럼틀을 만들었다. 큰오빠와 작은오빠 그리고 가끔 막내삼촌이 옆에서 거들었다. 나야 비료포대를 들고 대기하는 것이 고작이었지만, 눈 깜짝할 새면 학교 운동장에 있는 것 만한 미끄럼틀이 만들어졌다. 먼저 미끄럼틀을 만든 오빠들이 시승을 해보고 나서, 눈을 더 쌓아 다지기도 하고, 울퉁불퉁해진 길을 다시 고르게 보수를 한 다음 우리에게 물려주었다. 엉덩이 밑에 비료포대를 깔고 혼자서도 타고, 둘이서도 타고, 나중에는 얼마나 멀리 가나 내기도 했다. 그렇게 놀다가 날이 저물면 작은오빠가 바가지로 물을 퍼다 미끄럼틀에다 붓고 다시 삽으로 울퉁불퉁하지 않게 다져놓았다. 그렇게 하룻밤을 자고 나면 꽝꽝 언 눈 미끄럼틀이 새롭게 탄생했다. 그런 날은 하루 종일 놀아도 엉덩이만 젖을 뿐, 미끄럼틀이 망가지지 않았다.

  다음은 빙구 타기다. 빙구는 어린아이가 올라앉을 만한 크기의 나무판자를 사각형으로 만들어 그 아랫면 좌우 가장자리에 두 개의 납작하고 길쭉한 다리를 덧댔다. 덧댄 다리 밑바닥에는 철사로 심을 박았다. 다른 지방에서는 썰매라고 부른단다. 그리고 막대기로 만든 꼬챙이가 한 벌 있다. 이 꼬챙이는 티자(T) 모양으로 만들어서 가로는 손잡이로 쓰고, 세로 밑에는 쇠못을 박는다. 쇠못은 얼음을 지칠 때 버팀목 구실을 한다. 빙구는 얼음 언 냇가에서도 탔지만, 주로 논에 논둑까지 차란차란 물을 대서 그 물이 얼어 빙판이 되면 그 위에서 타고 놀았다.

눈이 내리지 않는 날이면 동네 아이들이란 아이들은 죄다 아침을 먹고 나면 논으로 모여들었다. 그때는 워낙 추웠기 때문에 논을 하나 정해서 물을 담아놓으면 밤새 저절로 꽝꽝 얼었다. 그리고 저녁에 돌아갈 때 다시 논물을 대놓으면 빙구 날과 스케이트 날에 망가지고 깨진 얼음판이 그 다음날에는 말짱해져서 또 신나게 빙구를 탈 수 있었다. 하지만 논물의 수위 조절을 잘해야지 그렇지 않으면 벼 그루터기에 스케이트 날이나 빙구 날이 걸려서 사고가 날 수도 있었다. 놀이논 가운데 하나가 우리 집 앞에 있었던 탓에 저녁에 물을 대는 일은 중학생이었던 작은오빠의 몫이었다.

쌩쌩 칼바람이 몰아쳐도 아랑곳없었다. 양말이 젖으면 모닥불에다 말렸고, 그러다가 가끔 나일론 양말에 구멍을 냈다. 얼음 빙판 한 귀퉁이에서는 소나무로 만든 팽이도 쳤다. 굵고 좋은 쇠구슬을 심으로 박았을 때는 어깨를 으스대며 한껏 뽐을 냈다. 나무로 깎은 팽이에 크레파스로 색칠도 하고, 또 멋진 오색 끈을 매달기도 했다. 닥나무 껍질로 만든 팽이채도 서로 경쟁을 했다.

그렇게 놀다 허기지면 집으로 뛰어와서 무쇠솥 뚜껑을 열고 아침밥에 얹어 쪄놓은 고구마를 한두 개씩 입에 물고는 다시 논으로 달려갔다. 해종일 노는 것밖에는 달리 일이 없었다.

또 있다. 눈 위에서 비료포대 깔고 타는 눈썰매. 이 놀이는 눈이 온 다음날 바로 해야 재밌다. 장소 선정도 알맞아야 한다. 적당한 경사면이 아니면 영 재미가 없는 것이 또 이 눈썰매다. 마을에는 마침 산비탈을 깔고 비스듬히 생긴 밭이 하나 있었다. 이곳은 마을 안뜸에서 조금 멀리 떨어진 곳으로 비료포대를 옆구리에 끼고, 출장을 가야 했다.

눈썰매를 타면서 보내는 하루도 얼마나 신나는 것인지, 아마 그런 이유로 사람들은 하늘을 나는 꿈을 키우지 않았을까. 눈썰매를 타면 어쩔 수 없이 엉덩판이 축축하게 젖었다. 한순간 쏜살같이 날 듯 달려 내려왔던 그 길을 이번에는 어기적어기적 되짚어 걸어서 올라가야 하는 일이란. 그러면서도 가슴 벅찬 희열, 그 한순간의 기쁨을 위해 우리는 그 높은 꼭대기로 오르는 일을 포기한 적이 없었다. 엉덩판이 젖는 것쯤이야, 손이 곱고 발에 동상이 걸리는 것쯤이야, 귀가 얼고 볼따구니가 새빨갛게 트는 것쯤이야. 그런 것은 우리들 놀이 앞에서 어떤 장애도 되지 못했다.

오늘 아침 눈뜨면서 생각한 것이 아, 빙구나 한번 탔으면 하는 것이었다.

송강리

단풍잎 한 잎

해종일을 종이 속 활자나 컴퓨터 모니터 화면에서 벗어나지 못하는 눈의 피로를 덜기 위해 숲으로 향했다. 우리 마을은 서쪽엔 건봉산 남쪽엔 학봉산 그리고 북쪽엔 작은 야산 너머 멀리 노인산이 있다. 그리고 동쪽으로는 학봉산의 지맥인 앞산이 있다. 앞뒤좌우 산맥들로 둘러싸여 있다. 그 사이로 건봉산에서 흘러온 개울이 동해, 바다를 향해 흐른다.

건봉산 등성이는 겨울 쪽으로 기울어져 있었고, 학봉산은 칠부 등성이까지 단풍이 졌다. 산머리로 향하는 오솔길은 잡목 숲으로 에워싸여 있어서 개개비 또는 박새 무리의 재잘거림을 아니면 목소리가 새된 어치를 만날 때도 있다. 여전히 꽃 피우고 있는 보랏빛 구절초에 눈길을 주면서, 또 한편으로 두리번거리면서 숲길을 걸었다.

어느 순간 느닷없는, 바로 한 발짝 앞에서 푸드득 자리를 박차고 날아오른 꿩들 때문에 그만 딱 심장이 멎었다. 여섯 마리였다. 차례로 날아올랐다. 걸음도 멈췄다. 누가 누구를 놀라게 한 것인가. 꿩인가, 나인가.

학봉산은 1986년 화마에 휩쓸렸다. 김훈의 『자전거 여행』을 읽다가 숲 이야기를 하는 대목에 우리 마을 지명이 나와서 유심히 살폈다. 그의 말대로 바람이 지나가는 중턱을 제외한 등성이나 골짜기에는 제법 숲다운 숲이 만들어지고 있었다. 그런데 '98년 숲 가꾸기 공공근로사업을 시행하면서 산의 반쪽을 박박 밀어내고 어린 잣나무를 심어놓아 그야말로 허허벌판 같은데, 김훈은 "1986년에 불타버린 고성군 거진읍 송강리의 숲은 지금 키 큰 나무와 작은 키 나무로 숲의 층위를 이루고 있다"라고 적고 있다. 아마 숲 가꾸기 공공근로사업을 시행한 사실을 몰랐던 모양이다. 그것도 숨아내기를 한 것이 아니라, 그야말로 논두렁 풀 베듯이 싹싹 베어 냈다. '지금'이라니?

그리하여 그 산을 오르거나 보고 있으면—우리 집 마당에서 훤히 올려다 보인다—마음이 편치 않다. 그 숲 골짜기에는 참나물과 더덕 등이 자라고, 다래 넝쿨 또한 울창했지만, 지금 골짜기 계곡에는 키 높게 자란 갈대숲만 무성하다. 겨울이면 사촌은 그곳에서 멧돼지나 토끼 등을 사냥했었다.

중턱쯤, 거북이처럼 생긴 바위에 걸터앉아 화진포 앞바다의 거북섬, 금구도를 본다. 바다와 구릉에 반쯤 가려진 화진포호수도 보이고, 등성이와 등성이를 잇는 건봉산 그 높은 산머리를 지나가는 군사도로에 줄줄이 이어져 있는 전봇대도 눈길에 잡힌다. 간혹 흙먼지를 날리며 달리는 군용트럭이 보일 때도 있는데, 개미처럼 작다.

마을의 집들은 대부분 파란색이나 주황색 지붕을 이고 있다. 슬래브지붕을 제외하면 다른 색은 없다. 반듯하게 경지정리가 된 논들 사이에 그렇게 옹기종기 모여 있는 집들은 마치 장난감 마을 같다. 꿈도 희망도 없는. 아픔도 상처도 없는. 그렇게 바라보는 평화 속에 그들은 가을걷이를 끝내고 긴 동면에 들어갔다.

그쯤에서 발길을 돌려 골짜기 계곡으로 들어섰다. 갈대숲 때문에라도 제대로 길을 찾을 수조차 없을 지경이다. 그 계곡에서 살던 원앙들을 찾을 요량이었는데, 원앙은 간 곳 없고 대신 산불로 없어졌다던 가재를 만났다. 요놈! 얼른 물속 갈잎에서 어슬렁거리는 그놈을 낚아챘다. 살이 올라 통통했다. 불을 해놓고 가재 등을 구우면 가재만은 언제나 새빨갛게 익어 갔다. 그때 소주 생각을 했던가.

가재는 환경지표동물로 일급수에만 산다. 엎드려 물을 한 모금 먹고, 이놈을 어떻게 할까

송강리

겨울. 259

를 궁리하다가 그만 물속에 놓아준다. 그놈을 만난 것만으로도 충분했다. 어릴 적 가재나 옹고지, 미꾸라지 혹은 겨울이면 개구리 등을 잡았다. 인형놀이나 소꿉놀이보다 그런 것에 훨씬 더 재미를 붙였다. 다마(구슬)치기, 딱지치기, 자치기, 그리고 못 찾겠다 꾀꼬리 등등. 고무줄놀이보다는 백배는 더 재미있던. 하지만 초등학교 6학년 4월에 경기도 성남, 그 조루하고 황폐한 도시로 이사를 하는 바람에 그런 즐거움은 더 이상 누릴 수 없게 되었다.

도시로 이사한 뒤 시골로 보내달라고 한 달을 울었다. 그때 시골에는 할아버지, 할머니가 사는 집과 그리고 작은집이 있었다. 먹혀들 리 없었지만 그렇게 시작한 도시생활은 참 지겹고 재미없었다. 그때 나는 비료포대 한가득 끌고 다니던 종이딱지와 쳇바퀴 가득 들어오던 옹고지 그리고 강아지풀에 줄줄 꿰어 가지고 다니던 꾹저구와 버들개지 등속을 그리워했던 것인가.

달밤의 학봉산 등성이는 고깔을 쓰고 승무를 추는, 긴 장삼 자락을 끼고 양팔을 좌우로 가득 벌리고 바닥에 엎드렸다가 막 고개를 드는 그 춤꾼의 자태, 그 어깨선과 닮아 있다.

산을 다 내려와 마을로 접어들었는데, 귓전에서는 계속 가랑잎 밟히는 소리가 들렸다. 이상했다. 그때서야 점퍼의 후드에 손을 넣었다. 아, 그 속에는 색이 바랜 단풍잎 한 장 그리고 솔잎 따위가 수선수선 소리를 내고 있었다.

폭설 혹은 첫눈

무언가를 기다린다는 것은 어떤 그리움 때문일 것이다. 어디선가 눈 내린다는 소식에 조금은 시무룩했고, 손에 책을 들고 있으면서도 잇달아 창밖을 살폈으며 급기야 들판 한가운데 서서 하늘을 올려다보았으나 아무 소용없이 새벽까지 하늘은 그렇게 구름 한 점 없이 별만 총총했던 것이다. 마침내 눈 같은 것은 까맣게 잊고 아침까지 쿨쿨 누에잠을 잤다. 꿈속에서조차 눈의 그림자는 없었다.

이른 아침 잠결에 두런두런 부모의 목소리가 들려왔고, 커튼 내린 창은 깜깜나라처럼 어두워 무슨 소리인지 알아들을 수가 없었다. 돌아누우며 다시 이불을 말아 껴안고 잠들려는 순간 번쩍 섬광처럼 스치는 무엇인가 있었다. 부리나케 이불을 걷어 부치고 창문을 열어젖혔다. 뒷집 마당에 눈이 한자 넘게 쌓여있었으나 거기에 그치지 않고 앞이 보이지 않을 정도로 굵고 거친 눈발이 펑펑 쏟아지고 있었다. 도둑눈이었다. 열어놓은 창문으로 눈보라가 휙휙 몰아치는 것을 한참 내다본 뒤에야 아, 첫눈이 폭설이구나 했다.

왜바람 속에 눈발은 사뭇 거칠어서 처마 아래를 뺑뺑매면서 눈 구경을 했을 뿐 들판으로 나갈 엄두를 내지 못했다. 신작로는 제설차가 눈을 한번 밀고 지나갔으나 시내버스는 오지 않을 듯했다. 어디선가 비닐하우스가 무너지고 있었을 것이고, 숲의 나무들은 눈의 무게를 이기지 못해 아퀴쟁이가 찢어지고 있었을 것이며 또한 산짐승들은 길을 잃고 헤맬 것이겠으나 탐스러운 눈송이를 맞이하는 당장의 마음은 발탄 강아지처럼 마냥 즐거웠다. 눈발이 너누룩해지기를 기다리면서 다시 책을 들었다.

눈발은 굵어졌다 가늘어졌다 반복할 뿐 그칠 기미는 없었다. 더 이상 기다릴 수 없었다. 어느 새 해가 질 시간이 되었던 까닭이었다. 무릎까지 오는 어머니의 빨간 장화를 신고 들판으로 나섰다. 눈발은 사뭇 거칠게 휘몰아쳤다가는 다시 한숨 돌리듯 누꿈해졌다가는 또다시 사납고 맵차게 우박처럼 쏟아져 내렸다. 우산을 썼으나 소용이 닿지 않았다. 손에 든 사진기에 떨어진 눈송이는 순간순간 물이 되어 흘러내렸다. 다리를 건넜다.

푹푹 눈 속에 발이 빠졌고, 장화 속으로 눈이 들어와 발가락이 시렸다. 금강소나무는 어느 사이 능호관 이인상의 〈설송도〉처럼 변해 있었다. 검도록 하얗게 휘몰아치는 눈보라 속에서도 우뚝한 모습이 마치 거인처럼 기이하면서도 웅혼했다. 내 아름으로는 안을 수도 없을 만큼 큰 밑둥에도 하얗게 눈은 깊고 높게 쌓였다. 멀리서 가까이서 들여다본들 솔보굿 비늘 하나 만날 수 없었다. 꾹꾹 사진을 찍을 뿐이었다. 마음의 깃발처럼 잊지 않도록, 아니 그 순간의 자취 이미 없을 것이겠으니 내 생보다 오래 머물다 가기를 빌었다. 시린 손을 주머니에 넣고 다시 학봉산 골짜기 계류 어귀에 있는 금강소나무를 향해 도서서 눈을 헤치며 나갔다.

쌓인 눈을 치우면서 눈갈망을 다시 하던 이웃의 어른이 느닷없이 소리쳤다. 누구요? 무릎까지 쌓인 눈을 좌우로 십 센티미터 깊이로 밟고 그 가운데를 꾹 밟으며 겨우겨우 앞으로 나가는 일에만 정신을 쏟던 나는 화들짝 놀라 고개를 들었다. 아, 안녕하세요? 뭐 하러 가나? 예, 사진 찍으러요……그래. 어이가 없으셨는지 더는 아무 말씀 없으시다. 한 자 남짓 쌓인 눈길을, 아무도 가지 않은 숲으로 향한 길을 어기적어기적 걸어가는 폼이 적잖이 수상쩍었나 보다.

지척이 천리였다. 길은 좀처럼 줄어들지 않았고, 눈발은 더욱 거세졌다. 돌아설까, 뒤를 돌아보았으나 이미 반나마 걸어왔다. 다시 눈 위에 발자국을 만들며 소나무를 향해 조금씩 조금씩 나아갔다. 시간 밖에 있는 것이 어디 사람 사이의 일뿐이겠는가. 봄날의 청한 빛깔이 가을로 접어들며 새뜻한 솔가리를 만들었으나 눈 속에 묻힌 나무는 그 어느 시간에도 갇히지 않은 채 화려 장엄하였다. 덧없이 사라지고 말 하얀 눈의 선물이었으나 그 순간만큼은 깊은 적막처럼 정온하고 아름다웠다. 어쩌지 못하고 나무 주위를 돌았다. 눈발은 어느새 숙지근해졌다.

눈을, 폭설을 핑계 삼아 술병 들고 찾아갈 만한 벗들이 먼데 있어 종일 아쉬워했으나 가까운 이웃에게 그 마음이 전해졌는지 나무를 만나고 돌아오던 다저녁때, 다리께 눈길에 미끄러진 트럭을 꺼내느라고 모였던 사람들 가운데 딸아이와 눈 장난을 하던 이장 부인께서 멧돼지 고기 안주에 술을 준비해두었노라고, 청했다.

첫눈은 그렇게 폭설로 내게 왔다.

격포 채석강

명태

한겨울 뒤란 처마 밑에 대롱거리며 달려 있는 마른명태는 특별한 군것질이 없던 우리 형제들에게는 더없이 귀중한 것이었다. 겨울밤은 밤도 길어 웃방에 대나무 기적으로 둥우리를 만들어 저장해 놓은 고구마도 어느만큼 물릴 때가 되면 우리는 슬금슬금 뒤란으로 잠입했다. 작은오빠와 나였는지, 아니면 나와 동생이었는지의 기억은 별반 중요하지 않다. 중요한 것은 대롱거리며 매달려 있는 그놈들을 티 안 나게 벗겨내서 빨래방망이로 두들겨 화로에 구울 수 있느냐가 관건이기 때문이었다. 아니면 그놈들의 눈깔만 젓가락으로 파내서 먹은 후 그것을 어떻게 다시 처마 밑에 걸어놓을 수 있느냐 하는 것이었다.

명태는 잡히는 철에 따라 여름에 잡히면 여름태, 11월 초겨울에 잡히면 선태, 겨울에 잡히면 동태, 봄에 뒤늦게 온 것은 춘태, 가장 절정기인 동지 전후를 해서 잡히는 동지태 등으로 이름이 바뀐다. 말리는 날수에 따라서도 이름을 달리 부르는데, 보름 내외 말린 것은 북어, 석 달 열흘 한겨울 찬바람 속에 눈비 맞고 얼부풀면서 말린 것을 황태라고 부른다. 그리고 우리가 흔히 동태라고 하는 것은 얼린 것이고, 생태는 갓 잡아 올린 싱싱한 선어를 말하는데, 대도시에서 맛보기는 참으로 힘들다. 혹여 어시장에서 생태라고 비싸게 파는 것의 대부분은 냉동상태에 있던 동태를 녹인 것이니 살 때 주의해야 함은 물론이다.

또한, 이곳에서는 명태를 지방태와 원양태로 구분해서 부르는데, 지방태는 동해안 연안어장에서 잡히는 것을 말하는 것이고 원양태는 북태평양에서 잡히는 것을 말하는 것인데 지방태와는 맛을 견줄 수 없이 형편없지만, 요즘 나오는 황태는 대부분 원양태로 말린 것이다. 지방태의 양이 급격하게 감소했기 때문으로 몇 년 전까지만 해도 겨울철이면 쉽게 생태탕을 끓여 먹었지만 지금은 세 마리에 만 원 정도 한다. 예전에는 한 두름(20마리)에 얼마냐로 가격을 불렀으나 지금은 만원에 몇 마리 하느냐로 가격을 책정하는 기준 자체가 달라졌다.

    명태 아가미로는 아가미식해를 담그는데, 쌀밥에 엿기름을 넣고 만드는 식혜와는 전혀 별개의 것이니 착오 없기를 바라며, 채 썬 무를 넣고 만든 아가미식해는 뜨거운 밥과 함께 먹으면 아주 맛깔스럽다. 혹시 가자미식해를 먹어본 사람이 있으면 그 맛과 비슷한 것이라고만 전할 수 있을 뿐. 그리고 명태 창자로 만든 창난젓과 명태 알로 만든 명란젓이 있으며 김장을 담글 때 적당히 꾸덕꾸덕하게 말린 명태를 토막쳐 김장 배추 속에 넣었다가 봄이 가까워 올 무렵에 먹으면 그 맛도 가히 일품이고, 명란만으로 끓이는 알탕 또한. 그렇지만 주점 등에서 끓여주는 알탕은 대부분 원양태알이기 십상이고, 그것도 냉동된 경우가 대부분이니 제대로 된 알탕 한 그릇 먹기 정말 힘들게 됐다. 그리고 부두에서 하역하는 생태를 직접 사지 않으면 암컷 속에 들어 있는 알은 따로 팔기 위해 이미 뱃속을 떠난 경우가 대부분으로 어쩌다 운 좋아야 알이 가득 든 알배기 명태 한 마리를 만날 수 있으니 시절이 야박하긴 참으로 야박해졌다.

    무를 숭숭 빚어서 넣고 맑게 끓이거나 얼큰하게 고춧가루를 푼 생태탕에, 소주 한 잔 반주로 곁들이면 한겨울 저녁 밥상이 참으로 따뜻할 것이다. 그렇지만 이곳 거진은 벌써 몇 년 째 겨울이면 뱃사람들이 겨울 생계 걱정을 해야 하는 형편이다. 올 여름에도 그 흔하던 오징어조차 흉어였다. 며칠 전부터 양미리와 도루묵이 조금, 그리고 도치(심퉁이라고도 부른다)가 얼마쯤 나는 덕에 그물을 손질하는 어부들의 손길이 조금 바빠지기는 했지만 섣부른 기대는 더 큰 실망을 부르는 법.

아참, 빼먹을 뻔했다. 수컷의 정액 덩어리인 고지(이곳에서는 곤지라고 부른다)로 끓이는 국도 있다. 된장에 시래기 등속을 넣고 함께 끓인다. 맛은 먹어봐야 아는 법. 아무리 활자로 이야기한들 비린내 한 번 맡을 수 없을 것이었다. 그리고 곤지를 꾸덕꾸덕하게 말렸다가 들기름 넣고 볶아 먹어도 맛있다. 언제부턴가 황태구이집이 유행이지만, 기름 많이 넣고 구이를 하면 명태의 제 맛을 찾기 어렵다. 그렇더라도 요즘 입맛이라는 게 내남없이 국제적인지라 관심 있는 분들은 한번 먹어 봐도 손해는 안 되겠지만, 썩 권하고 싶은 마음은 또 없다. 제철 음식을 제 고장에서, 제대로 만들어 먹어야 제 맛이지 않던가.

끝으로 왜 고사상에는 명태포를 올리는지 궁금하지만, 과문한 탓으로 그것에 대해 설명한 문헌을 보지 못했다. 언젠가 진부령 황태 덕장(서까래로 덕을 매어 명태 등을 말리는 곳)으로 취재를 갔었는데, 그곳 주인은 황태덕장이 망하지 않을 거라고 자신하면서 그 이유로 일 때마다 올리는 고사며, 무가에서 소비되는 명태와 황태포 때문이라고 했다. 그러면서 그 양이 대체 얼마나 될 것 같으냐고 오히려 내게 되물은 적이 있었다. 정말 얼마나 될까?

개구리 반찬

　일주일이 되었는데도 속을 다스리지 못해 개운치 않은 얼굴로 앉아 있는데, 사촌이 헐레벌떡 달려와 창문을 두드렸다. 전쟁이라도 난 듯한 얼굴을 하고서는 빨리 창문을 열란다. 그러고는 한다는 소리가 "야, 꿩 잡았다." "그래서?" 평소 같으면 만면에 희색이 되어 "어디, 어디?"를 외치며 밖으로 달려 나갔을 테지만, 몸이 몸이 아닌지라 시큰둥했다. 처음에는 어디가 아픈지도 모르고 된통 앓았는데, 며칠이 지나자 이제는 속이 아프기 시작했다. 병원? 병원이 있기는 하지만, 나는 약 부작용이 심해 심지어 감기약이나, 진통제를 먹어도 알레르기를 일으키기 다반사라 병원은 언감생심 꿈도 꾸지 않는다. 그래도 어떻게 잡았는지 궁금하지 않을 수 없었다. 공기총은 진작 경찰서에 영치 명령이 하달되어 동네에는 공기총을 가지고 있는 사람이 없었다. 사촌이 하는 말이 참으로 가관, 기가 막혔다.
　"산에 갔다가 내려오는 길인데, 매가 한 마리 바로 앞에서 날아오르더라. 어, 저놈이 하는데 보니까, 글쎄 꿩이 한 마리 나자빠져 있지 뭐냐? 히히."
　"멀쩡해?"
　"응, 날개 죽지의 깃털 몇 개 뽑히고는 멀쩡해."
　"그러니까, 꿩 대신 닭이 아니고 멧돼지 대신 꿩인 거네?"
　"그렇지. 내가 좋은 꿈을 꿨는데……."
　그때부터 사촌은 지난밤 꾼 꿈 이야기로 정신이 없었다. 심마니들이 꿈에 대해 지독한 편견을 갖는 것과 같이 사촌 역시 꿈에 대해서는 거의 맹목이었다. 특히 겨울 사냥철이 시작되

송강리 밤나무

겨울·

면. 그렇게 해서 사촌은 매가 잡아 놓은 꿩을 들고 희희낙락 하산을 했던 것이다.

　이곳의 겨울은 말 그대로 농한기이다. 바람이, 미친바람이 휘몰아치면 슬레이트 지붕조차 막 날아가는 판이라 비닐하우스 작물 재배 같은 것은 애시당초 꿈도 꾸지 못하기 때문에 일 없이 놀다가 눈이라도 오면 산으로 사냥도 하러 가고, 아니면 이맘때는 주로 개구리를 잡으러 다니는데, 외지에서 하도 보신용 운운하며 대량으로 잡아 판매를 하는 게 매스컴에 오르내리면서 그것조차 운신하기가 쉽지 않게 됐다. 이곳에서는 그저 심심풀이 삼아 몇 마리 잡아 알불에 구워 소주 반찬이나 하는 게 전부이긴 하지만 단속을 한다고 하니 몸조심하는 수밖에 다른 도리가 없다. 그걸 잡아서 판매하는 것도 아닌 터에 괜한 죄인 된 심정을 가져야 하는 게 서로 참 딱한 일이다.

　그렇지 않아도 얼마 전 사촌에게 언제 개구리 잡으러 갈거냐니까 벌써 한 번 갔다 왔단다. 나한테 왜 말 안 했어 했더니, 니가 모르는 사람들이 있어서 한다. 다음에는 나도 간다, 고 일러두었다. 데려가 달라고 하는 게 아니라 간다고 통보를 하는 것이다. 사촌동생은 내 동생과 달리 내가 하고 싶어 하는 일, 특히 개구리 따위를 잡으러 가는 일에 내가 얼마나 재미있어하는지를 알기 때문에 섣부르게 반대를 못한다. 아니 안 한다. "호로병 옆에 차고"가 아니고, 됫병을 가슴에 안고 골짜기로, 문이골이나 홍골 또는 숭직골 아니면 피나무통골로 개구리를 잡으러 떠나는 발걸음은 얼마나 가벼운 것인지.

　그렇기는 해도 매번 같이 가는 것이 아니라 일 년에 한두 번 정도만 같이 가서 알불에 개구리를 구워 소주 반찬을 하며 희희낙락 한나절 놀다가 내려오면, 그 맛도 별미다. 사촌이 내 앞에다 옮겨 놓는 알불에 구운 알가지(암놈 개구리)의 노란 배에 가득찬 새까만 알들을 먹는 맛이란. 수놈은 주로 다리만 뜯어먹지만, 잘 먹는 이들은 그냥 통째로 아작아작 씹어서 먹는다. 그렇게 먹는 걸 보면 그래, 저렇게 먹어야 하는 건데 할 뿐, 사촌이 뜯어주는 알가지나 몇 개, 수놈 다리나 몇 개 먹는 둥 마는 둥 하지만, 그곳에 앉아 나뭇가지를 주워 알불을 만들고, 그네들이 두서없이 하는 이야기를 듣는 것도 한 재미다. 나만 빼고 다 남자들이고, 그것도 서른이 넘은 장가 못간 총각들인 경우가 대부분인지라 어떻게 하면 장가를 갈까부터 온갖 혼인에 얽힌 이야기들이 중구난방 떠돈다. 이웃마을에서처럼 연변에 가서 조선족 처녀를 사올까 아니면 통일교에서 주선하는 국제결혼을 할까 그도 아니면 등등.

실제로 이웃마을에는 필리핀 여자와 혼인한 사람도 있고, 형제가 조선족 처녀와 혼인을 한 경우와 통일교에서 주선해서 일본 여자와 혼인을 한 경우가 있는데, 안타깝게 생각되는 것은 남편 되는 이들이 전혀 부인들이 사용하는 영어나 일어를 하지 못한다는 것이다. 가끔 그 외국인 부인들과 함께 버스를 타는 경우가 있는데, 외마디 한국어와 손짓발짓 한국어가 결합된 묘한, 참으로 기이한 풍경을 접하는 마음은 또 그대로 슬픔이 되기도 한다.

오늘처럼 꿩이나 토끼를 잡았을 경우, 손질을 해서 비닐하우스에 모여 구워 먹는다. 이 비닐하우스는 팔일모를 내기 위해 정부에서 지원을 해서 만들어준 것인데, 팔일모를 내고 나면 전혀 쓸모가 없다. 간혹 창고로 이용하기도 하고, 좀 바지런한 집에서는 고추를 말리기도 하는데, 고추도 건조기에다 말리는 통에 거의 사용되지 않는다. 그리하여 작은집의 경우 겨울철 우리들의 아지트로 변하는데, 논에서 장작에 불을 놓아 알불을 만들어 이것을 퍼다 무쇠솥이나 드럼통에 넣어 화로를 만들고 그 위에다 석쇠를 얹어 놓고 고기를 굽는다. 토끼나 꿩 같은 경우는 소금간을 하고, 옆에는 됫병 소주가 한 병 놓이면 그날 하루는 만사형통.

겨울, 농촌의 하루는 또 그렇게 저물어 간다.

사촌의 꿈

　미친바람이 휘몰아쳐서 더 이상 책을 읽을 수 없다. 휘영청 밝은 보름달이 은행나무 가지 사이로 성큼성큼 자라 오르던 것을 보았건만, 나는 마당가를 서성이며 그와 놀 수가 없다. 창으로는 황소바람이 몰아쳐 들어오고, 손은 곱고 발은 열이 나고, 이 기이한 상황에 마주한 나는 다시 사촌의 꿈을 이야기할 수밖에 없는데, 우리들은 어쩌다 피시방에서 만나기도 하고, 아주 가끔 그가 우리 집으로 와서 피시방에 가지 않겠느냐고 물을 때가 아니면 우리는 일주일에 얼굴 한 번 보기도 어렵다. 그가 어떤 생각을 하는지, 말하지 않아도 알 수 있었지만 그의 꿈에 대해서만은 서로 묵묵, 먼산바라기를 해야 할 때가 있다. 그의 꿈은 비행기 조종사가 되는 것이었지만, 키가 작고 시력이 나쁘다는 이유로 비행기 조종사의 꿈을 접어야 했고, 그도 안 되면 비행기 정비사라도 되고자 했으나 그도 저도 지금은 다 물거품이 되고 말았다. 그리하여 그는 오늘도 비행기 관련 잡지와 오토바이 관련 잡지를 사러 읍내 서점엘 들른다. 그가 유일하게 읽는 활자화된 책들이다.

　그는 내가 일없이 책 읽는 것을 기이하다 못해 한심하게 생각하는 편이고, 내 활자 중독에는 머리를 홰홰 내두르는 편이라 우리는 서로 읽는 것에 대해 말을 하지 않지만, 새벽 다섯시면 어김없이 잠을 깨는 그는 텔레비전이라면 신주단지 모시듯이 해서 텔레비전을 보지 않는 나와는 수시로 말씨름을 벌이지만 그것도 이젠 별로 재미없어 한다.

　어머니의 성화에 못 이겨 작년에 지프를 한 대 구입했지만, 일 년도 채 못 되어 논두렁 개골창에 처박히는 신세가 되어 다시 무면허로 250짜리 오토바이를 타고 다니는데, 내년에는 할리데이비슨을 사야겠다고 열심히 주식투자를 하고 있다. 그렇지만 알다시피 주식 시세는 바닥을 치고, 사촌은 다시 날품팔이를 할까를 고심하는 가운데 있다.

그의 다른 꿈 하나는 죽어 두루미가 되는 것과 캡슐에 넣어져 우주 공간을 끝없이 배회하는 것이다. 그리하여 그는 돈을 아주 많이 벌고 싶어 한다. 그 캡슐을 사기 위해서. 남매로 장남인 그는 부모님을 위해서는 장가를 가야 도리이겠지만, 본인은 산에 오두막이나 짓고 혼자 살고 싶어 해서 가끔 부모님의 애를 말리기도 하는데, 도무지 요령부득인줄은 부모님도 알고 하늘도 아는 일인지라 이웃마을에 사시는 외할머니만이 속이 까맣게 타는데, 그것도 제 복인 양 모르는 체 한다.

나는 실없이 사는 일을 재미있어 하지만 그는 아주 지루하게 생각해서 가끔 나를 당혹스럽게 만들기도 한다. 잠자리에 누워 다음날 일어날 때까지가 아주 힘이 든다고, 왜 사는지 사는 게 너무 재미없어 미칠 것 같다고 어쩌다 한 번씩 푸념처럼 늘어놓으면 나는 맹한 얼굴이 되어 그를 본다. 사는 게 재미없어 미칠 것 같았던 적이 별로 없던 편인지라 그런 그의 깊은 속내를 알 리 없어 가끔 안타깝기도 하지만 모르는 채로 사는 것도 나쁘지 않다는 것으로 나를 위안한다. 그렇더라도 오늘처럼 함께 오토바이를 타고 피시방에 갔다가, 중국집에서 '짜장면'을 나눠 먹고, 이 추위 속에 화진포로 가겠다는 나를 영 알 수 없어 하는 그는 집으로 올라왔고, 나는 화진포로 가는 버스를 탔다.

사람의 뒷모습은 차라리 서글픔이다. 왜 불현듯 그의 꿈이 생각났던 것인지 내내 발걸음이 무거웠다. 아픈 속 때문일 거라는 핑계로 그 끝의 생각들을 싹둑 잘라 냈다. 그러고는 화진포 너른 호수 앞에 서서 빛 속으로 빨려 들어갔으면, 아니 걸어서 들어가는 것은 어떨까를 되뇌며 서 있는 나를 발견하고는 어쩌면 사촌보다 내가 더 사는 일을 재미없어 하는 것은 아

송강리 금강송

닐까 하는 의구심에 시달렸다. 한 번도 꿈같은 것을, 하다못해 선생님이 된다거나 군인이 된다거나 하는 꿈을 한 번도 가져본 적이 없다. 한때 깡패가 되는 것이 제일 좋겠다는 생각은 했어도 그것이 꿈으로 이어지지도 않았고, 가끔 외양선 선원이 되는 것도 나쁘지 않겠다고는 생각했지만, 자격 조건이 불충분한 관계로 그도 저도 아무 꿈 없이 여태껏 살아왔고, 앞으로도 그럴 것이다. 비록 죽어서이긴 하지만 캡슐 속에 넣어져 우주를 날고 싶은 꿈을 꾸는 사촌이 어쩌면 사는 일을 더 재미있어 하는 것은 아닐까. 난 도대체 무슨 꿈을 언제, 한 번이라도 가져본 적이 있었던가. 꿈을?

나는 오래 폭설을 기다렸다 *

폭설로 뒤덮인 산하에 폭풍이 불어 눈보라가 하얗게 일곤 한다. 처마 밑에 고드름은 며칠째 녹아내리지 못하고, 뻣뻣하게 얼어붙었다. 신작로는 빙판을 이뤄 승용차며 버스가 벌벌벌 기어간다. 하늘은 유리알처럼 차고 투명하며, 무한천공에는 새 한 마리 날아오르지 않는다.

폭풍으로 얼어붙은 눈들이 아우성을 치며 일어서는 산을 올려다보노라면 아득한 심연으로 가뭇없이 잦아들곤 한다. 환한 보름달 아래서의 산하의 빛깔이라는 것은 말로 형언할 수 없다. 그렇게 일주일이 가고 있다. 폭설이 내리던 날 때맞춰 나는 이곳을 비웠고, 열흘 정도 예정의 외출이었지만 서둘러서 다시 귀가했다. 돌아와 보니 무릎 위까지 눈이 쌓여 있었다. 눈을, 폭설을 기다리다 지쳐 외출을 했지만, 그 틈을 비집고서 눈이, 폭설이 쏟아졌다.

떠났던 곳에서도 눈이 내리는 모습을 지켜봤고, 강아지처럼 좋아서 아파트 단지 사이를 쏘다니기는 했지만, 이곳에서 맞는 눈만큼 신나지 않았다. 내리면서 새까맣게 흙탕물처럼 변하는 눈을 보면서 맹해졌고, 다시 잠시 머물던 아파트 12층으로 올라갔다. 12층 아파트에서는 눈을 볼 수는 있었지만, 만지고 느낄 수가 없어서 안절부절못하면서도 멀리 설악산을, 앞산 구릉을 덮으며 먹빛으로 쏟아지는 폭설만은 그야말로 장관이었다.

서산머리, 건봉산 너머로 막 해가 지고, 난 어머니의 긴 장화를 신고 들판으로 나섰다. 들판의 눈은 무릎까지 빠졌다. 설피를 신었더라면 좀 덜 빠졌겠지만 쌓인 눈의 깊고 얕음 혹은 결빙의 정도는 중요하지 않았다. 온통 눈밭으로 변해버린 들판에 서서 건봉산에서 마주 달려오는 바람을 맞고 싶었을 뿐이었다. 바람 속에는 산의, 나무의, 짐승의 울음소리가 함께 묻어

---

* 송재학의 시집, 『그가 내 얼굴을 만지네』(민음사, 1997) 68쪽.
  설피: 산간 지대에서, 눈에 빠지지 않도록 신 바닥에 대는 넓적한 덧신. 칡, 노, 새끼 따위로 얽어서 만든다.

왔다. 코끝이 맹해지고, 정신은 맑아지는 바람의 끝에 서서 올려다보는 하늘은, 해진 저녁의 건봉산 산등성이는 그대로 깊은 침묵처럼 당당했다.

오래 전 폭설 뒤에 사람들은 창을 들고 산속으로 들어갔다. 멧돼지이건, 고라니이건, 그건 아무래도 상관없었다. 창 하나에 의지해 성난 멧돼지와 맞서 싸웠다. 그러고는 멧돼지 귓바퀴를 잘라 산천에 제사를 지내고, 사람들은 붉은 피를 나눠 마시며 폭설에 감사드렸다.

밤마다 눈 덮인 산하가 나를 홀렸다. 그 홀림이 싫지 않은 나는 꿈마다 눈 덮인 산마루를 향해 치달아간다. 또한 창문을 두드리는 바람소리에 잠을 깨면 눈 덮인 들판에 은빛 달빛이 강물처럼 흐르곤 한다. 거센 바람이 휘몰아치고, 눈보라로 세상을 하얗게 뒤덮는, 이 폭설 속의 감금상태가 좀 더 오래 지속되기를 바랐지만 불도저가 신작로의 눈을 밀어내는 가운데 짧았던 버스의 운행길이 조금씩 길어지고 있었다.

송강리 방앗간

겨울비 내리다

　한층 헐거워진 숲 사이로 겨울비 내린다. 이엄이엄 내리는 빗줄기는 거칠지 않으며 또한 사납지도 않아 가장귀 나뭇가지들은 오래도록 빗물을 머금고서 굵은 물구슬을 만든 뒤 어느 순간 툭 토해내곤 한다. 어정버정 걷는 사이 산기슭의 골과 마루에는 하얀 구름타래들이 오르락내리락 마실간다. 공기는 탁하지도 그렇다고 무겁지도 않으나 어쩔 수 없이 콧물 흐른다. 억새 이파리 더욱 붉어진 논두렁 전깃줄 위에는 방울새 떼를 지어 날아든다. 큰산에는 눈 내린다.

　수로 공사패들 지나간 자리 온갖 쓰레기들 에넘느레하게 흩어져 있다. 인간만이 쓰레기를 만든다. 오래 살았다는 것은 그만큼 더 많은 쓰레기를 만들었다는 것에 지나지 않을 것이었다. 노인이 많은 동네는 커다란 도서관을 가진 것과 다를 바 없다고 했던 말은 이제 수정되어야 한다. 마을의 노인들은 텔레비전을 신주단지처럼 모시고 살고 있다. 그러므로 지혜의 창고는 이제 텔레비전이었다. "테레비에 나왔어!"라고 하면 그것으로 게임 아웃, 판정승이다.

　'그래도'라고 써야 하는 것을 '그나마'로 쓴 것을 두고 못마땅하여 내셍기면서 엉겁으로 달라붙는 진흙길을 걷는다. 걷는 동안 소리 없는 빗방울은 긴 외투자락에 내려와 이슬처럼 앉는다. 우산을 받쳐 든 장갑 낀 손이 시리다. 노란 산국과 방가지똥과 민들레가 여태도 피었다. 신작로 길섶에는 개나리가 노랗게 만개했다. 철없다, 미쳤다, 정신나갔다 라고 한다면 그것은 철저히 인간의 입장에서다. 지르되다거나 이르다거나 하는 것 모두 인간의 자의적인 해석일 뿐이다.

🌱 내셍기다 : 내리 이 말 저 말 자꾸 주워대다.

까치밥 하나 없이 따버린 감나무에도 나직나직 지며리 비는 내린다. 까치들은 저마다 나무를 하나씩 차지하고 그 꼭대기 우듬지에 앉았다. 집을 나설 때마다 앞집 강아지들과 사투를 벌인다. 태어난 지 달포 남짓 지난 녀석들 세 놈은 울을 빠져나와 매번 우리 집 음식물 쓰레기 더미를 뒤지다 발소리만 나면 주인처럼 깽깽 짖는다. 아직 상처가 없는 녀석들은 돌멩이를 던져도 먹잇감인 줄로 알고 달려온다. 세 번쯤 돌멩이를 던지다 먼저 지쳐서 돌아선다. 돌멩이에 맞고서도 머리를 디밀고 달려오는 데는 어찌할 수 없다.

뜻 없이 겨울 첫눈을 기다렸던가. 버드나무에 여태도 갈가리 찢겨 시커멓게 매달려 있는 나뭇잎은 이젠 볼썽사납다. 떠날 때 떠나지 못한 탓일 게다. 여전히 제철 따위를 들먹거린다. 겨울비라는 낱말에는 겨울눈이라는 단어가 전제되어 있다. 그 전제가 충족되지 않으면 불편하다. 머리가 화석처럼 굳어지고 민통선 철조망처럼 벌겋게 녹슬고 있다. 예단과 지레짐작으로 확신범이 되어간다. 지레짐작 매꾸러기는 괜한 허사가 아닐 게다.

살피꽃밭의 꽃 대궁들 여태도 가을이다. 겨울과 가을의 어름, 그 경계는 어디일까?

🖎 지며리 : 차분하고 꾸준한 모양. / 지레짐작 매꾸러기 : 깊이 생각하지 아니하고 짐작이 가는 대로 일을 저지르면 낭패를 보기 쉽다는 말.

봉산재를 걸어 넘다

　　오대산 월정사 부도밭에서 놀다 금강소나무가 줄느런한 오대천 둑방길을 걸었고, 신기리에서 유천리까지 봉산재를 넘는 한나절 길을 걸었다. 특히 봉산재를 넘기 전, 볕바른 하얀 눈밭에서 먹었던 메밀전병과 컵라면 맛은 일품이었다. 한물이 휩쓴 조붓한 계류는 어느 곳은 건천으로 말라 있었고, 어느 곳은 드넓게 펼쳐진 채 아름드리 거목들이 나자빠져 있었으며 미처 수습하지 못한 나무들 또한 지천으로 널브러져 있었다. 두껍게 얼어붙은 계류는 사람이 건너도 깨지지 않았으나 좁은 길은 이미 물이 먹어 들어간 뒤였으며 인간이 만든 인공의 도로는 그 흔적조차 가물가물하였다. 곳곳에서 부러진 전봇대를 만날 수 있었다.

　　나자빠진 아름드리 소나무를 만날 때마다 아깝고 안타까워 아쉬워했다. 동행한 K형은 다탁을 만들 수 있었으면 하는 바람을 품었고, 소나무 냄새에 취해 걸음을 멈추고 나이테를 헤아리기도 했다. 그늘진 곳엔 눈으로 얼어붙어 미끄러웠고, 햇볕이 살짝 비쳐드는 곳은 엉겁으로 진흙이 들러붙기도 했다. 조붓했을 산길은 물난리를 기점으로 중장비를 동원한 확장공사에 들어갔다. 헝클어진 물길 위에서 어렵지 않게 중장비를 볼 수 있었으며 눈이 온 뒤로 휴식에 들어간 듯 작업을 하지 않은 채 사람 없이 세워져 있었다. 그렇더라도 하늘은 드맑았으며 숲의 나무들을 지나온 공기는 한없이 청량하였다.

　　시위가 난 옛 봉산분교는 그 흔적조차 희미하였고, 몇몇 곳은 찌그러진 양은냄비 같은 양철지붕 몇 조각을 모아 놓은 것으로 그곳이 누군가의 집이었을 것이란 추정만을 가능하게 할 정도로 자취는 가뭇없이 흩어지고 없었다. 사태 난 곳을 살짝 옆으로 비껴 다시 집을 지은 곳도 있었으나 대부분은 그대로 방치되고 있었다. 너무 참혹하여 사람이나 상하지 않았기를 하는 바람을 가지는 것밖에는 다른 도리가 없었다. 산에 기대 살던 사람들이 숲이 품지 못한 큰물에 희생되었을 것이란 생각은 여러 가지로 참 착잡하게 했다.

봉산리 서낭당의 나이를 헤아릴 수 없는 전나무는 감히 사진을 찍을 수 없을 만큼 위엄찼고, 신령스러웠다.

산마루에 살짝 걸렸던 초사흘 달은 삽시간에 사라졌고, 어두워 캄캄해진 길을 옆 사람의 호흡에 의지하면서 걸었다. 불 켜지지 않은 민가에서는 개들만이 목청껏 짖어댔고, 불 켜진 집들에서 흘러나온 불빛은 어떤 위안이라기보다는 알 수 없는 두려움이었다. 재를 넘는 동안 K형은 재를 지키고 있을 도적들을 만날 수 있었으면, 만나면 일합을 겨뤄보기도 하고 그리하여 그들의 산채를 방문하는 꿈을 꾸기도 하였으나 도적하면 꺽정이 패거리들밖엔 못 떠올리는 내 상상력에 K형은 도적이 꼭 사람이어야 하는 것은 아니지 않겠는가, 했다.

구절리에서는 레일바이크 축제가 한창이었고, 어둠 속에서 이십 여분 가량 기다린 택시는 기다린 보람이 있었다. 택시기사의 소개로 찾아든 '옥산장'의 화장실은 흔히 볼 수 없을 만큼 깔끔하였고, '영주수퍼' '빠가사리(동자개)' 민물매운탕의 개운한 맛과 절임반찬을 비롯한 밑반찬의 감칠맛은 오래 혀에 남았다. 영주수퍼에서는 민물매운탕 한 가지만을 만들어냈다. 눈 내리는 아침 여량버스터미널의 대합실에서 표를 팔던 청년을 비롯하여 여량에서 만났던 사람들은 대체로 순하면서도 친절했다.

정선 오일장터에서 콧등치기 메밀국수와 올챙이국수, 곤드레밥, 메밀전병을 맛맛으로 먹었다. 관광상품화된 오일장은 난장의 흥청거림이 사라진 대신 규격화되어 안타까웠다. 뗏목으로 떼돈을 벌었다던 아우라지 강은 물이 말랐으나 먼데서 온 청둥오리들은 야트막한 강기

지리산 금강송

겨울·

늪에서 무리지어 겨울을 나고 있었다. 참혹했던 유천의 물난리 현장을 지나왔던 터라, 물길을 들여다보고 또 들여다보았다. 급하고 거칠게 무리를 짓게 되면 무엇이든 흉악하고 포악해지는 것인가. 사람과 자연에 대해 오래 곱씹어 생각케 했다.

갈림길에서 잠시 헷갈려 하는 동안 홀로 걸어오는 사람을 만나 가는 길을 재확인할 수 있었으며 또한 눈 위에 찍힌 그 사람의 발자국은 유천까지 이어져 있었다. 허투루 걸을 수 없는 이유였다. 드문드문 살아남은 금강소나무들은 아름다웠고, 꽝 꽝 얼음이 언 계류를 끼고 넘나드는 포장하지 않은 산길은 한갓지고, 한없이 여유로워 넉넉했다. 여량에서 기대 없이 만난 눈발과 아우라지 강가에 들려주었던 이야기들, 동행했던 K형에게 감사한다.

선암사

　삼배를 드리고 나서 물끄러미 앉아 있었습니다. 향 값을 드린 뒤 향 한 대 피운 다음이었습니다. 무엇인가 사무친다는 것이 아마도 그런 것이 아니었을까요? 불전 뒤에 쌓아놓은 좌복을 하나 꺼내다 놓고 108배를 드리기 시작하였습니다. 외지 않던 '나무아비타불, 지장보살'을 부르며 가장 낮은 자세로 엎드렸습니다. 여태도 끊어지지 않고 이어지고 있는 인연의 끈이 이제는 그만 툭 끊어지길 간절하게 바랐던 것인지도 모르겠습니다. 얻으면 잃는 것도 있는 것이겠지요. 돌아가 보니 옛 시절의 내 형부, 새 인연을 만났다고 하였습니다.
　순천역 앞에서 선암사로 가는 1번 버스를 눈앞에 두고서도 놓치고 말았습니다. 버스정류장을 이삼 미터 떠난 버스를 향해 멈칫거리다 뛰었습니다만, 아마도 버스기사는 손 흔들지 않고 뛰기만 하던 저를 보지 못했든가 봅니다. 삼십 여분 남짓 정류장에서 서성거렸으나 그다지 맘속이 사나워지지는 않았습니다. 두 아이를 데리고 버스를 기다리던 어느 '엄마' 때문이었습니다. 남매인 아이들은 아직 입학 전인 듯하였습니다만, 씹던 껌을 아무렇게나 길바닥에 버리라고 하는 모습을 보면서 그 엄마를 유심히 살피게 되었습니다.
　십여 센티미터쯤 하는 뾰족구두가 눈에 들어왔고, 노란 점퍼에 트레이닝 바지를 아무렇게나 입힌 아이들과는 대조적으로 한껏 치장한 모습도 이채로웠습니다. 아이들은 내내 엄마에게 칭얼댔으며 그때마다 엄마는 아이들에게 짜증을 냈습니다. 큰아이는 여자아이였는데, 곱상했고 대체로 엄마 말도 잘 들었습니다만, 둘째 아이는 덩둘해 보이면서 엄마 말도 잘 듣지 않았습니다. 거의 같은 시간을 기다렸고, 끝내 같은 1번 시내버스를 탔습니다. 엄마는 아이

　🍃 덩둘하다 : 매우 둔하고 어리석다.

둘을 같은 자리에 앉히고, 자신은 따로 앉았습니다. 둘째 아이가 잠들어 이리저리 쏠리고 있는데도 큰아이에게만 동생을 돌보라고 윽박지르듯 눈알을 부라리고 있었습니다.

보다 못했는지 그이의 뒷자리에 앉아있던 어느 중년의 남성이 아이를 좀 살피라는 주의를 줄 정도였습니다. 그랬는데도 그이는 들은 척 만 척이었습니다. 내 앞자리에 앉아있던 아이들은 그렇게 1시간 가까이 버스를 탔고, 시골의 어느 마을에서 내렸습니다. 버스에서 내릴 때 엄마가 둘째 아이를 잡아끌듯 내리는 것을 보았고, 버스가 떠나려고 하는데 그 아이가 그만 앙, 울음을 터뜨렸습니다. 아마도 발목을 접질린 듯하였습니다만 버스는 못 본 채 그대로 떠났습니다.

대웅전을 나서자 까맣게 하늘을 뒤덮으며 함박눈이 쏟아지고 있었습니다. 올해 만나는 첫 눈이었습니다. 선암사 초입에서 흩날리던 눈발이 마침내 탐스런 함박꽃으로 피어난 것입니다. 지르되게 핀 영산홍에도, 사철 푸른 측백나무, 편백나무에도 눈발은 거침없고, 사정없이 쏟아져 내리고 있었습니다. 여태도 시퍼렇게 기세등등한 파초 잎에도 눈발은 흩날리고 있었습니다. 팔 벌리고 춤추어도 좋을 만큼 기꺼웠습니다. 누군가 들려주는 '봉숭아' 노랫소리가 꿈결처럼 아련히 들려왔습니다. 팔상전 앞에서, 장경각 앞에서 그렇게 오락가락하면서 눈을 만났습니다. 참 오랜만이자 처음으로 그토록 탐스러운 눈을 만난 듯했습니다.

조계산은 이미 연을 달리한 전생의 내 자매와도 몇 번 넘나들던 곳입니다. 선암굴목재와 송광굴목재의 조계산을 넘는 가운데 어느 산길에서 먹던 보리밥, 송광사 앞 길상식당에서 산채비빔밥을 먹으며 나누던 막걸리, 언제든 툴툴거리던 아우로 인해 속달아하며 한 병씩 안겨주던 포도주, 다니러 갈 때마다 예쁜 옷을 입혀주는 것으로 서로 다른 취향을 맞춰 자매애를 확인하고 싶어 했던, 언제든 길게 전화 통화하고 싶어 했으나 무뚝뚝한 이생의 아우는 서둘

송강리 밤나무

겨울.

러 전화를 끊곤 했습니다. 여태도 멈칫거리며 감춘 말들은 무엇이었을까 부질없이 궁금해지곤 합니다.

송광사 관음전에 수줍게 따라 들어와 낮게 엎드리며 처음으로 삼배 드리는 법을 배우던 전생의 내 자매는 이제 아주 부드러운 흙이 되었을 터입니다. 명절 때면 기제사 없는 막내였음에도 특별히 객사한 이들의 영혼을 위로하며, 애잔해하며 메를 떠놓곤 했던 전생의 내 자매 또한 길섶에서 불귀의 객이 되었습니다. 알 수 없는 일입니다. 만년 전업주부였던 자매의 삶의 양식에 대해 사납게 몰아치던 이생의 아우도 이제 더는 전생의 아우가 아닙니다. 거기까지 인연인 것이 참 다행입니다. 다시는 만나지 않았으면 합니다. 나비로도 꽃으로도, 나무로도 물고기로도.

홍매나무 그늘 곁을 오래 오르내렸습니다. 언제든 함께 그 꽃 보자고 했었습니다. 약속하지 않고 매 순간 잘살 수 있으면 다행이겠습니다. 흩어진 인연 다시 모여 오늘 여기 이렇게 있는 것일 겝니다. 내일은 어떤 인연으로 만날지 아무도 알 수 없습니다. 함박눈 간 데 없고 청한 푸른빛의 하늘이 얼굴을 드러내고 있었습니다. 바람결 매서우나 공기는 청량하여 코끝이 알싸하였습니다. 풍경소리 아련히 점점 그윽해지고 있었습니다. 찻집에 들러 맑은 차 한 잔 마셨습니다. 배고프고 추워 보였는지 찻잔 옆에 찻집 주인은 떡이며 삶은 달걀을 곁두리로 내놓았습니다. 그러면 되는 것 아니겠습니까?

겨울.

찔레덩굴 열매는 붉고, 인동덩굴 열매는 검고

날씨는 상냥하지도 그렇다고 무뚝뚝하지도 않다. 해는 떴으나 뜨겁지 않고, 구름이 꼈으나 두텁지 않다. 바람은 볼을 간질이고, 머리카락을 스치는 딱 그만큼 슬프면서도 감미롭다. 자주 걷던 논둑길을 뒤에 두고 잔설이 희끗한 건봉산 문이골 입구를 향하여 방향을 틀었다. 시멘트포장길에 진력이 난 까닭이다. 건봉산으로 가는 황톳길은 동상凍上으로 부풀었다. 숲의 발치로 다가갈수록 마을은 멀어지고 먼데 동해는 가까워진다. 소나무와 참나무가 어우러진 숲으로 들고나는 바람소리는 물소리마냥 경쾌하다.

가을 버섯철에 줄곧 오르내리던 길이었으나 추수가 끝나고는 처음이다. 서두를 일 없으니 놀민놀민 걷는다. 등성이를 들어내고 만든 논 옆에는 우뚝우뚝 전봇대가 줄느런하게 섰고, 그 전깃줄에는 방울새 떼가 검은콩처럼 촘촘히 앉았다. 발소리에 후룩후룩 날아 옆으로 자리를 이동하다가는 어느 순간 떼로 몰려 화르륵 불꽃처럼 저만치서 빙빙 돌다가는 발소리에서 먼 곳에 다시 앉지만 차츰차츰 다가들며 옥죄는 소리에 또다시 전깃줄을 박차고 날아오르고, 끈질기게 내버티던 녀석들까지 한꺼번에 날아올라 새까맣게 하늘을 덮는다.

걸음의 진행방향으로 이동을 하던 녀석들과 그렇게 즐거운 씨름을 하다 보니 문이골 초입이다. 염소 목장의 철조망이 버티고 있다. 문을 열고 들어서기에는 신발이 편치 않다. 망설이지 않고 뒤돌아서는데, 하얀 종이쪽지가 눈에 들어와 그것을 살피는 사이 푸드득, 탁탁탁 두어 발짝 길섶에서 까투리 날아오른다. 까투리 장끼로 번번이 골탕을 먹는다. 화들짝 놀란 가슴이 진정되지 않아 탕탕 발을 구르며 마침내 욕설 한마디를 하고 만다. 귀 질긴 것은 아무

🍂 귀 질기다 : 둔하여 남의 말을 잘 이해하지 못하다.

짝에도 쓸모없다고. 오리는 지나치게 예민해서 밉상이고, 꿩은 말할 수 없이 둔해서 또 밉광스럽다. 붙잡아 꽁지깃을 뽑아 장목비로 쓰고 말리.

도서서 오는 길에 이번에도 한바탕 방울새 떼와 놀다보니, 여태도 노란 민들레 피었다. 담갈빛의 숲에는 검붉은 찔레열매 유난히 도드라져 눈길을 사로잡는다. 초여름 무명빛으로, 연분홍빛으로 덩두렷하게 피었던 꽃들 지고 난 자리였다. 폭설 내리면 기념사진 찍어야지 하면서 자리를 떠났다. 갈대줄기를 감고 올라간 돌콩은 빛깔 검으나 형태는 고스란하다. 텃밭에 씨 뿌리면 싹틀 듯하다. 그 옆 인동덩굴 줄기에도 쥐눈이콩 같은 검은 열매 까맣다. 따서 술 담을까 몇 알 따다가 그만두었다. 손에 쥐었던 몇 알 열매는 숲에 뿌렸다.

죽은 듯하나 어느 것 하나 목숨 다한 것은 없다. 다만 철따라 몸을 바꿀 뿐이다. 먼데 어디 비 내린다는 소식이다. 건봉산 마루에 아름 크게 둥근 저녁 해가 걸렸다. 슬프면서도 감미로운 바람은 다시 볼을 간질이고, 한정 없이 놀민놀민 걷던 걸음은 다시 더 느려진다. 이번에는 메추라기 발끝에서 푸드득 날아오른다. 겨울나그네새다. 마을에 눈 내릴까.

🌱 장목비 : 꿩의 꽁지깃을 묶어 만든 비.

금강산 금강송

첫판 첫쇄 펴낸날 2007년 7월 25일

지은이 김담
펴낸곳 우물이 있는 집 | 펴낸이 김재범
편집 김재범 | 디자인 소미화 | 마케팅 이희웅
출판등록 2001년 7월 25일 등록번호 제10-2191호
주소 서울 마포구 망원2동 435-23 전화 02-334-4844 팩스 02-334-4845
홈페이지 woomulbook.co.kr | E-mail master@woomulbook.co.kr

ⓒ 2007, 김담

ISBN 978-89-89824-43-5 03800
값 10,000원

* 잘못된 책은 바꾸어 드립니다.